※本書は2019年発行の『東海 山歩きガイド ゆったり楽しむ』を元に加筆・修正を行い、書名・装丁を変更して新たに発行したものです。

広域MAP

福地山(P060)
丸黒山(P058)
車山(P112)
剣ヶ峰(P082)
長野
白草山(P076)
木曽駒ケ岳(P110)
南木曽岳(P114)
富士見台高原(P080)
三森山(P064)
大船山(P078)
夏焼城ケ山
(P046)
茶臼山(P010)
萩太郎山(P012)
碁盤石山
(P052)
天狗棚(P024)
寸又峡(P108)
平山明神山(P048)
鞍掛山
(P030)
岩古谷山(P050)
竜爪山(P106)
三ツ瀬明神山(P018)
静岡
鳳来寺山(P036)
秋葉山(P104)
本宮山(P026)
尉ヶ峰(P102)
神石山(P100)
葦毛湿原
(P040)

位山(P066)
岐阜
蕪山(P074)
誕生山(P068)
高沢山(P062)
鳩吹山(P070)
金華山(P056)
継鹿尾山(P044)
八曽山(P020)
滋賀
霊仙山(P116)
養老山(P072)
尾張本宮山(P022)
弥勒山(P014)
御池岳(P118)
藤原岳(P094)
東谷山(P038)
三国山(P054)
猿投山(P016)
多度山(P084)
竜ヶ岳(P092)
御在所岳(P096)
入道ヶ岳(P090)
天下峯(P032)
愛知
桑谷山(P028)
霊山(P098)
宮路山(P034)
三重
大洞山(P088)
たはらアルプス(P042)
熊野古道 松本峠(P086)

本書の使い方
How to use

四季折々の彩りを見せる天竜奥三河国定公園

茶臼山《ちゃうすやま》

初心者も挑戦できる愛知県最高峰の人気の山

長野県最南端と愛知県をまたいで位置する愛知県最高峰。麓に広がる茶臼山高原には国民休暇村やスキー場、美術館などレジャー施設が充実しており、道も整備されている。茶臼山登山ルートは「休暇村登山ルート」「西側登山ルート」「東側登山ルート」の3つ。標高が低く短時間で登れ、年間を通して楽しめるライトユーザーにおすすめの山である。❶休暇村登山ルートの登山口は国民休暇村の先にあるコテージを抜けたところ。❷ささやきの小路は横道が多いが標識もあるので迷うことはない。❸胸突八丁は〝胸を突くほどきつい道〟ということで名づけられた。木製の階段が10分ほど続き、濡れていると滑ることがあるので注意が必要だ。❹山頂展望台は南アルプスが見える木製の展望台。二等三角点の標石もあり。下山は別ルートを選べるのも茶臼山の醍醐味。東側ルートへ向かうと雷岩、雨乞洞、夫婦椹などの民間伝承の跡を見ることができる。❺雷岩の分岐から休暇村ルート方向へ向かい、登山口へ戻る。子供や女性でも楽しめるコースだ。

標高
1416m

体力度
▲△△△△

登山時期
4月～11月

歩行時間
約1時間45分

歩行距離
約2.3km（往復）

標高差
191m

010

❶ 山名

掲載している山の名称を入れています。

❷ DATA

【標高】

山の標高。登山コース内で最も標高の高い地点を記載しています。


【体力度】

５段階でマークの数が少ないほど登山が簡単で、多いほどハードです。目安は印が１か２なら小学生やビギナーの女性でもOK。


【登山時期】

登山に最適な時期を示しています。
※シーズン中でも天候などには留意ください。

【歩行時間】

コース歩行時間の合計。個人のレベルによって差がありますので、余裕を持って計画を。


【歩行距離】

コース全体の歩行距離を記載しています。


【標高差】

登山スタートの地点から山頂までの高低差です。


本書に記載してある情報は、すべて2024年2月現在のものです。

アクセス、登山可能なルートなどは状況により変更されていることもありますので、事前にご確認の上、お出かけください。

❸ ルートMAP

おすすめの登山ルートを紹介しています。

※おおまかな場所を表した地図です。登山地図とは異なるため、山へ登る際にはビジターセンターなどにて登山用の地図をもらうなど、事前にご準備ください。

❹ コース

紹介しているおすすめ登山コースを行程表で紹介しています。ポイント間の距離・時間などは、おおまかな目安です。

❺ ワンポイントアドバイス

この山を登る際に知っておきたいコースの注意や見どころなどが書かれています。

❻ 山データ

【問い合わせ先】

ご協力いただいた観光協会や山荘などの連絡先です。全ての問い合わせ先が山の管理をしているわけではありませんので、事前にお問い合わせの上、お出かけください。

【アクセス】

マイカーと公共機関でのアクセスです。

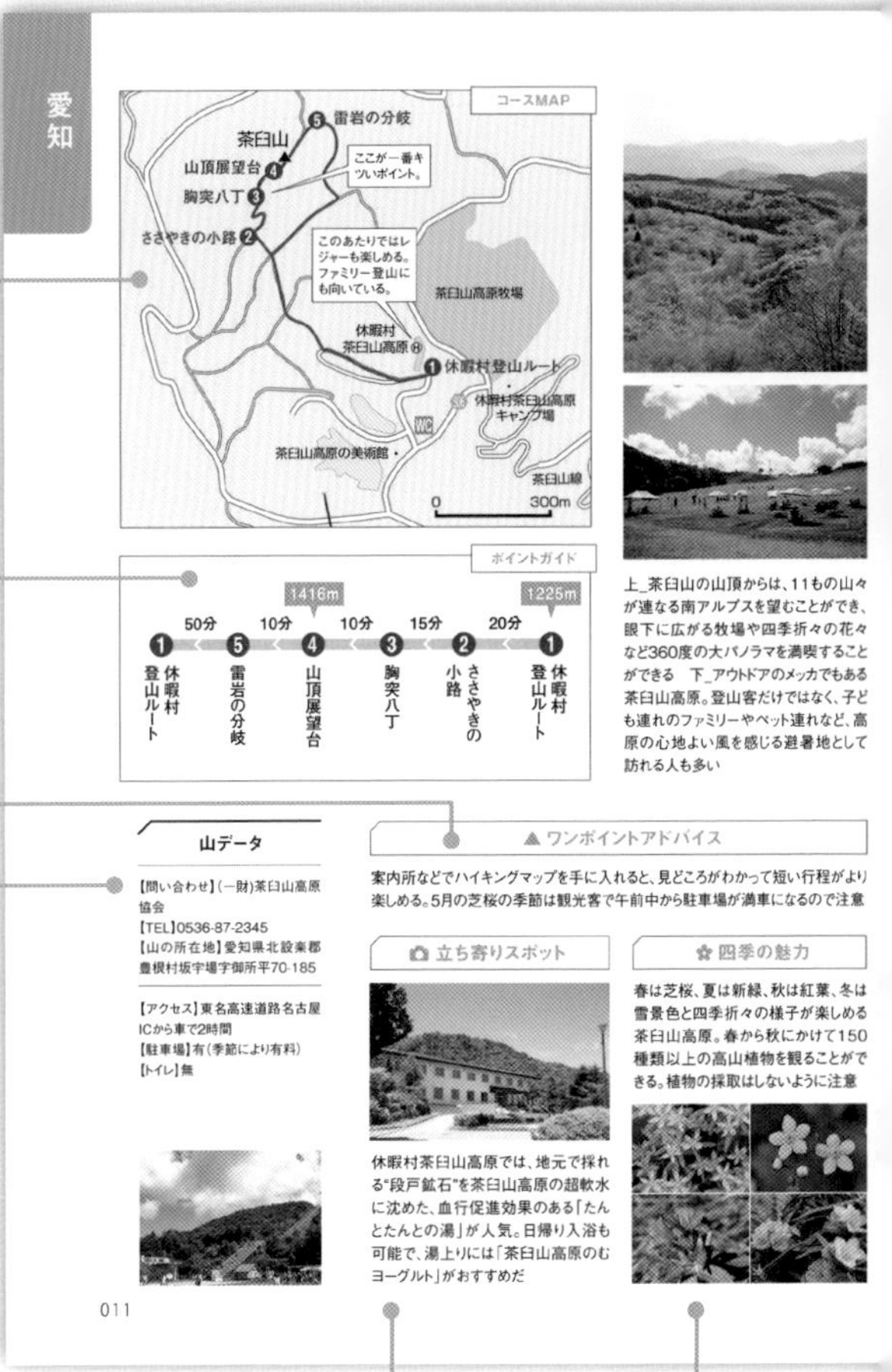

愛知

コースMAP

❺ 雷岩の分岐
茶臼山
山頂展望台 ❹
胸突八丁 ❸
ささやきの小路 ❷
ここが一番キツいポイント。
このあたりではレジャーも楽しめる。ファミリー登山にも向いている。
茶臼山高原牧場
休暇村茶臼山高原
❶ 休暇村登山ルート
休暇村茶臼山高原キャンプ場
WC
茶臼山高原の美術館
茶臼山線
0 300m

ポイントガイド

1416m 1225m

❶ 休暇村登山ルート ― 20分 ― ❷ ささやきの小路 ― 15分 ― ❸ 胸突八丁 ― 10分 ― ❹ 山頂展望台 ― 10分 ― ❺ 雷岩の分岐 ― 50分 ― ❶ 休暇村登山ルート

上_茶臼山の山頂からは、11もの山々が連なる南アルプスを望むことができ、眼下に広がる牧場や四季折々の花々など360度の大パノラマを満喫することができる　下_アウトドアのメッカでもある茶臼山高原。登山客だけではなく、子ども連れのファミリーやペット連れなど、高原の心地よい風を感じる避暑地として訪れる人も多い

山データ

【問い合わせ】(一財)茶臼山高原協会
【TEL】0536-87-2345
【山の所在地】愛知県北設楽郡豊根村坂宇場字御所平70-185

【アクセス】東名高速道路名古屋ICから車で2時間
【駐車場】有(季節により有料)
【トイレ】無

▲ ワンポイントアドバイス

案内所などでハイキングマップを手に入れると、見どころがわかって短い行程がより楽しめる。5月の芝桜の季節は観光客で午前中から駐車場が満車になるので注意

立ち寄りスポット

休暇村茶臼山高原では、地元で採れる“段戸鉱石”を茶臼山高原の超軟水に沈めた、血行促進効果のある「たんとたんとの湯」が人気。日帰り入浴も可能で、湯上りには「茶臼山高原のむヨーグルト」がおすすめだ

四季の魅力

春は芝桜、夏は新緑、秋は紅葉、冬は雪景色と四季折々の様子が楽しめる茶臼山高原。春から秋にかけて150種類以上の高山植物を観ることができる。植物の採取はしないように注意

011

❼ 立ち寄りスポット

登山後に立ち寄れそうな、おすすめのスポットを紹介しています。

❽ 四季の魅力

四季によって楽しめる草花や風景、見どころなどを紹介しています。

東海 ゆったり山歩き

ビギナーから中級者まで楽しめる、魅力あふれる山を写真とともに案内します。

四季折々の彩りを見せる天竜奥三河国定公園

茶臼山《ちゃうすやま》

初心者も挑戦できる愛知県最高峰の人気の山

長野県最南端と愛知県をまたいで位置する愛知県最高峰。麓に広がる茶臼山高原には国民休暇村やスキー場、美術館などレジャー施設が充実しており、道も整備されている。茶臼山登山ルートは「休暇村登山ルート」「西側登山ルート」「東側登山ルート」の3つ。標高が低く短時間で登れ、年間を通して楽しめるライトユーザーにおすすめの山である。❶休暇村登山ルートの登山口は国民休暇村の先にあるコテージを抜けたところ。❷ささやきの小路は横道が多いが標識もあるので迷うことはない。❸胸突八丁は〝胸を突くほどきつい道〟ということで名づけられた。木製の階段が10分ほど続き、濡れていると滑ることがあるので注意が必要だ。❹山頂展望台は南アルプスが見える木製の展望台。二等三角点の標石もあり。下山は別ルートを選べるのも茶臼山の醍醐味。東側ルートへ向かうと雷岩、雨乞洞、夫婦椹などの民間伝承の跡を見ることができる。❺雷岩の分岐から休暇村ルート方向へ向かい、登山口へ戻る。子供や女性でも楽しめるコースだ。

標高
1416m

体力度
▲△△△△

登山時期
4月~11月

歩行時間
約1時間45分

歩行距離
約2.3km（往復）

標高差
191m

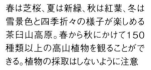

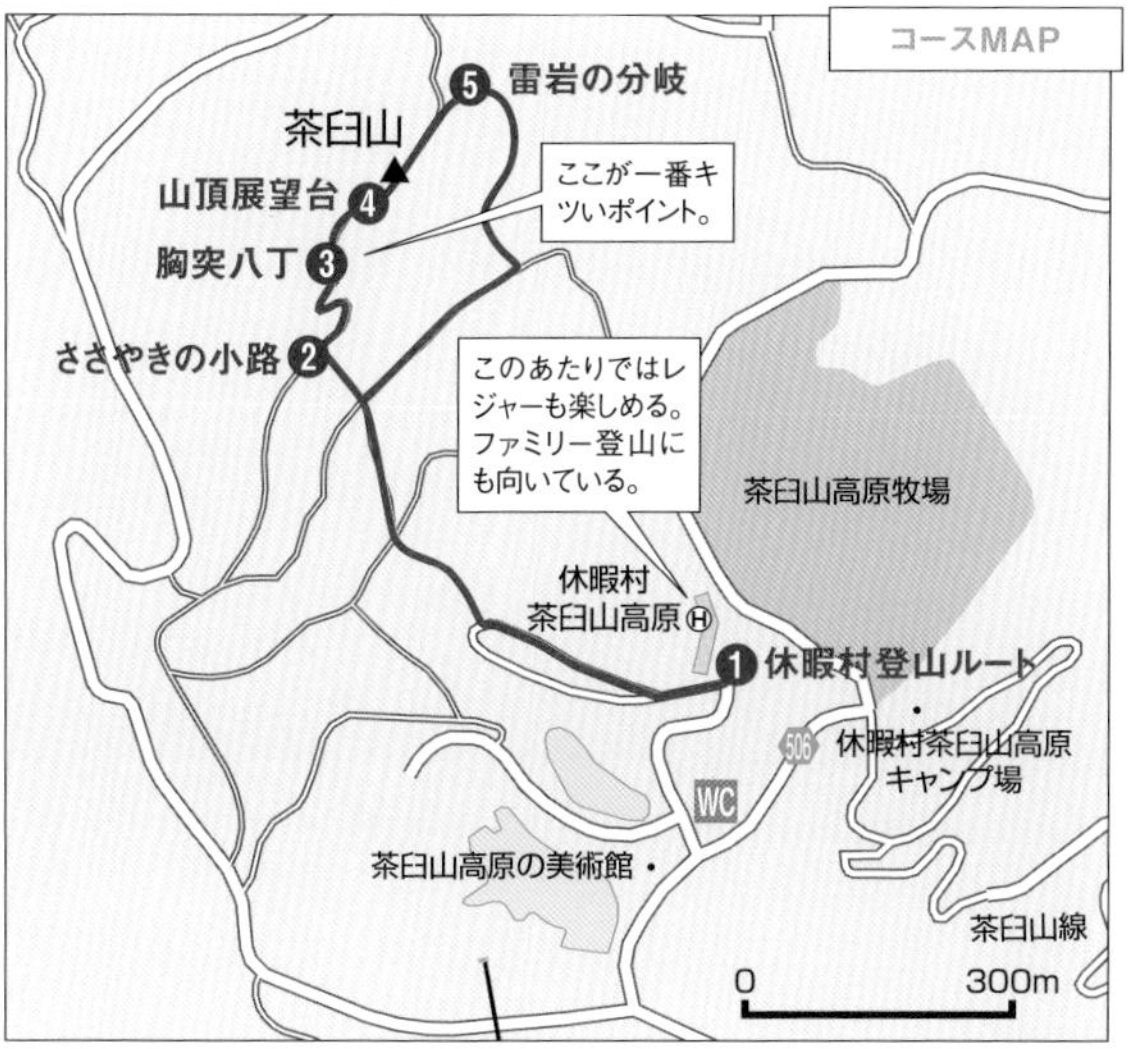
コースMAP
雷岩の分岐
茶臼山
山頂展望台
ここが一番キツいポイント。
胸突八丁
ささやきの小路
このあたりではレジャーも楽しめる。ファミリー登山にも向いている。
茶臼山高原牧場
休暇村
茶臼山高原
休暇村登山ルート
506
休暇村茶臼山高原キャンプ場
WC
茶臼山高原の美術館
茶臼山線
0
300m

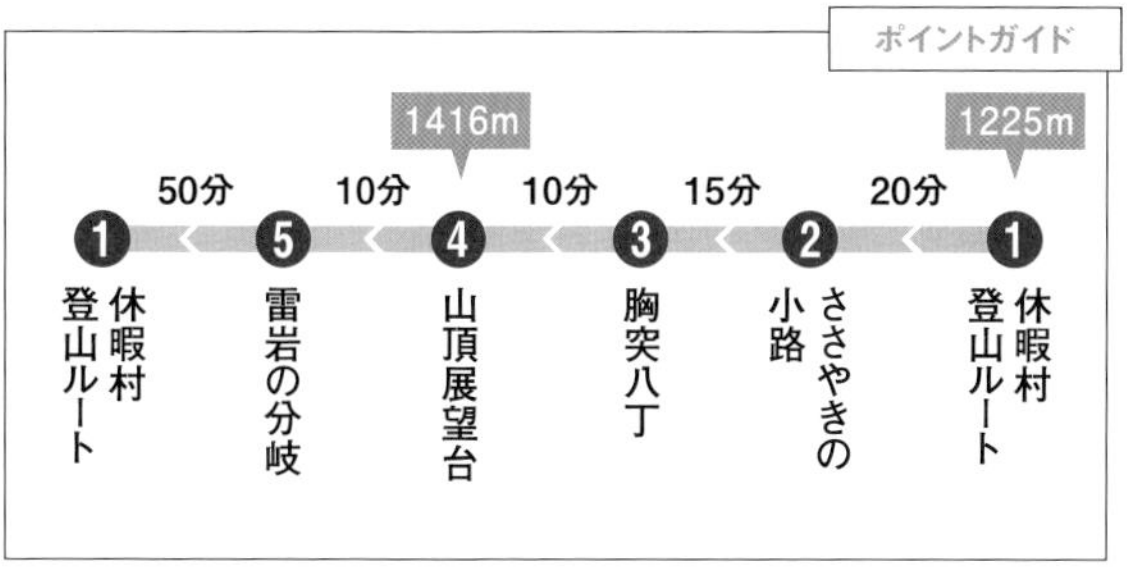
ポイントガイド
1225m
1416m
1 休暇村登山ルート
20分
2 ささやきの小路
15分
3 胸突八丁
10分
4 山頂展望台
10分
5 雷岩の分岐
50分
1 休暇村登山ルート

上_茶臼山の山頂からは、11もの山々が連なる南アルプスを望むことができ、眼下に広がる牧場や四季折々の花々など360度の大パノラマを満喫することができる　下_アウトドアのメッカでもある茶臼山高原。登山客だけではなく、子ども連れのファミリーやペット連れなど、高原の心地よい風を感じる避暑地として訪れる人も多い

山データ

【問い合わせ】(一財)茶臼山高原協会
【TEL】0536-87-2345
【山の所在地】愛知県北設楽郡豊根村坂宇場字御所平70-185

【アクセス】東名高速道路名古屋ICから車で2時間
【駐車場】有(季節により有料)
【トイレ】無

▲ ワンポイントアドバイス

案内所などでハイキングマップを手に入れると、見どころがわかって短い行程がより楽しめる。5月の芝桜の季節は観光客で午前中から駐車場が満車になるので注意

立ち寄りスポット

休暇村茶臼山高原では、地元で採れる“段戸鉱石”を茶臼山高原の超軟水に沈めた、血行促進効果のある「たんとたんとの湯」が人気。日帰り入浴も可能で、湯上りには「茶臼山高原のむヨーグルト」がおすすめだ

✿ 四季の魅力

春は芝桜、夏は新緑、秋は紅葉、冬は雪景色と四季折々の様子が楽しめる茶臼山高原。春から秋にかけて150種類以上の高山植物を観ることができる。植物の採取はしないように注意

県内標高第2位の萩太郎山は涼風の避暑地。夏はその涼しさを求めて多くの客が訪れ、冬はスキーで賑わうなど、オールシーズン楽しめる

萩太郎山

はぎたろうやま

壮大なスケールのスキーゲレンデを歩く爽快感を体験

標高	1358m
体力度	▲△△△△
登山時期	4月~11月
歩行時間	25分（片道）
歩行距離	約1km（片道）
標高差	138m

愛知県内標高第2位で、県下唯一のスキー場を持つ山である。周辺は茶臼山と共にアウトドアフィールドとして親しまれており、春から秋はゲレンデをマウンテンバイクやマウンテンボードで滑り降りて遊ぶこともできる。山頂まではリフトが架かっているが、登山目的の人はリフトを利用せずゲレンデを歩いて登ることが多い。それくらい気軽に登ることができる山である。❶茶臼山高原スキー場は登山道も整備されているが、登山はスキー場ゲレンデ内の道を往復する。傾斜のあるゲレンデを歩くという非日常感と、草原を歩く爽快感を味わえる登山ができるのが楽しい。道標はないが、山頂までは一方向なので歩くのに迷うことはないだろう。芝桜の花畑が広がる❷芝桜の丘はゲレンデの上。5月の満開の時期は、芝桜が目的の観光客がリフトを利用して訪れる。❸山頂には円形3階建てで360度見渡せる展望台がある。南アルプス、三河、天気の良い日は浜松や名古屋まで一望できる。ファミリーでも気軽に登れる山だ。

コースMAP

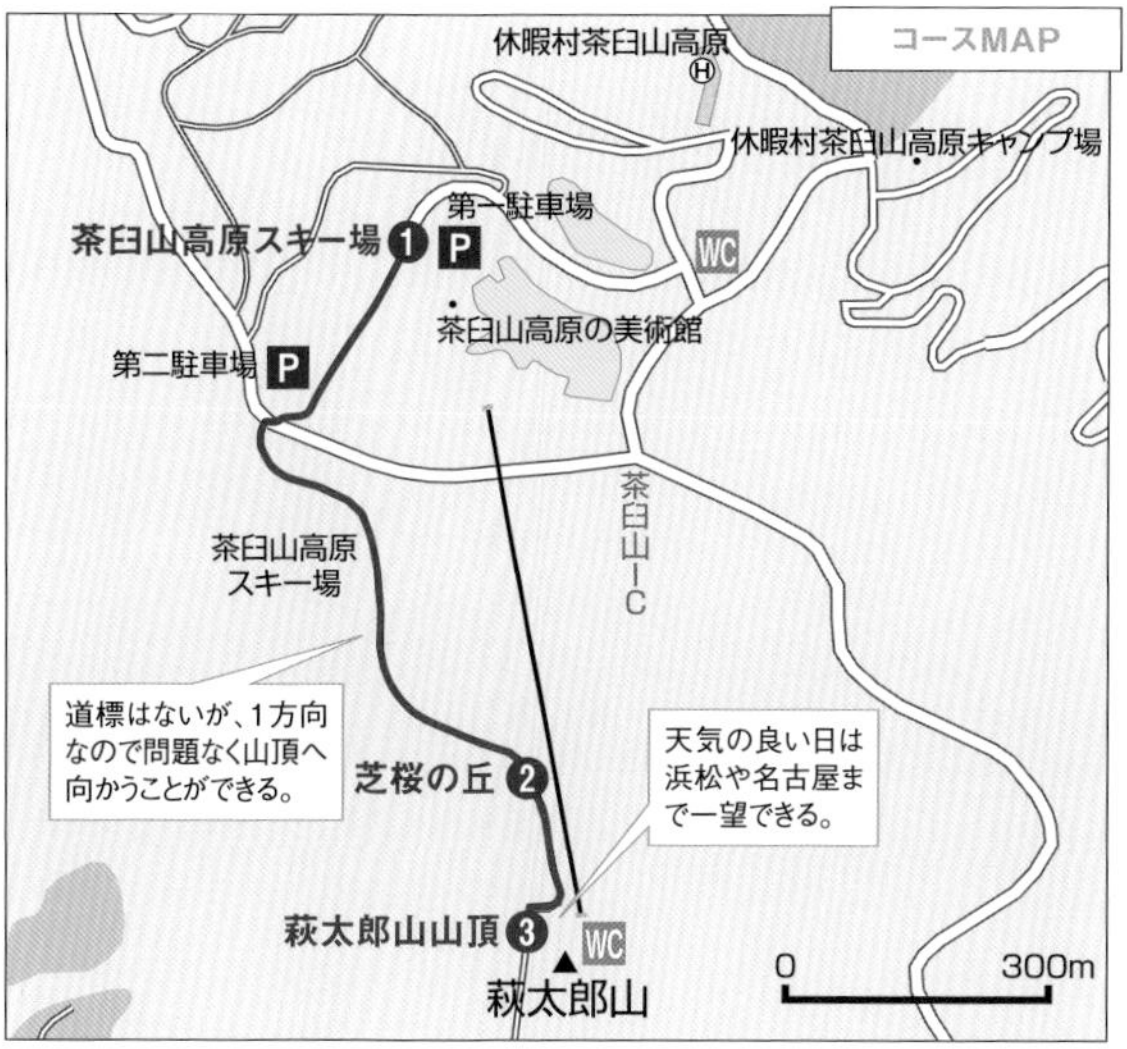
休暇村茶臼山高原
休暇村茶臼山高原キャンプ場
第一駐車場
茶臼山高原スキー場
P
WC
茶臼山高原の美術館
第二駐車場
P
茶臼山IC
茶臼山高原
スキー場
道標はないが、1方向なので問題なく山頂へ向かうことができる。
天気の良い日は浜松や名古屋まで一望できる。
芝桜の丘
萩太郎山山頂
WC
萩太郎山
0
300m

上_山頂はリフト降り場と同じ。展望台もある。春の時期に芝桜の上を通過するリフトでは萩太郎山頂まで約12分の空中散歩を楽しむこともできる　下_ゲレンデを歩いて登ると気持ちいい

ポイントガイド

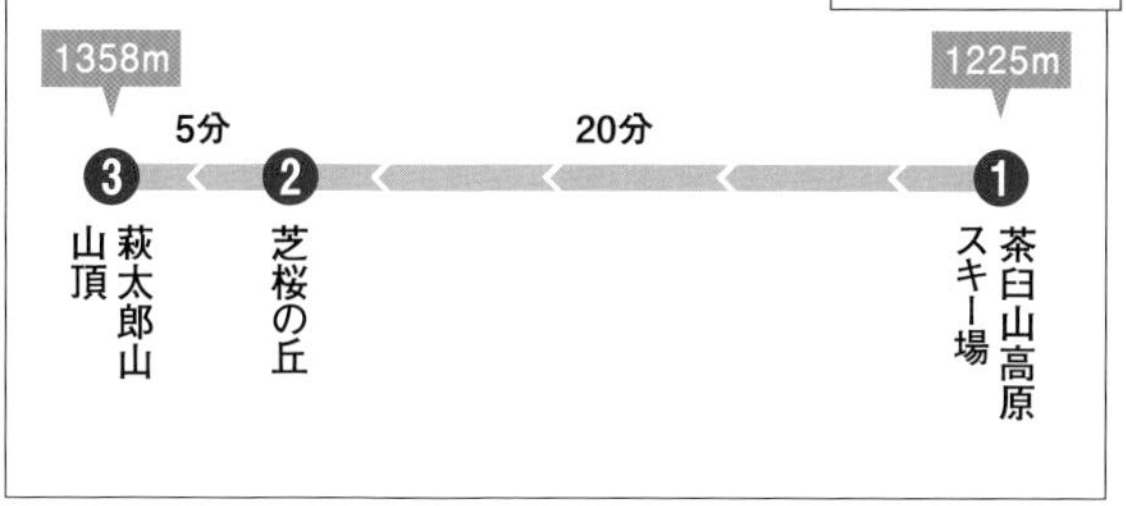
1358m
1225m
5分
20分
萩太郎山山頂
芝桜の丘
茶臼山高原スキー場

山データ

【問い合わせ】(一財)茶臼山高原協会　【TEL】0536-87-2345
【山の所在地】愛知県北設楽郡豊根村坂宇場字御所平70-185

【アクセス】東名高速道路名古屋ICから車で2時間
【駐車場】有(季節により有料)
【トイレ】無

▲ワンポイントアドバイス

芝桜祭期間中(5月)は、茶臼山高原スキー場の駐車場が有料になる。駐車場の空き待ちにもなりやすいので、少し離れた駐車場に停めて歩くのも手だ

立ち寄りスポット

「休暇村　茶臼山高原　チャウシカノ森キャンプ場」は、常設テントがあり、用具や食材がそろうプランもあるので、手ぶらでキャンプができる。手軽なコテージ泊もおすすめ

四季の魅力

5月には「芝桜の丘」に40万株の芝桜が咲き誇る。22,000平方メートルの広大な敷地にピンク、白、淡青、青紫など、色や形が違う7種類の芝桜が織りなす景色を見るために多くの人が訪れる

三山を縦走できる尾根道は東海自然歩道の一部になっており、その景観と四季折々の自然が同時に楽しめる

弥勒山

みろくさん

愛知と岐阜の県境に位置する低山。気軽に登れるハイキングコース

標高	437m
体力度	▲△△△△
登山時期	通年
歩行時間	約50分（片道）
歩行距離	2.2km（片道）
標高差	260m

愛知県春日井市と岐阜県多治見市の境に位置する弥勒山。年間を通じて気軽に登れる山として人気。標高437mの低山で、小学生ほどの体力があれば1時間以内で山頂まで行けるとあって、登山初心者はもちろん、近隣住人の体力作りの場となっている。「都市緑化植物園グリーンピア春日井」を起点に進むと❶東海自然歩道登山口がある。❷山頂からは天気が良ければ西方面に春日井市街地とその奥にJRセントラルタワーズなど名古屋駅前の高層ビル群、名古屋港などを見ることができ、東方面には御嶽山、中央アルプスなどの山々を一望できる。また、尾根に沿って大谷山《おおたにやま》（425m）、道《どう》樹《ず》山《さん》（429m）にも行くことができる。この3つの山は〝春日井三山〟や〝愛岐三山〟とも呼ばれ、多くの登山家に親しまれている。なお登山ルート上にはトイレは設置されていないので、麓の「グリーンピア春日井」または細野キャンプ場を利用すること。（※「グリーンピア春日井」は4月から10月は9時から18時、11月から3月は9時から17時。営業時間以外は利用不可なので注意）

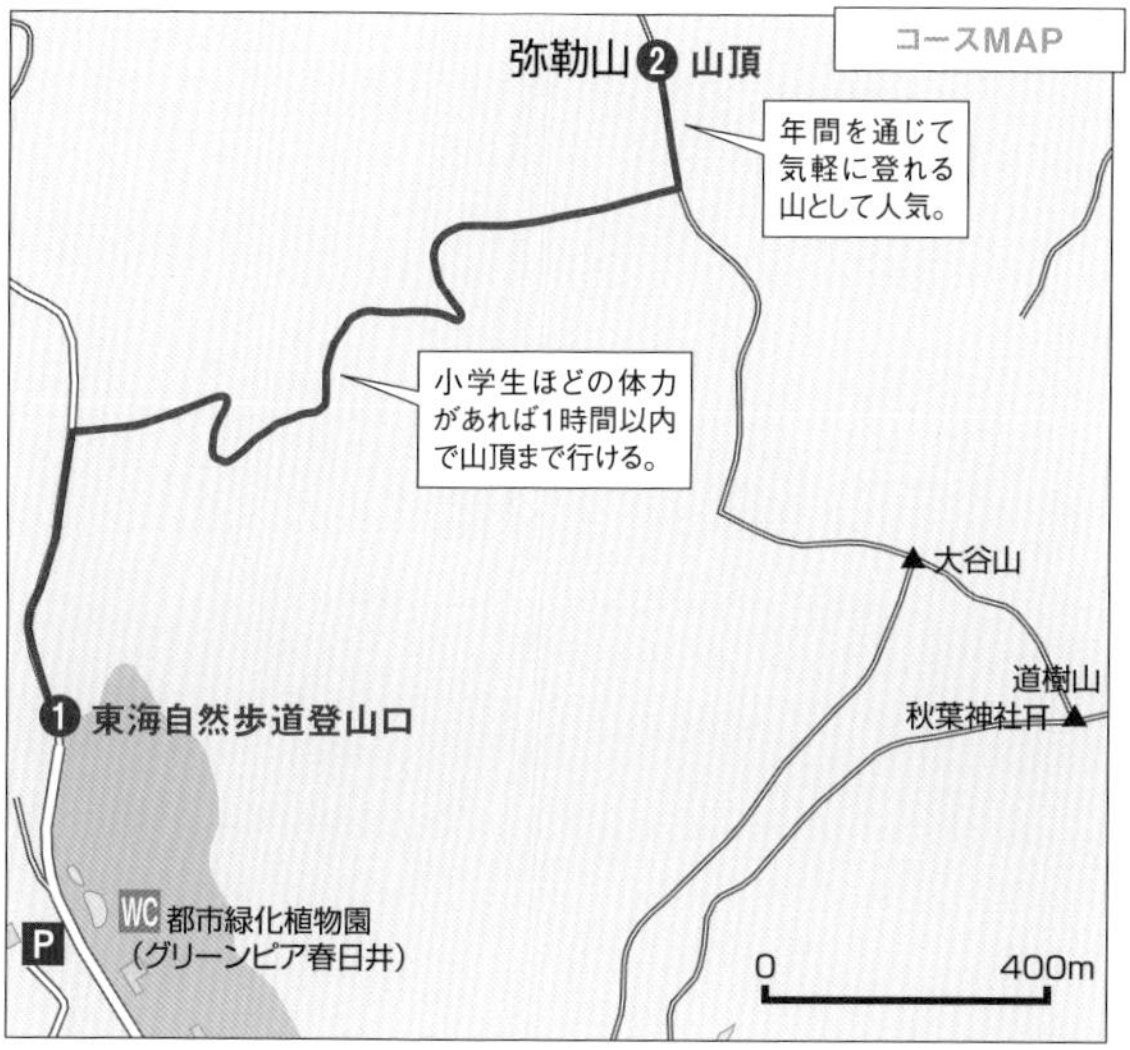
コースMAP
弥勒山 ❷ 山頂
年間を通じて
気軽に登れる
山として人気。
小学生ほどの体力
があれば1時間以内
で山頂まで行ける。
大谷山
道樹山
秋葉神社
❶ 東海自然歩道登山口
WC 都市緑化植物園
（グリーンピア春日井）
P
0
400m

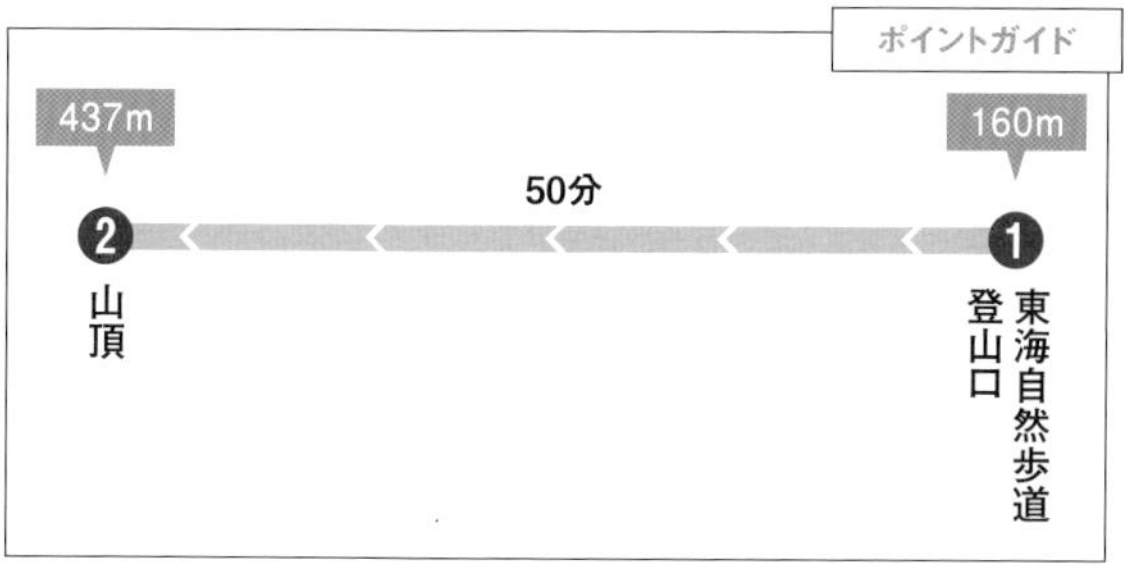
ポイントガイド
437m
160m
50分
❷
山頂
❶
東海自然歩道登山口

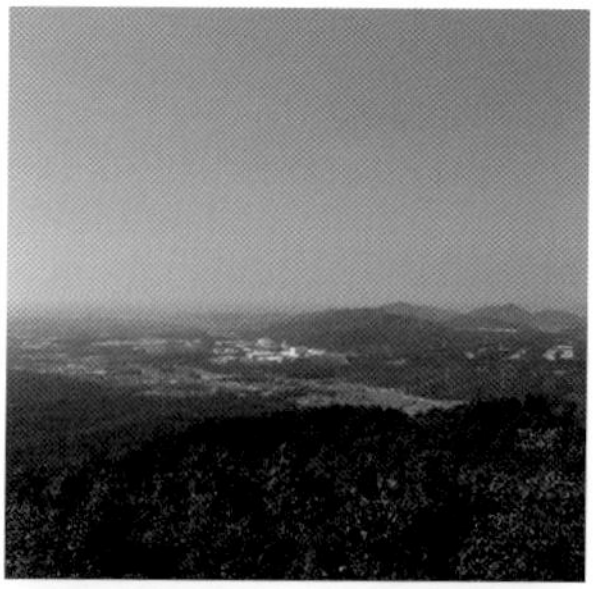

上_小学校高学年以上の体力があれば、三山（弥勒山・大谷山・道樹山）を尾根伝いに縦走するコースも　下_山頂には木製ベンチが設置されていて、登山者の社交場となっている。植物園から山頂への途中にある「みろく休息所」からは南西方向の眺望を望むことができる

山データ

【問い合わせ】春日井市産業部経済振興課【TEL】0568-85-6244／春日井市教育委員会野外教育センター【TEL】0568-92-8711
【山の所在地】愛知県春日井市、岐阜県多治見市

【アクセス】JR高蔵寺駅下車、北口名鉄バス4番乗り場から「植物園」行きに乗車し、終点「植物園」下車
【駐車場】登山者専用の駐車場なし
【トイレ】有（都市緑化植物園）。山中にはなし

▲ ワンポイントアドバイス

大谷山経由ルートで進んでくると、弥勒山の頂上直前に傾斜の大きな箇所がある。また、粘土質の土壌は滑りやすいため、雨上がりの下山時などは特に足元に注意が必要だ

立ち寄りスポット

「都市緑化植物園グリーンピア春日井」（入園料無料／毎週月曜と年末年始は休園）では四季折々の花を楽しめるほか、工作・料理・スポーツなど各種イベントやコンサートを開催

四季の魅力

よく整備されたなだらかな林道は日当たりもよく、カタクリが群生。春から初夏にかけては濃い緑とひっそり咲く小さな花が咲くなど、季節の移り変わりを楽しめる

白山や御嶽山などの絶景を遠望できる山頂。この区域は愛知高原国定公園に指定されている自然に満ちた山だ

猿投山

さなげやま

神々しい巨木を眺めながら自然歩道を行く見どころいっぱいの山

標高
629m
体力度 ▲▲▲△△
登山時期 通年
歩行時間 約4時間
歩行距離 12.3km
累積標高差 865m

愛知高原国定公園に含まれる猿投山は、豊田市と瀬戸市の境、木曽山脈の南端に位置する黒雲母花崗岩の山。アクセスのしやすさや難易度の低さから家族連れなどの登山客が多い山である。登山道は東海自然歩道が猿投神社から山頂を経由して、瀬戸市側の雲興寺へ通じている。初心者でも登りやすいのが猿投神社から登るルートだ。❶東海自然歩道入口登山者用駐車場から舗装した道路を約20分進む。❷御門杉の立派な杉を眺めながら階段を上ると、なだらかな道になる。❸大岩展望台が分岐になっているが、絶景ポイントなので、ぜひ立ち寄りたい。絶景を楽しんだあとは自然歩道へ戻ろう。❹東の宮では安全祈願で立ち寄る人が多い。❺山頂で休憩後、下山ルートは東の宮から来た道を下っても良いが、別ルートを通りたい場合は西の宮へ。時間と体力に余裕があるならおすすめだ。❻西の宮から広沢川に出ると「猿投七滝」とよばれる七つの滝や、天然記念物の菊石を見ることができる。下山は菊石から❼広沢天神を目指し、❽猿投神社へ戻る。

コースMAP

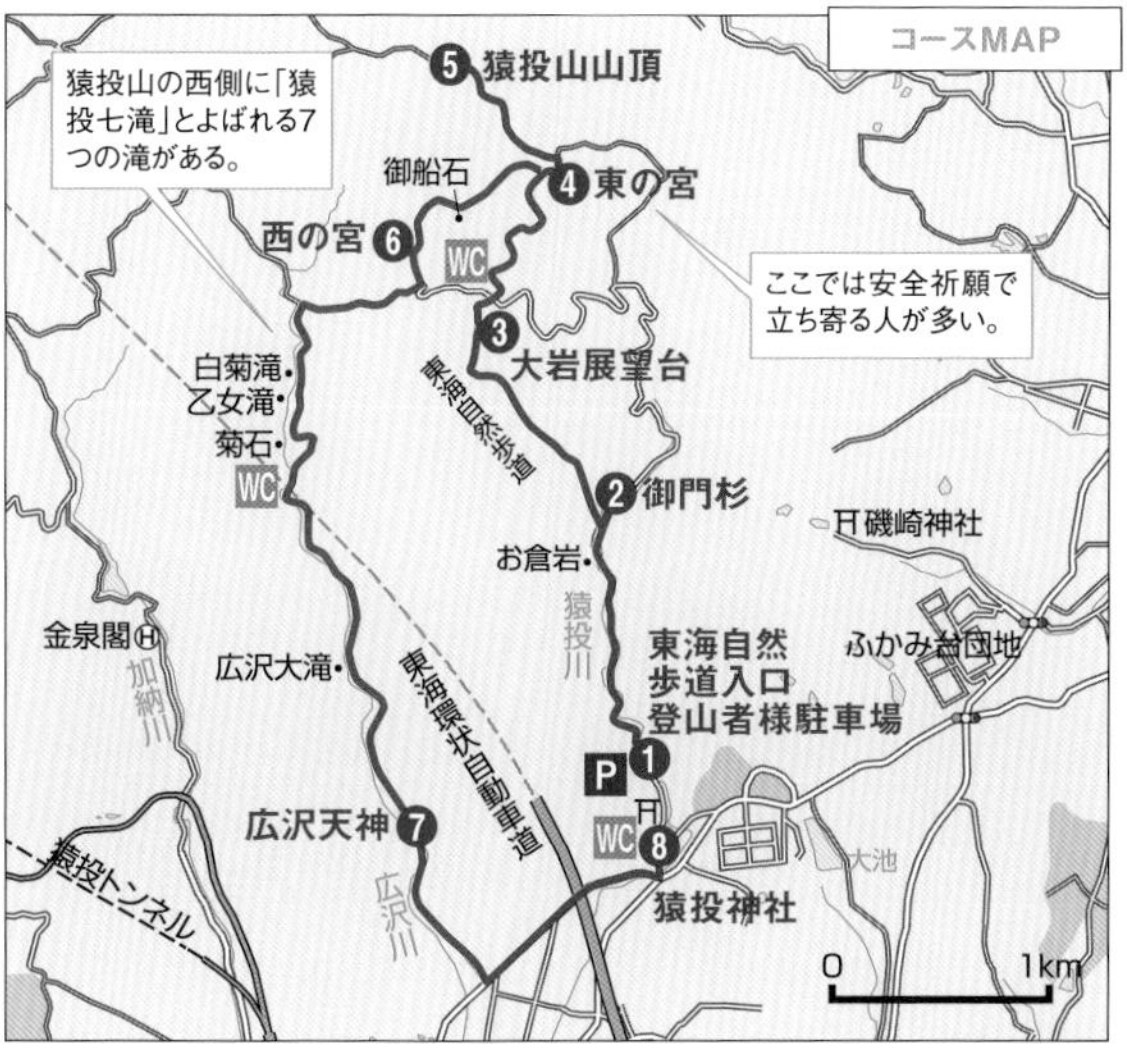
猿投山の西側に「猿投七滝」とよばれる7つの滝がある。
5 猿投山山頂
御船石
4 東の宮
西の宮 6
WC
ここでは安全祈願で立ち寄る人が多い。
3 大岩展望台
白菊滝・
乙女滝・
菊石・
WC
東海自然歩道
2 御門杉
磯崎神社
お倉岩・
猿投川
金泉閣
加納川
広沢大滝・
東海環状自動車道
東海自然歩道入口
登山者様駐車場
ふかみ台団地
P
1
WC
8
猿投神社
大池
広沢天神 7
猿投トンネル
広沢川
0
1km

上_存在感あふれる大迫力な巨石は圧巻　下_猿投山の西側に「猿投七滝」とよばれる7つの滝がある。広沢川に沿っており、川上から血洗いの滝・二ツ釜の滝・白霧滝・千鳥滝・白菊滝・乙女滝・広沢大滝と滝めぐりが可能

ポイントガイド

1 東海自然歩道入口登山者用駐車場（150m）
20分
2 御門杉
40分
3 大岩展望台
30分
4 東の宮
30分
5 猿投山山頂（629m）
40分
6 西の宮
60分
7 広沢天神
25分
8 猿投神社

山データ

【問い合わせ】豊田市商業観光課
【TEL】0565-34-6642
【山の所在地】愛知県豊田市猿投町鷲取周辺

【アクセス】名鉄豊田市駅から、とよたおいでんバスで30分。猿投神社前下車。東海環状自動車道豊田藤岡ICから車で5分
【駐車場】有（170台程度、無料）
【トイレ】3か所有（駐車場・東の宮分岐・菊石付近）

▲ ワンポイントアドバイス

猿投神社からのルートはトレイルランにも最適。登山道が整備されて走りやすいところが多いので、初心者の利用も多く、講習会が催されることもある

立ち寄りスポット

信仰の山として登られてきた猿投山の麓に本社である猿投神社がある。主祭神は大碓命。創建は社伝によれば192年という歴史ある神社。左鎌を奉納することから現在は鎌の形の絵馬が奉納されている

四季の魅力

4月には山桜が見頃に。山頂から雲興寺側へ行くと「ヤマザクラコース」に進むことができる。ビューポイントが所々にあり、幹の直径最大130センチ、樹齢200年超の山桜の巨木を見ることができる

奥三河を代表する急峻の多い1000m級の山。山岳信仰の時代には平山明神山を「小明神」、こちらの山を「大明神」と地元民から呼ばれていた

三ツ瀬明神山《みつせみょうじんさん》

急峻な山容の先に広がる大パノラマを満喫できる

標高	1016m
体力度	▲▲△△△
登山時期	3月~12月
歩行時間	5時間20分
歩行距離	5.5km
標高差	730m

三ツ瀬王道の乳岩コースの❶登り口は三ツ瀬口乳岩狭駐車場の奥にある。登山道では立ち並ぶ大木と湧き水が登山者を迎える。乳岩を過ぎると❷銀明水乳岩分岐があり、そのまま直進。❸三ツ瀬峠一服の岩から傾斜がきつくなり、クサリ場ハシゴが出てくる。ここからさらに歩くと大岩の前の分岐がある。クサリ場の連続からさらに40分程度で6合目の三ツ瀬乳岩分岐に着く。大岩の前の分岐からさらに20分程で沢を渡ると大岩峰の❹6合目鬼岩に着く。大岩前分岐から右の尾根方向へ歩くと胸突八丁ノ頭に到着する。これより先は、クサリ場、ハシゴ、両サイドが切り立った馬ノ背がある岩まで厳しい道が続く。❺馬の背岩鬼岩乗越からは、鳳来湖、天気が良ければ浜名湖も一望できる。❻山頂には鉄骨の展望台があり、360度の展望が開け、快晴であれば富士山も望める。下山は往路を戻る。初心者や高齢者が登るには標高は高くないが、クサリ場や急な斜面が多く、滑落の危険が大きい場所もあるので注意が必要だ。

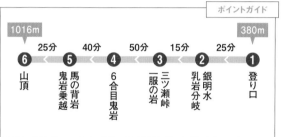

コースMAP

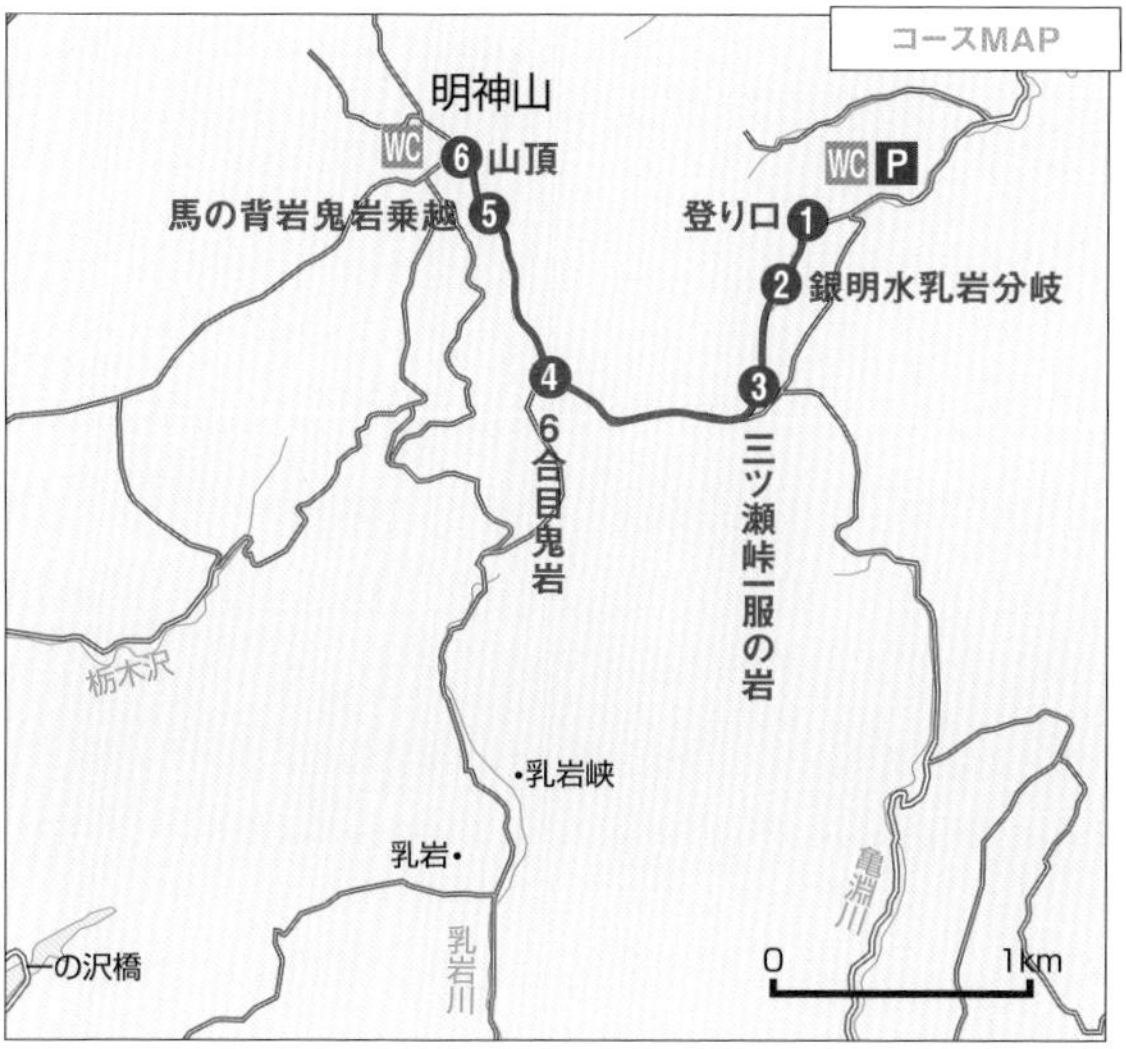
明神山
6 山頂
馬の背岩鬼岩乗越 5
登り口 1
2 銀明水乳岩分岐
3 三ツ瀬峠一服の岩
4 6合目鬼岩
栃木沢
・乳岩峡
乳岩・
亀渕川
乳岩川
一の沢橋
0 1km

上_乳岩コース、三ツ瀬コースなど難易度の異なる4つの登山コースがあり、難所にはクサリ場も設けられている　下_乳岩コースからは鳳来湖を眼下に望む

ポイントガイド

1016m / 380m

1 登り口 —25分— 2 銀明水乳岩分岐 —15分— 3 三ツ瀬峠一服の岩 —50分— 4 6合目鬼岩 —40分— 5 馬の背岩鬼岩乗越 —25分— 6 山頂

山データ

【問い合わせ】東栄町観光まちづくり協会　【TEL】0536-76-1780
【山の所在地】愛知県北設楽郡東栄町本郷

【アクセス】三遠南信自動車道鳳来峡ICから車で約30分
【駐車場】有(三ツ瀬口駐車場)
【トイレ】有(駐車場と明神山山頂)

明神山
登山口

▲ ワンポイントアドバイス

6合目より先は、クサリ場、ハシゴ、岩が切り立った場所もあるため、小学校低学年には難しさのあるコース。家族連れは無理のないようにしたい。大人も装備は万全でのぞみたい

立ち寄りスポット

「とうえい温泉」「うめの湯」「ゆーゆーありーな」など、登山口から車で行ける日帰り温泉が点在。中でも「とうえい温泉」は、医学的にも効能を認められている療養泉に指定されており、登山の疲れをじっくりと癒すことができる

四季の魅力

春はシャクナゲやミヤマツツジ、アカヤシオなどが開花し、秋は紅葉が全山を彩る。乳岩の岩峰群には天然のトンネルや橋、洞窟などがあり、観光地としても人気が高いため開花・紅葉シーズンは賑わう

変化に富んだルートで飽きのこないトレッキングが魅力

八曽山《はっそさん》

滝、渓谷、キャンプ場など登山以外も満喫できるアウトドアフィールド

標高
326m

体力度
▲▲△△△

登山時期
6月~10月

歩行時間
2時間50分

歩行距離
8km

標高差
455m

八曽山は犬山八曽自然休養林の中にある初心者向けの低山。休養林の中央を東西に五条川が流れ、滝や渓谷がある水の恵豊かな自然環境の中を歩くことができる。別名「黒平山」とも呼ばれ、山頂の標識も「黒平山」となっている。❶八曽モミの木駐車場は八曽モミの木キャンプ場内にあり、登山の起点となる。最初は平坦な林道が続き、八曽キャンプ場跡を過ぎると沢沿いに緩い勾配のある道を進んでいく。❷八曽滝からは勾配がやや急な道もあるが、距離は短く安全な道である。二等三角点がある❸八曽山山頂から西側に少し下りると視界が開け、鈴鹿山脈、伊吹山、奥美濃の山々を眺めることができる。八曽滝に戻り、沢沿いの分岐から階段を登った後車道を歩くと❹パノラマ展望台に到着。展望台で眺望を楽しんだのちもとの道を戻ってもいいが、❺岩見山へ立ち寄るのもおすすめ。山頂までは、アップダウンが少なく歩きやすい。下山は急勾配を下るが、沢伝いの道に合流すると平坦な道になる。山を周回するルートになるので、起点の八曽モミの木駐車場まで戻ってくることができる。

コースMAP

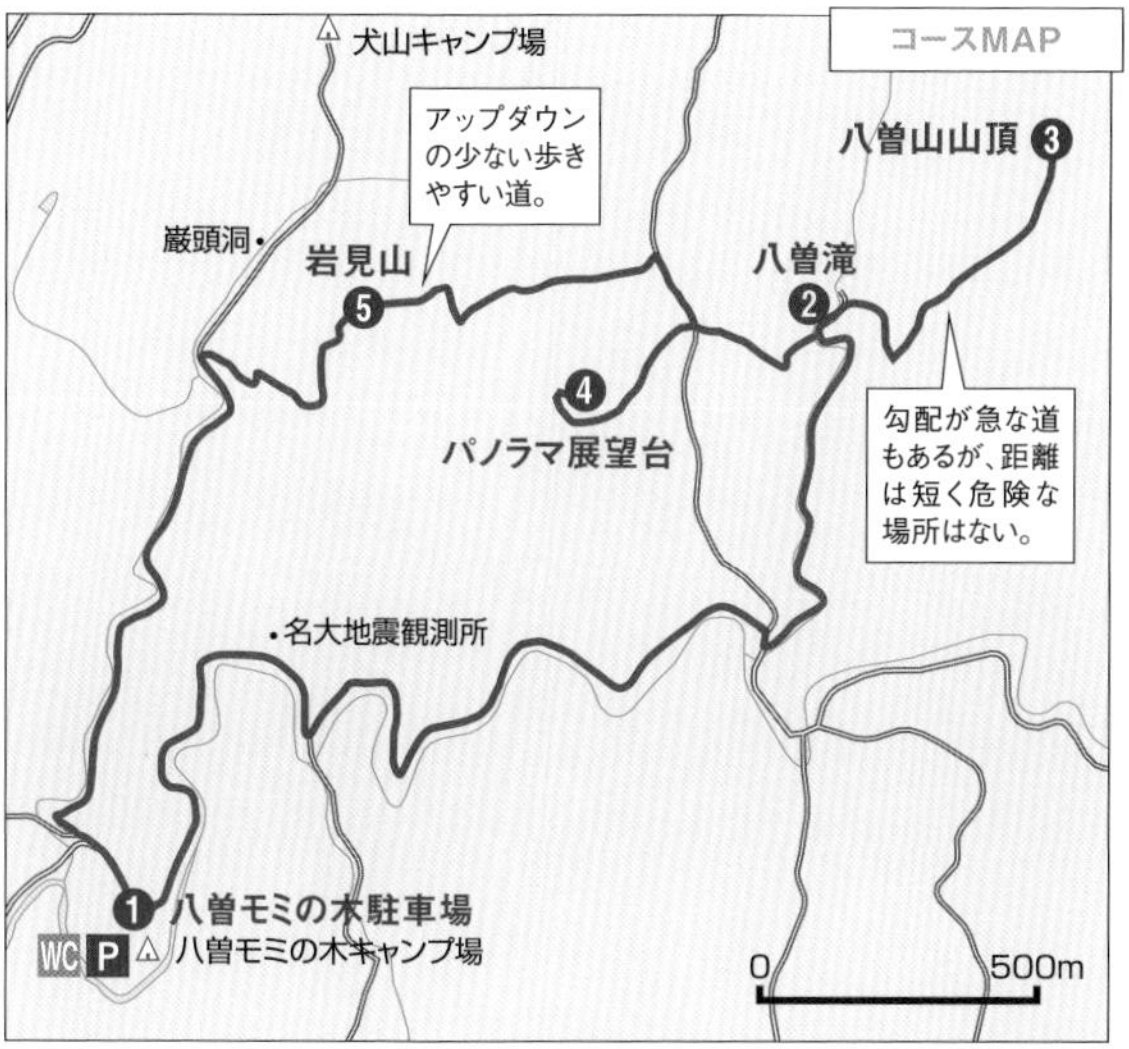
犬山キャンプ場
アップダウンの少ない歩きやすい道。
八曽山山頂 3
巌頭洞・
岩見山 5
八曽滝 2
4 パノラマ展望台
勾配が急な道もあるが、距離は短く危険な場所はない。
・名大地震観測所
1 八曽モミの木駐車場
WC P 八曽モミの木キャンプ場
0 500m

ポイントガイド

1 八曽モミの木駐車場 116m → 60分 → 2 八曽滝 → 20分 → 3 八曽山山頂 326m → 50分 → 4 パノラマ展望台 → 20分 → 5 岩見山 → 20分 → 1 八曽モミの木駐車場

上_マイナスイオンをたくさん浴びながら気持ちの良い登山ができる。沢沿いの八曽滝はパワースポットとしても知られているので、ぜひ立ち寄ってみよう　下_パノラマ展望台から八曽ます池線を進むと「八曽ます釣り場」があり、ます釣りを楽しむことができる

山データ

【問い合わせ】犬山駅観光案内所
【TEL】0568-61-6000
【山の所在地】愛知県犬山市八曽

【アクセス】中央自動車道小牧東ICから車で13分
【駐車場】有（八曽モミの木駐車場500円）
【トイレ】有(八曽モミの木駐車場の売店裏、八曽キャンプ場跡、八曽の滝〜八曽山頂間)

▲ ワンポイントアドバイス

コース全体は特に危険な場所はなく、各所に案内図や道標があるので迷うことは少ない。しかし枝道のような踏跡もあるので、地図を確かめながら歩くことをおすすめする

立ち寄りスポット

登山口にある「八曽モミの木キャンプ場」では、山歩きや川遊び、キャンプ、バーベキューなどのアウトドアが充実。「博物館明治村」、「野外民族博物館リトルワールド」にも近い人気のレジャースポットである

四季の魅力

パノラマ展望台からの風景や五条川の清流、落差18メートルの八曽滝、五段の滝、乙女滝、厳頭洞渓谷は四季折々の表情を見せるので、年間を通して訪れる価値がある

尾張三山の1つでもあるこの山は、神域として古くから保護されてきた

尾張本宮山

おわりほんぐうさん

信仰の山で由緒ある神社をめぐりながら歩く

標高
292m

体力度
▲△△△△

登山時期
通年

歩行時間
2時間

歩行距離
11km

累積標高差
505m

尾張三山のひとつに数えられる尾張本宮山。尾張三山（尾張富士・本宮山・白山）はいずれも頂上付近に神社があり、古くから信仰の対象となっている。低山のため、尾張富士と尾張本宮山を合わせて登るコースがおすすめだ。まず、羽黒駅から徒歩30分にある子預け発祥の神社・大宮浅間神社から尾張富士山頂を目指す。❶登山口は大宮浅間神社本殿の右側にあり、左右に「献石」が並ぶ岩場の道は山頂にある尾張冨士大宮浅間神社への参道である。❷尾張冨士大宮浅間神社奥宮に到着後、入鹿池方向へ下っていき、シダが茂る細い雑木林を抜けるように進んでいく。❸博物館明治村を過ぎ左手に入鹿池を見ながら舗装道路を歩くと県道153号から16号に入る。❹白山神社前まで来たら左折してしばらく行き、ヒトツバタゴの自生地方面に入っていく。さらに登り、分岐を頂上方面へ向かう。❺山頂は大縣神社の奥宮にあり、八曽山、笠置山、中央アルプスなどの眺望が望める。下山は分岐まで戻り、大縣神社まで参道を下っていく。❻大縣神社は最寄りの楽田駅までは徒歩15分である。

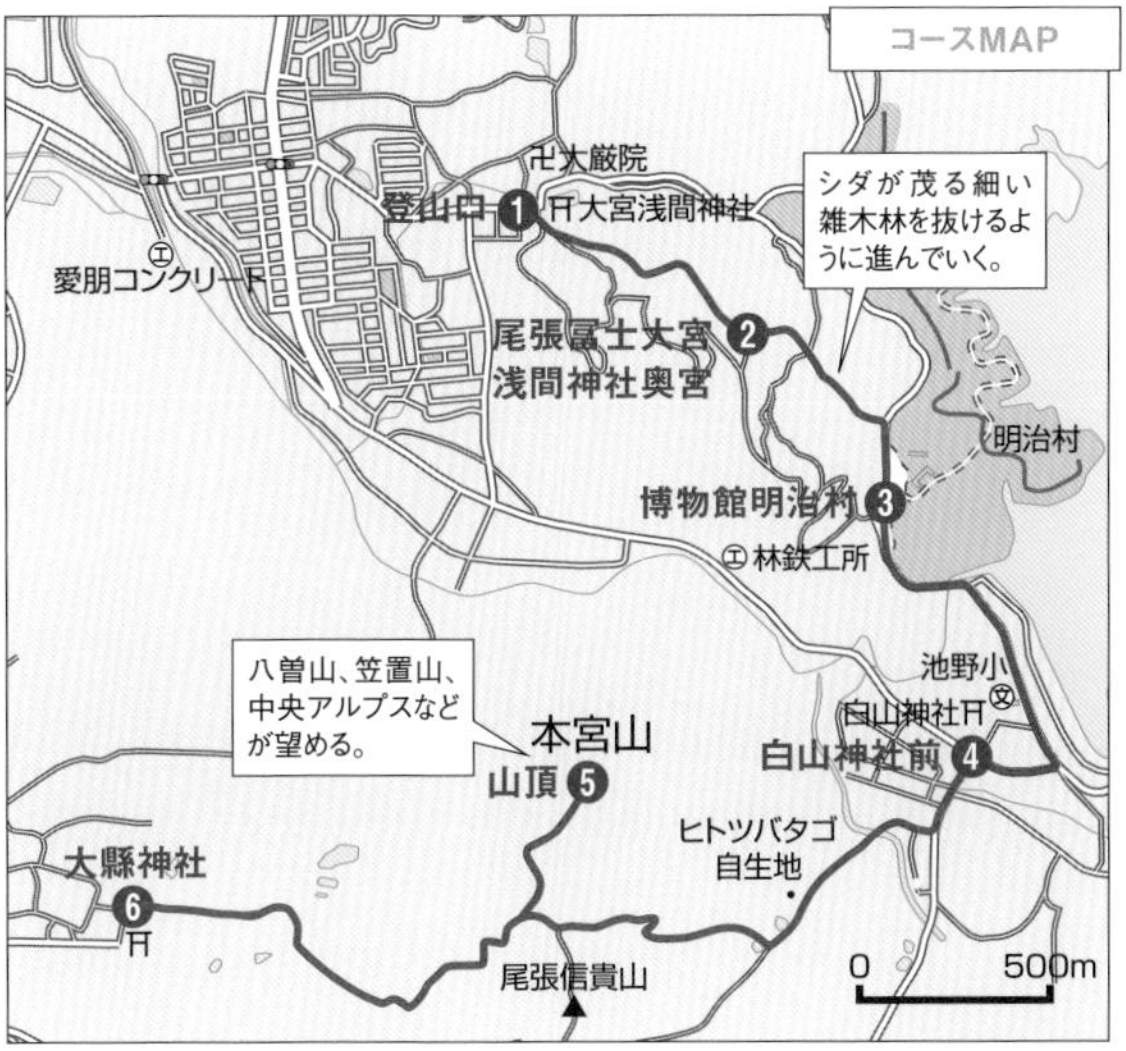
コースMAP
卍大厳院
登山口 1
⛩大宮浅間神社
愛朋コンクリート
シダが茂る細い雑木林を抜けるように進んでいく。
尾張冨士大宮浅間神社奥宮 2
明治村
博物館明治村 3
林鉄工所
池野小
白山神社⛩
白山神社前 4
八曽山、笠置山、中央アルプスなどが望める。
本宮山
山頂 5
ヒトツバタゴ自生地
大縣神社 6
尾張信貴山
0 500m

上_ヒトツバタゴが自生するエリアも見所の一つ　下_山頂の大宮浅間神社奥宮には四等三角点が設置されている

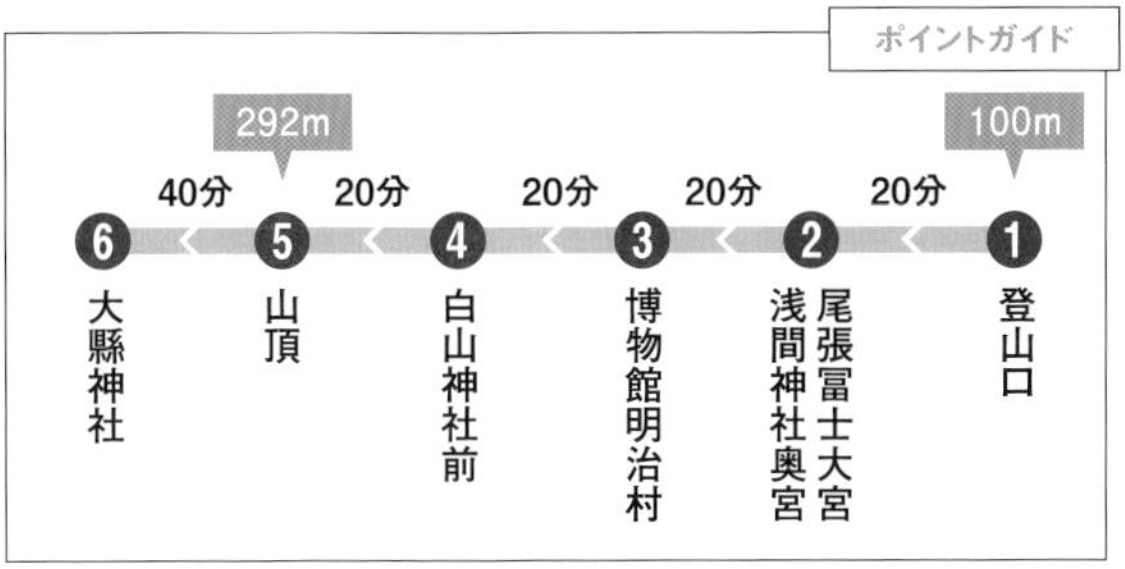
ポイントガイド
292m
100m
40分
20分
20分
20分
20分
6 大縣神社
5 山頂
4 白山神社前
3 博物館明治村
2 尾張冨士大宮浅間神社奥宮
1 登山口

山データ

【問い合わせ】犬山駅観光案内所
【TEL】0568-61-6000
【山の所在地】愛知県犬山市高根洞

【アクセス】中央自動車道小牧東ICから車で10分
【駐車場】有（大宮浅間神社無料駐車場）
【トイレ】有（登山道、山頂はなし）

ワンポイントアドバイス

各所に案内図や道標がある上、舗装道路を歩くこともあるので楽なコース。しかし、所々に岩の道があるので、靴は滑りにくく丈夫なものがおすすめ

立ち寄りスポット

地元の人も通う「うなぎの大安」は、リーズナブルな価格で極上の三河一色産うなぎが味わえる。登山の疲れも癒される。（愛知県犬山市羽黒新田米野前24-6　TEL0568-67-7498　火曜休）

四季の魅力

国指定天然記念物のヒトツバタゴ自生地がある。東海地方の木曽川流域の東海地方と長崎県対馬だけに自生する特異な分布の植物。白い花が5月に咲き、満開時には雪が降り積もったような景色を見せる

古来より「天狗の棲む霊山」とよばれた山。面ノ木第一園地からブナやミズナラの茂るルートを20分ほど歩くと天狗棚に到着する

天狗棚《てんぐだな》

天狗の棲む霊山で壮大なスケールの尾根歩き

標高	1240m
体力度	▲▲△△△
登山時期	3月~12月
歩行時間	約1時間20分
歩行距離	4.3km
標高差	336m

天狗棚は、愛知県の北部、奥三河の山塊にある奥三河八名山のひとつである。北に連なる1200高地は別名「天狗の奥山」と呼ばれている。その名前の通り天狗にゆかりのある山で、古くから天狗の棲む霊山として近郊の人々から崇められていた。山頂もまるで天狗の棲み家のように高い木で覆われ、標識があるだけで展望はないが、途中の展望台などからは三河や南アルプスの山々、津具の地区を見渡すことができる。

まず、登山の起点となる❶面ノ木第3園地から❷天狗棚展望台を目指す。この展望台は尾根伝いに進んだ先にあり、眼下に津具盆地、遠方に岩古谷山、明神山、北東に茶臼山とはるか先に南アルプスが眺望できる。北に向かうと❸山頂に到着する。山頂は約1200メートル。残念ながら眺望はないが、途中、ブナ・ミズナラの原生林越しに面ノ木風力発電所の風車が垣間見えることも。下山時はここから来た道を戻るが、他のコースもあるので、調べて別の道を戻るのも楽しみのひとつだ。

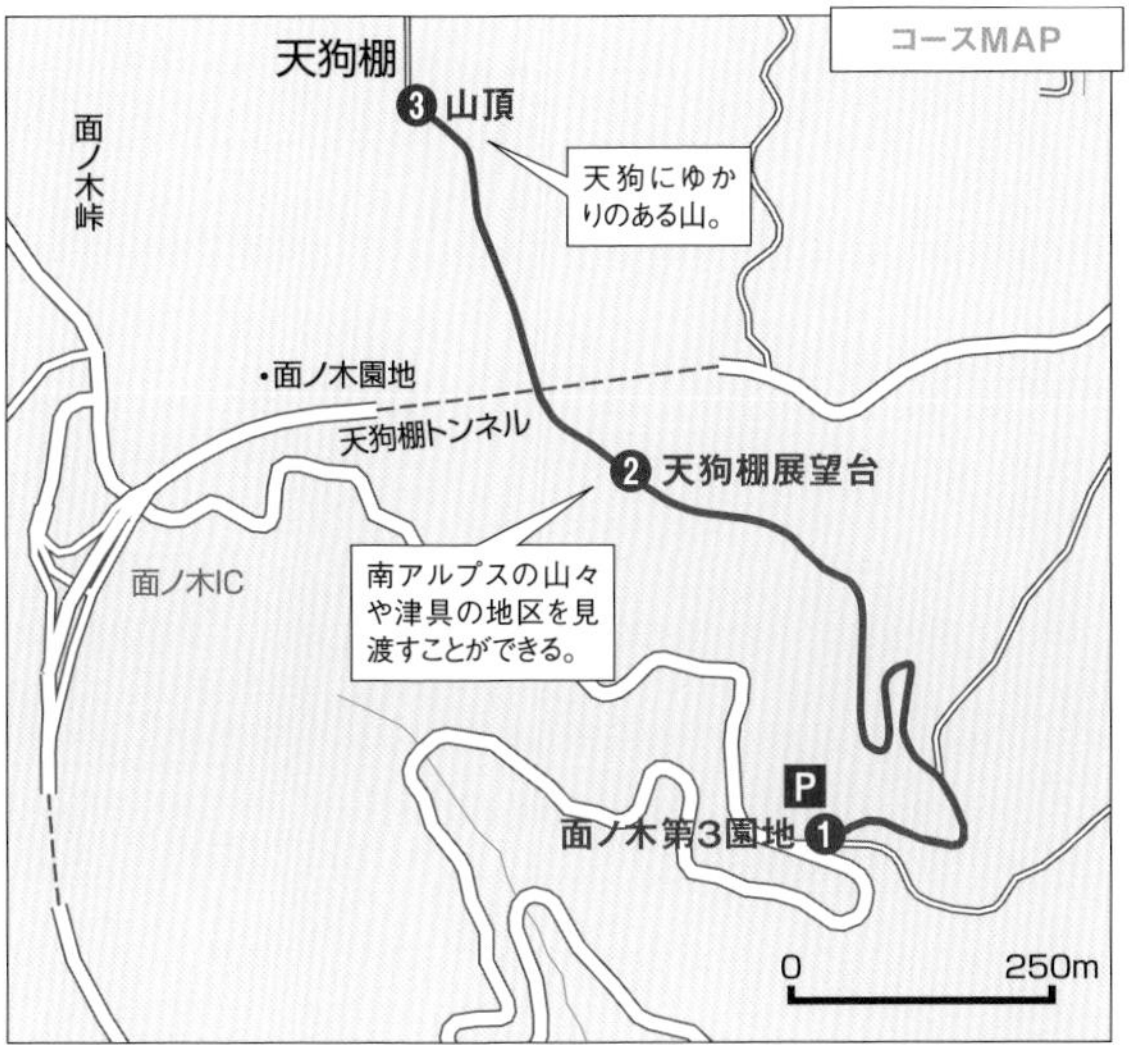
コースMAP
天狗棚
3 山頂
面ノ木峠
天狗にゆかりのある山。
•面ノ木園地
天狗棚トンネル
2 天狗棚展望台
面ノ木IC
南アルプスの山々や津具の地区を見渡すことができる。
P
面ノ木第3園地 1
0
250m

上_天狗棚へと続くルートは緑豊かな原生林。木々の香りを感じながら快適に歩ける　下_面ノ木園地には天狗伝説にちなんだモニュメントが置かれている

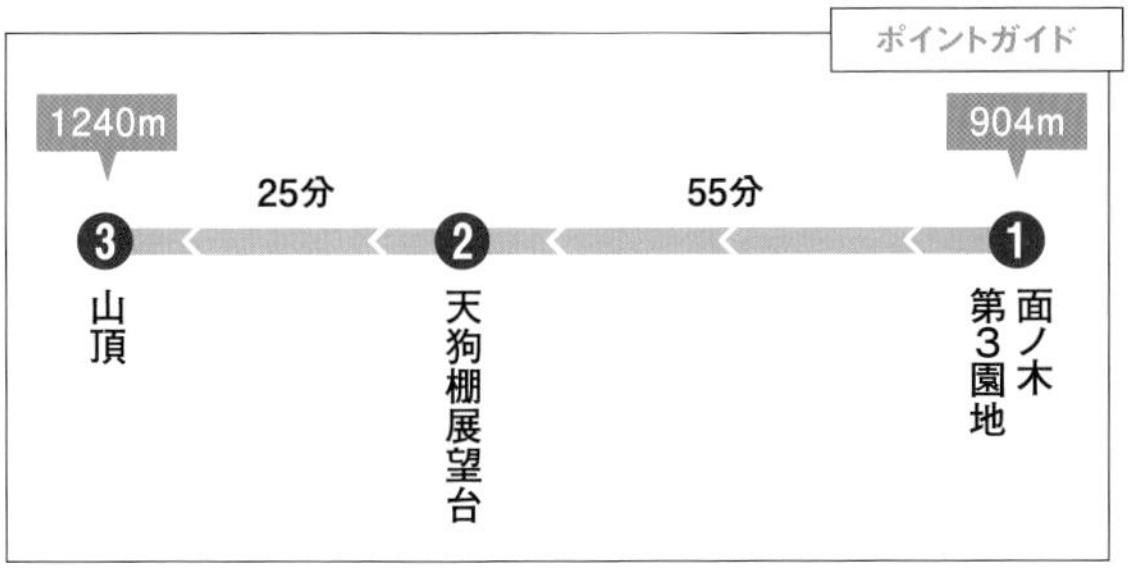
ポイントガイド
1240m
904m
25分
55分
3 山頂
2 天狗棚展望台
1 面ノ木第3園地

山データ

【問い合わせ】設楽町観光協会
【TEL】0536-62-1000
【山の所在地】愛知県北設楽郡設楽町津具天狗棚

【アクセス】新東名新城ICより車で約75分
【駐車場】有（面ノ木第3園地入口、10台）
【トイレ】有

▲ワンポイントアドバイス

各所に案内図や道標がある上、舗装道路を歩くこともあるので楽なコース。しかし、所々に岩の道があるので、靴は滑りにくく丈夫なものがいいだろう

立ち寄りスポット

登山口近くの「道の駅つぐ高原グリーンパーク」売店では、地域の特産品の買い物や軽食が楽しめる。併設する「グリーンメッセージ」は、7種のスパイスと赤ワインでじっくり煮込んだ特製の鹿カレーが食べられる

四季の魅力

5月頃、ミツバツツジや九輪草などが見ごろになる。ミツバツツジは紫がかったピンクの花を咲かせ、秋には紅葉する。6月には展望台横にあるヤマボウシが満開になる。野鳥のさえずりとともに楽しみたい

スギの巨樹や奇岩に出合える本宮山。山頂には古くから親しまれている砥鹿神社奥宮もあり、見どころ満載だ

本宮山《ほんぐうさん》

初心者から家族連れ、山ガールまで幅広い登山者に人気の山

標高	789m
体力度	▲△△△△
登山時期	通年
歩行時間	2時間15分（片道）
歩行距離	4km
標高差	658m

本宮山は東三河の主峰であり、稜線の美しさから別名「三河富士」とよばれている。登山道はよく整備されており、山頂までは1丁目～50丁目の道標が設置されている。標高があまり高くないため、家族連れや年配者・女性同士のグループなど、初心者にも気軽に登れる山として人気。まずは❶ウォーキングセンターを起点に出発。コース途中にはスギの林道や巨樹、様々な形の奇岩などがあり、様々に変化する景観を楽しむことができる。山頂手前には昔から人々の信仰を集めてきた❷砥鹿（とが）神社奥宮があり、正月には初詣と初日の出を拝みに、毎年多くの登山客が訪れている。❸山頂では天気の良い日には豊川・豊橋の街や三河湾まで一望でき、さらに奥宮へと上がる石段の途中には、遠くに富士山が望めるスポットもある。コースが手入れをされていることもあり、スニーカーなど軽装で登ることができるが、突然の雨で足場が悪くなる場所や滑りやすい岩場や坂道も多いので注意が必要。

コースMAP

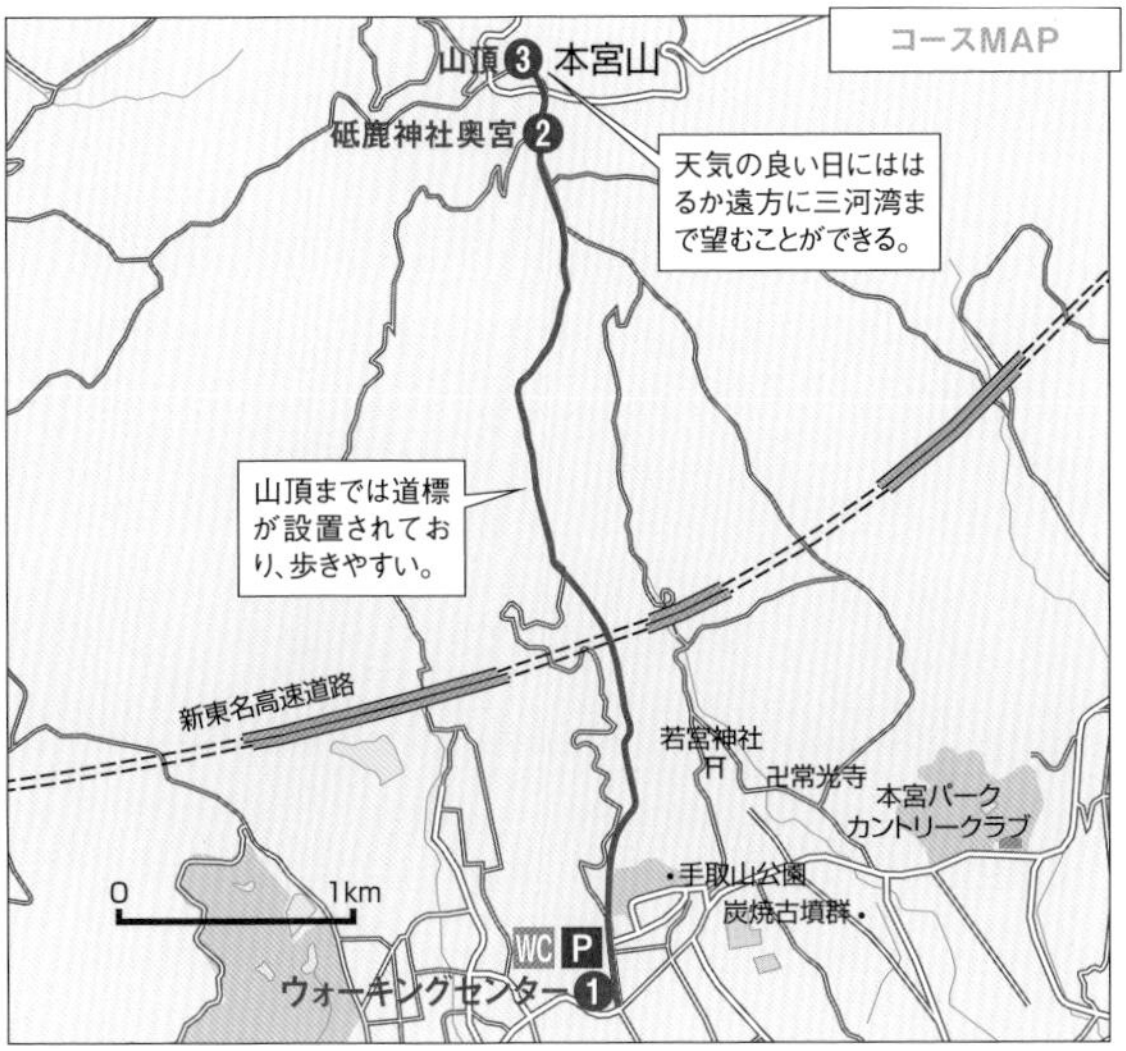
山頂 3 本宮山
砥鹿神社奥宮 2
天気の良い日にははるか遠方に三河湾まで望むことができる。
山頂までは道標が設置されており、歩きやすい。
新東名高速道路
若宮神社
卍常光寺
本宮パークカントリークラブ
・手取山公園
炭焼古墳群・
0 1km
WC P
ウォーキングセンター 1

砥鹿神社

ポイントガイド

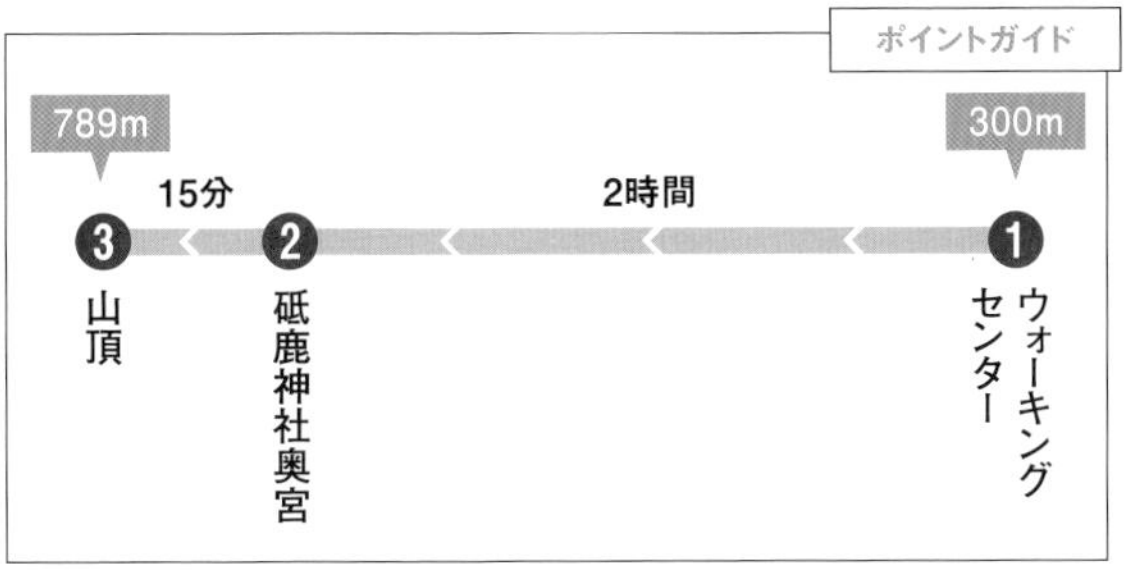
789m
300m
15分
2時間
3 山頂
2 砥鹿神社奥宮
1 ウォーキングセンター

上_週末はもちろん、平日でも多くの登山者が気軽に訪れることができる人気の山。ハイキングやトレイルランニングなど、自分のペースで設定ができる　下_本宮山山頂から見える夕焼け。近隣の山々を輝かせ、登山の醍醐味を体感することができる

山データ

【問い合わせ】豊川市観光協会
【TEL】0533-89-2206
【山の所在地】愛知県豊川市

【アクセス】東名高速道路豊川ICから車で約10分。JR飯田線長山駅より徒歩約25分（ウォーキングセンターまで）
【駐車場】40台（ウォーキングセンター）
【トイレ】有

▲ ワンポイントアドバイス

本宮山の魅力はなんといっても気軽に登れるところ。運動靴などの軽装でOKだが、寒さ対策の上着や汗拭きタオルなど、最低限の準備は必要

立ち寄りスポット

ウォーキングセンター（8:30〜17:00／月・年末年始休館）では登山道の案内マップを配布。温泉施設「本宮の湯」（10:00〜22:00／水曜定休）では登山後の疲れを癒すことができる

✿ 四季の魅力

豊川市内を流れる佐奈川からは本宮山を望むことができ、春には桜と菜の花が咲き乱れ、花のピンクと黄色・山の緑・青空とのコントラストが美しい写真映えスポットとして人気

岡崎市民のハイキングコースで知られ、登山口近くにはキャンプ場も。中腹にある展望園地からは市街地や三河湾を一望することができる

桑谷山《くわがいやま》

三河湾の大展望と樹林の景観を堪能

標高	435m
体力度	▲△△△△
登山時期	通年
歩行時間	約2時間30分
歩行距離	5.5km
標高差	350m

三河湾に面した宝飯山地の西に位置する桑谷山。桑谷からこの山脈を越え蒲郡に通じる道では、昔から歩いたり馬を引いたりして人やモノの往き来が行われていた。徳川家康も蒲郡に行く時に近道として使用していたという。登山は時計回りに周回してまた元にもどるルートになっている。駐車場から❶桑谷キャンプ場を通り抜けて山の中に入ると石畳の遊歩道がしばらく続く。山道になっても道は分かりやすく、迷うことはない。道沿いにはいくつか野辺地蔵がある。❷送電線鉄塔を過ぎると展望園地に到着。❸展望園地からは、蒲郡市街地と三河湾、濃尾平野、伊吹山、御嶽山が一望できる。そこから東へ進み、周囲の樹木が人工林から自然林に変わると尾根歩きが続く。多くの椿が見られる❹椿平を過ぎると、間もなく山頂へ到着する。❺山頂には一等三角点があるが、展望は望めない。下山は❻林道終点を目指して下っていく。整備された林道を歩き、桑谷キャンプ場へと戻ろう。

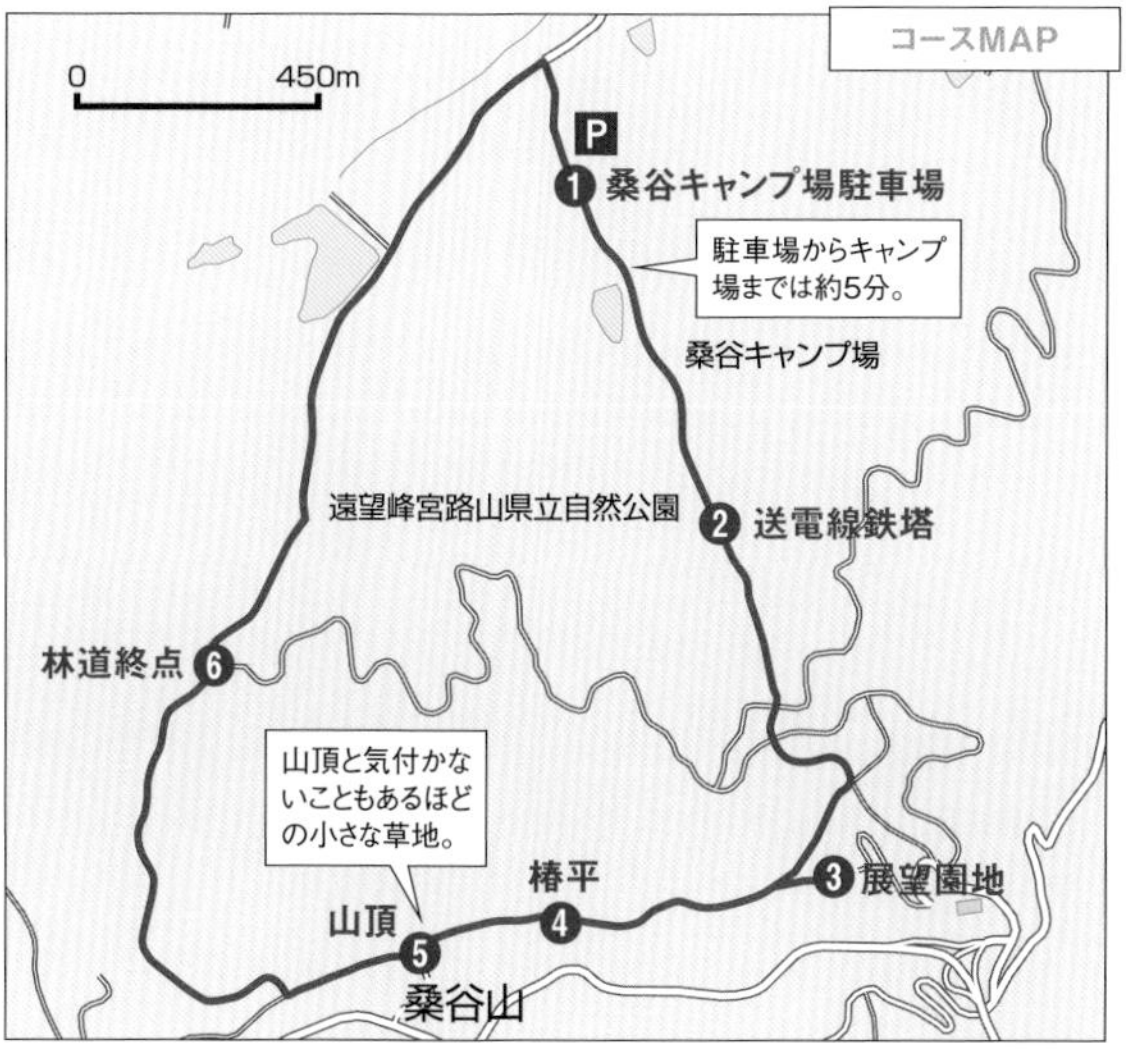
コースMAP
0 450m
P
1 桑谷キャンプ場駐車場
駐車場からキャンプ場までは約5分。
桑谷キャンプ場
遠望峰宮路山県立自然公園
2 送電線鉄塔
林道終点 6
山頂と気付かないこともあるほどの小さな草地。
椿平
3 展望園地
山頂
4
5
桑谷山

上_登山口から展望園地までは1.5kmほどの道のり。街を見下ろす展望デッキは絶好の撮影スポット　下_展望台には木製のベンチもある

写真提供:岡崎市観光協会

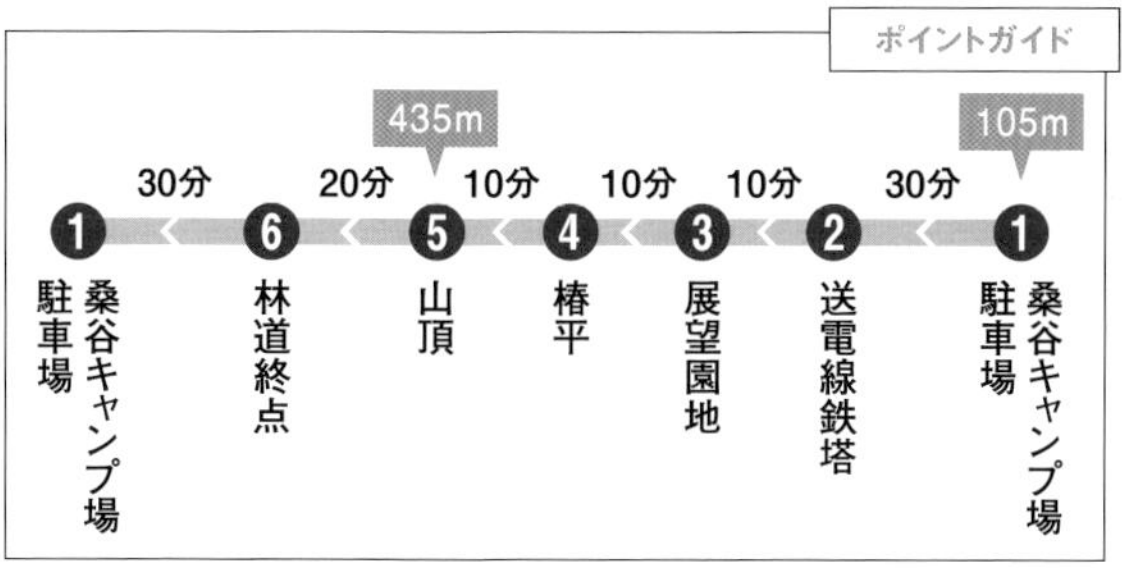
ポイントガイド
435m
105m
30分
20分
10分
10分
10分
30分
1 桑谷キャンプ場駐車場
6 林道終点
5 山頂
4 椿平
3 展望園地
2 送電線鉄塔
1 桑谷キャンプ場駐車場

山データ

【キャンプ場問い合わせ】岡崎市観光推進課
【TEL】0564-23-6216
【山の所在地】愛知県岡崎市桑谷町

【アクセス】名鉄美合駅より名鉄バス名鉄本宿駅行で「桑谷」下車。東名高速道路の岡崎ICから車で約20分
【駐車場】有(桑谷キャンプ場用駐車場、20台)
【トイレ】有(桑谷キャンプ場内)

ワンポイントアドバイス

登りやすく緩やかな坂道で、初心者でも楽に登ることができる。展望園地からは三河湾、岡崎平野が一望できる。それ以外の場所は常緑広葉樹と杉の植林地で展望はほとんど望めない。

立ち寄りスポット

近隣の「ブルーベリーファームおかざき」は、ブルーベリーの時間無制限で食べ放題がある。土産物や、もぎたて果実を使ったスイーツが食べられるカフェもあり、家族連れなどでにぎわっている

四季の魅力

冬は山のいたるところにフユイチゴの群落がみられる。また、アサギマダラの中継地、ササユリの保護地でもあり自然豊か。ササユリは盗掘にあって数を減らしているので持ち帰らないように

四谷千枚田の水源にもなっている山。設楽町と新城市からの2ルートが設定され、一部は東海自然歩道として整備されている

鞍掛山《くらかけやま》

アップダウンが大きいトレーニング向きの低山

標高	882m
体力度	▲▲▲△△
登山時期	3月~12月
歩行時間	約4時間10分
歩行距離	6.4km
標高差	663m

鞍掛山は、南西の大代地区から見ると麓に広がる棚田「四谷の千枚田」をおいた三角錐の山に見える。一方、北側から見ると、山名の通りに馬に鞍をかけたような長い山頂部が特徴の山へと変わる。どちらから見ても美しい山である。標高882mの低山だがアップダウンは大きい。また、登山道の一部が東海自然歩道になっているため整備されており、初心者も無理なく歩ける。登山口は塩津と仏坂の2カ所があり、今回紹介する仏坂からのルートは周回コースになっている。「四谷の千枚田」最上部の仏坂トンネル手前に車が停められるスペースがあり、そこからすぐのところに❶仏坂登山口がある。東海自然歩道を進むと❷仏坂峠に至る。そこから小さなアップダウンを繰り返すヤセ尾根を登る。一部が岩場となってロープを頼りに登る場所もあるので注意が必要。❸山頂には三等三角点と東屋が建ち、巨岩が点在している。周囲を樹林に囲まれて、展望はない。❹かしやげ峠は戦国時代に武田信玄と徳川家康の抗争の舞台となった峠。下山はこの峠を越えて仏坂登山口に戻る。

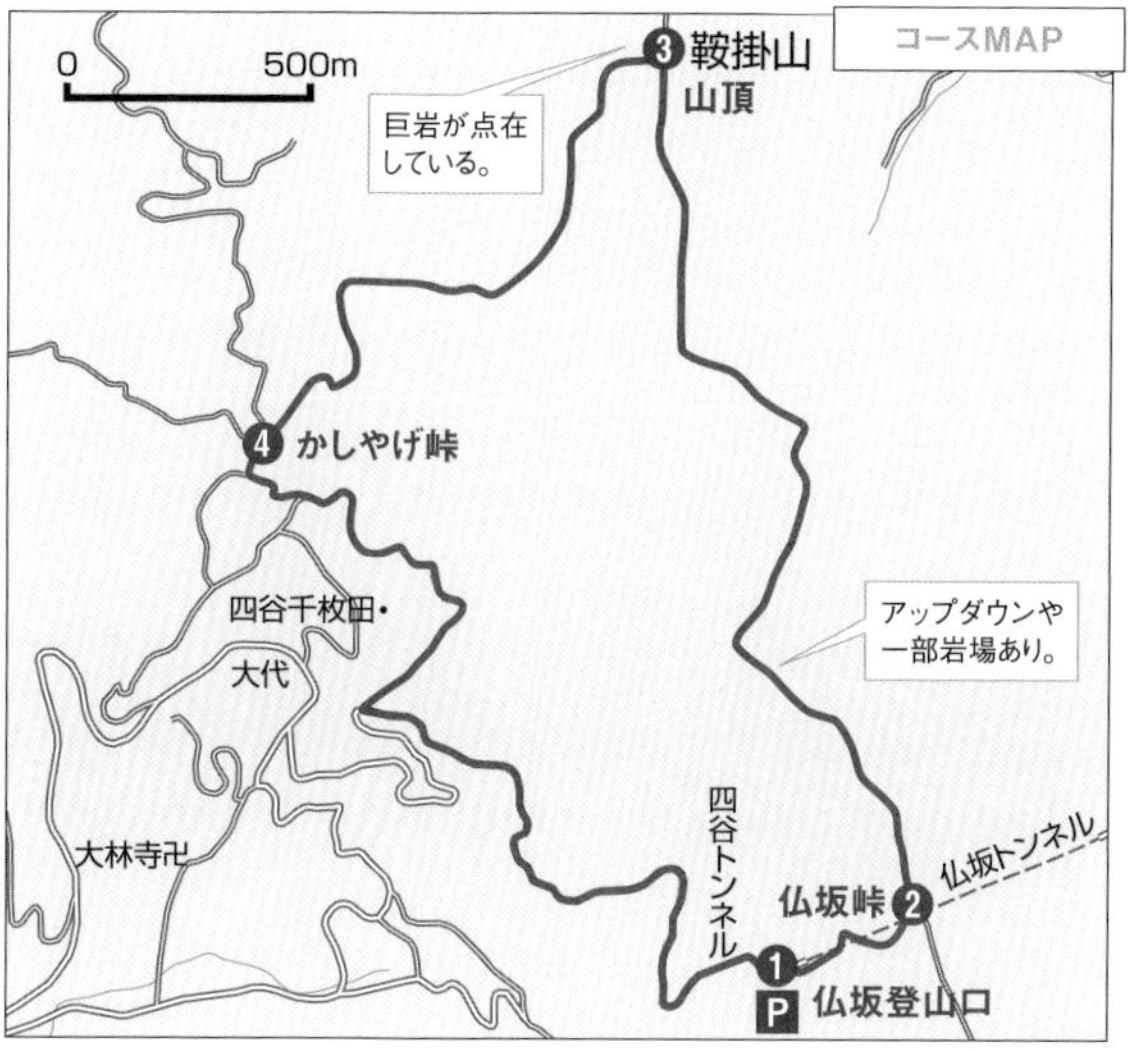
コースMAP
0
500m
❸鞍掛山
山頂
巨岩が点在
している。
❹かしやげ峠
四谷千枚田・
大代
アップダウンや
一部岩場あり。
四谷トンネル
仏坂トンネル
大林寺
仏坂峠❷
❶
P 仏坂登山口

ポイントガイド

❶ 仏坂登山口（219m）→ 10分 → ❷ 仏坂峠 → 120分 → ❸ 山頂（882m）→ 60分 → ❹ かしやげ峠 → 60分 → ❶ 仏坂登山口

上_麓に広がる四谷千枚田の美しい風景。千枚田越しの山はとてもフォトジェニックだ　下_四谷地区からのルート上には武田信玄ゆかりの「かしやげ峠」もある

山データ

【問い合わせ】設楽町観光協会
【TEL】0536-62-1000
【山の所在地】愛知県北設楽郡設楽町清崎

【アクセス】新東名新城ICから車で約25分。
【駐車場】有（四谷千枚田最上部にある公園、仏坂峠トンネル入口）
【トイレ】無

▲ ワンポイントアドバイス

岩古谷山への登山道や、南方向には、仏坂トンネルを跨いで宇連山への道がある。体力に自信があれば、複数の山を入れたルートを登る人も多い

立ち寄りスポット

日本の棚田100選に選ばれた「四谷の千枚田」は、開墾400年の歴史があり約1300枚もの棚田が並ぶ絶景スポット。鞍掛山の湧き水、水車小屋、城跡のような見事な石垣など日本の原風景が見られる

四季の魅力

山頂付近には、チゴユリ、ハナイカダ、ナベワリが自生する。またモミ、ツガ、ナラ、クリ、シデ、ヤマザクラなど多様な樹木が見られる。植物に関する案内板もあるので参考にしたい

山名は徳川家の始祖・松平親氏が天下泰平を願ったことにちなむ。山頂からは三河平野や濃尾平野を一望できる

天下峯《てんがみね》

天下を治めた気分になるような絶景が広がる

標高
360m

体力度
▲▲△△△

登山時期
通年

歩行時間
約3時間

歩行距離
7.5km

標高差
300m

徳川家の始祖である松平親氏が、天下泰平の祈願をしたという言い伝えがある山。西側の山腹には、88体の石仏が安置され、「弘法山」ともよばれている。低山のため、登山はあっという間に終わるので、王滝渓谷のトレッキングも併せたコースが一般的。❶王滝渓谷の入口から龍門橋を渡り、仁王川沿いに椿木園地を目指す。❷椿木園地は中之瀬大橋から数分で到着する。王滝湖を右に見ながら進み、❸古美山園地を過ぎると舗装道に出る。❹登り口は古美山園地駐車場からすぐの場所にある。道標を確認しながら進むと、途中、巨岩や祠があり、クライミングの練習場として親しまれている。❺山頂の眼下には豊田スタジアムが、振り返ると右に六所山、左に焙烙山が姿を見せ、標高のわりに絶景を眺めることができる。帰りは、豊榮神社方面に向かおう。❻梟ケ城址展望台へは舗装された県道361号から。展望台からは鈴鹿山脈、濃尾平野方向の眺望が広がる。西方向に下り、下山道を25分程歩き王滝渓谷の入口に戻る。

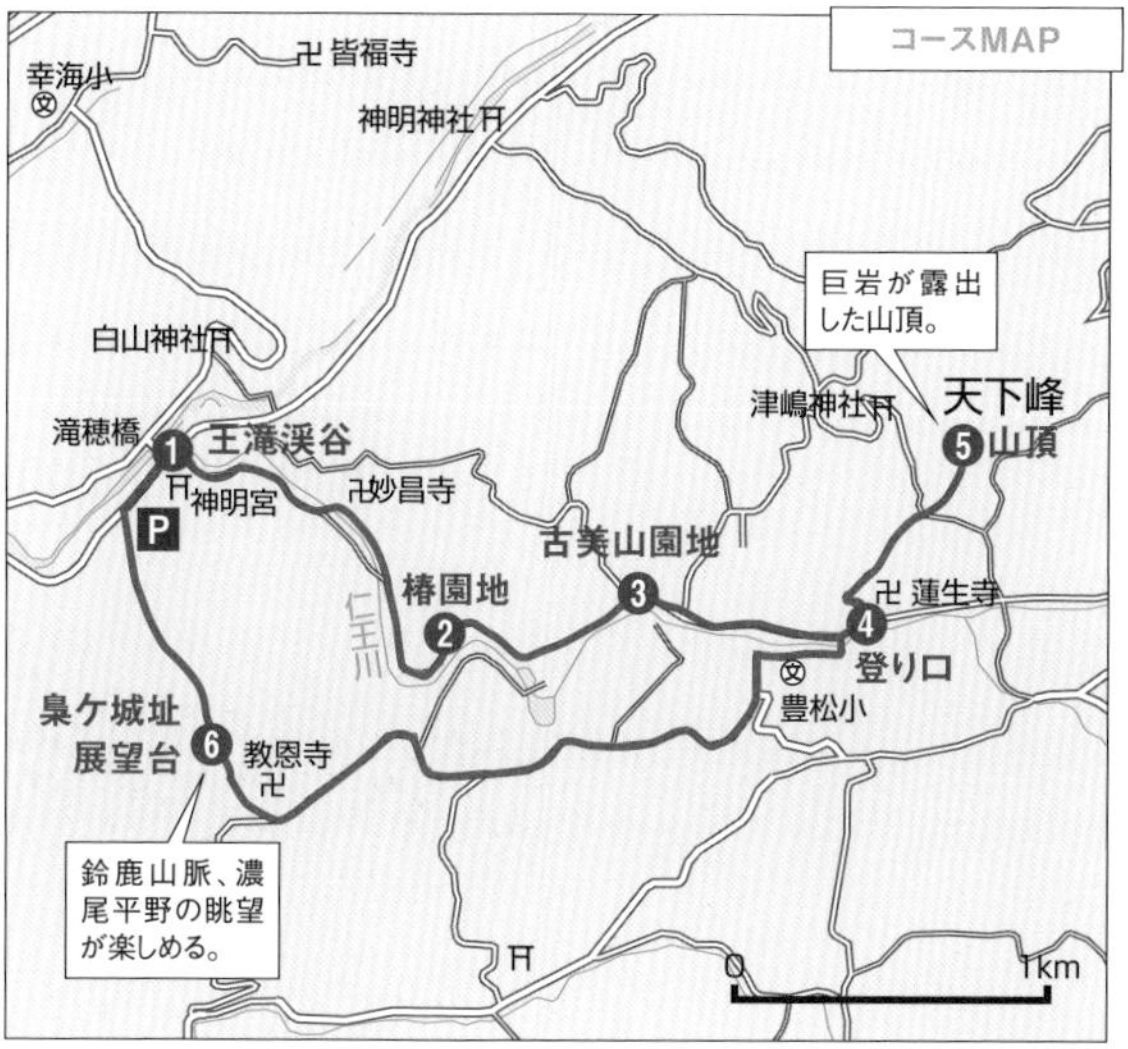

上_大きな岩が幾重にも重なった標高360mの山頂。ロッククライミングの名所にもなっている　下_西側の山腹に88体の石仏が置かれ、弘法山ともよばれている

ポイントガイド

6		5		4		3		2		1
梟ケ城址展望台	70分	山頂（360m）	30分	登り口	10分	古美山園地	20分	椿園地	60分	王滝渓谷（60m）

山データ

【問い合わせ】松平観光協会
【TEL】0565-77-8089
【山の所在地】愛知県豊田市

【アクセス】東海環状自動車道豊田松平ICから車で約10分
【駐車場】有（王滝渓谷）
【トイレ】有（王滝渓谷）

▲ ワンポイントアドバイス

駐車場は王滝渓谷入口の他、古美山園地など渓谷周辺にいくつかあり、体力に合わせてスタート地点を選べる。駐車場にはほぼトイレも併設されている

立ち寄りスポット

「東海の昇仙峡」とも呼ばれる王滝渓谷には、バーベキュー場（季節限定）などもあり、家族連れに人気。ブラックウォーターシャワーケイビングという新しいアクティビティも体験できる

✿ 四季の魅力

春は梅や桜、夏は緑、秋は紅葉と季節ごとの山の彩りを楽しめる。山頂からの絶景とあわせて楽しみたい。また、自生ヤマユリ保護地があり、7月の開花時期は美しい姿を見せる

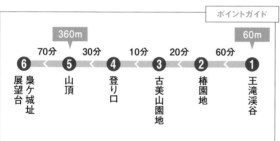

駐車場や登山道が整備され、ビギナーでも気軽に登山できるコース設定が特徴だ

宮路山《みやじさん》

枝分かれしたコースと三河湾の絶景を楽しむ

標高
362m

体力度
▲△△△△

登山時期
4月~5月、9月~12月

歩行時間
約1時間(片道)

歩行距離
4.7km(片道)

標高差
426m

名鉄名古屋本線の名電赤坂駅から、赤坂の街並みの先に見える宮路山。古くから歴史に登場し、山頂付近には「宮道天神社奥ノ院」が、山頂には持統天皇行幸を記念したとされる石碑「宮路山聖跡」がある。赤坂休憩所・よらまいかんの西にある宮路山登山口の標識から入ってすぐを右折した先に❶内山駐車場がある内山コースと内山西コースがあるが、しばらく歩くと合流する。その後林道に出て進むと❷宮路山遊歩道に入る。途中いくつかの分岐を経由しながら登っていくと❸第一駐車場に出る。宮路山登山道入口は第一駐車場のすぐそばにあり、ここまで車でくることも可能。登山道からは東屋や展望台を経て山頂を目指す。❹山頂は内山駐車場から1時間足らずで到着でき、三河湾、豊橋港、豊川市街、豊橋市街などが眺める。山頂から少し下ったところには、宮道天神社の本殿(奥の院)がある。登山口近くにある拝殿は、雨乞いまつりで有名。帰りは花の森から野鳥の森の尾根を下るコースがおすすめ。

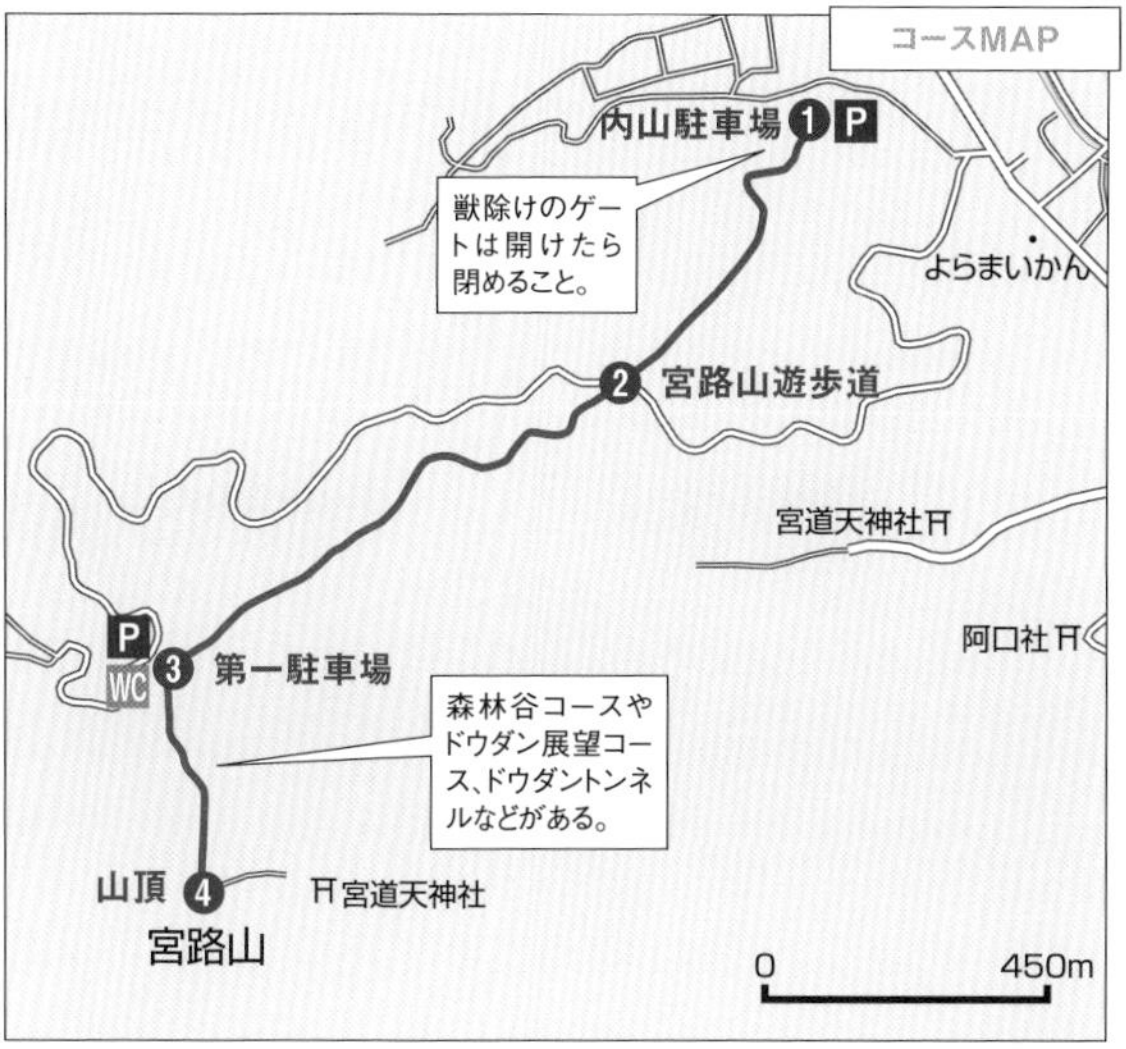
コースMAP
内山駐車場 1 P
獣除けのゲートは開けたら閉めること。
よらまいかん
2 宮路山遊歩道
宮道天神社
阿口社
P
WC
3 第一駐車場
森林谷コースやドウダン展望コース、ドウダントンネルなどがある。
山頂 4
宮道天神社
宮路山
0
450m

上_ファミリー向けコースと中級者向けコースがあり、道中には展望台も置かれている　下_山頂から東に下ると、雨乞いまつりで有名な宮道天神社の本殿が見えてくる

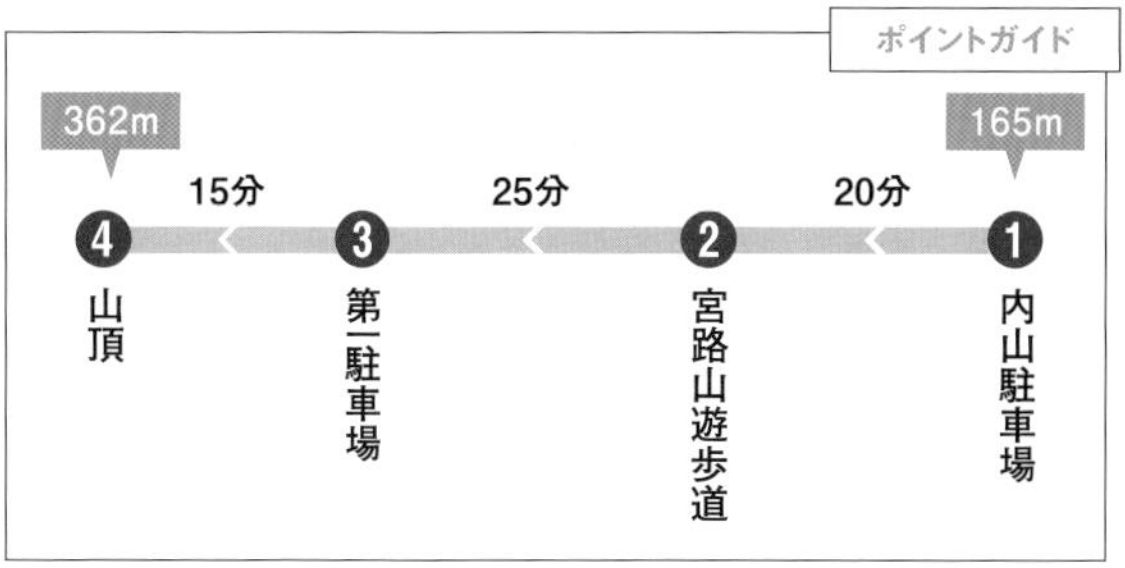
ポイントガイド
362m
165m
15分
25分
20分
4 山頂
3 第一駐車場
2 宮路山遊歩道
1 内山駐車場

山データ

【問い合わせ】豊川市役所商工観光課　【TEL】0533-89-2140
【山の所在地】愛知県豊川市

【アクセス】東名高速道路音羽蒲郡ICから車で約10分
【駐車場】有（公共駐車場が無料。内山、よらまいかん、図書館、生涯学習センター、保健センター、第1、第2駐車場）
【トイレ】有(宮路山駐車場)

▲ワンポイントアドバイス

初心者も歩きやすく、標識が多くわかりやすい。途中に枝道が何箇所かあるが、最終的には山頂に向かう道に合流する。獣除けのゲートは開けたら必ず閉めること

立ち寄りスポット

赤坂宿の旅籠をイメージした「よらまいかん」は、ハイカーや、市民のための無料休憩所である。駐車場、トイレが利用できる。

四季の魅力

宮路山に自生するコアブラツツジは、初夏につりがね形の白い花をつけ、11月に紅葉し山肌を真紅に染める

今から1300年前に開かれたとされる霊山。コノハズクの生息地としても知られる

鳳来寺山《ほうらいじさん》

山全体が国の名勝。天然記念物に指定される霊山

標高
684m

体力度
▲▲△△△

登山時期
通年

歩行時間
3時間10分

歩行距離
6.6km

標高差
495m

鳳来寺山は設楽山系に属する石英粗面岩の塊状火山で、風化浸食作用により複雑で険しい山容ができあがったといわれる。山頂付近にある鳳来寺は、文武天皇によって寄進された古刹で、山岳仏教の修験場であった。愛知県の県鳥であるコノハズク（仏法僧）の寺としても有名。表参道を通るルートの場合、❶表参道入口にある公共駐車場から15分ほど歩いた登山口から入山。ここから１４２５段の石段を上がり、鳳来寺本堂を目指す。途中には美しい❷仁王門や、巨大な傘杉、龍の爪あと、巨岩の胎内くぐりなど見どころが多い。❸鳳来寺本堂には自動販売機とトイレがあり、休憩所からは奥三河の山々が見られる。ここから奥の院を目指して登山道を登る。勝岳不動を過ぎ、❹奥の院へ。15分ほどで❺山頂に到着するが、山頂には眺望はないので階段を登って❻瑠璃山へと進もう。ここは馬の背のような岩場になっており、眺望は最高である。山頂に戻り、眺めのいい天狗岩、鷹打場を周り、❼東照宮を目指して下山。鳳来寺本堂まで戻る。

コースMAP

0 500m
6 瑠璃山
鳳来寺山 5 山頂
天狗岩
奥の院 4
鳳来寺本堂
鷹打場
3
WC
7 東照宮
卍松高院
石段
P
行者越
2 仁王門
卍真増寺
自然科学博物館
卍賢居院
体力的に不安な方はこちらからのアクセスもオススメ
仁王門とその先にある傘杉は必見!
P
1 表参道入口
P WC

上_中腹の鳳来寺までは1425段の石段が連なり、樹齢800年の傘杉など見所も満載　下_西暦702年に創建されたと伝わる鳳来寺。境内には鳳来山東照宮も置かれている

ポイントガイド

1 表参道入口（200m）
15分
2 仁王門
35分
3 鳳来寺本堂
30分
4 奥の院
20分
5 山頂（684m）
10分
6 瑠璃山（695m）
100分
7 東照宮

山データ

【問い合わせ】新城市観光課
【TEL】0536-23-7613
【山の所在地】愛知県新城市

【アクセス】JR飯田線・本長篠駅から豊鉄バス田口行きで鳳来寺下車。新東名高速道路新城ICから車で約20分
【駐車場】有
【トイレ】有（鳳来寺）

▲ ワンポイントアドバイス

紹介した以外にも登山ルートはあるが、崩落などで通行できない場合もある。地図などを用意して柔軟に対応したい。また、寺以外に登山道にも木、鉄、石の階段がある

立ち寄りスポット

湯谷温泉は奈良時代開湯したと伝わる古湯。清流板敷川の両岸に旅館が建ち、足湯や源泉を購入できるスタンドもある。旅館でふるまわれる名物「しし鍋」は地元猟師から仕入れるので新鮮でうまみが詰まっている※季節により変更あり

四季の魅力

山全体が国の名勝・天然記念物に指定されている自然の宝庫。特に紅葉は山中の様々な景色を見事に彩ることで人気がある。11月はもみじまつりが催され、山頂も観光客で賑わう

山頂からの眺め。平野部に庄内川が流れる

東谷山《とうごくさん》

名古屋市の最高峰で古墳ロマンを存分に満喫

標高	198m
体力度	▲△△△△
登山時期	通年
歩行時間	45分（片道）
歩行距離	2km（片道）
標高差	147m

名古屋市守山区と瀬戸市の境に位置する名古屋市最高峰の山。名古屋市内からのアクセスが便利なことから、市民のハイキングスポットとしても親しまれている。山頂には1000余年の歴史をもつ尾張戸神社の本殿が建ち、疫病除けの神として知られる。山頂には尾張戸神社古墳、南の尾根には南社古墳、中社古墳がある山でもある。2つの登山ルートが整備されているが、駐車場に近く公共交通機関で訪れる際にも便利なのは「東谷山散策路」だ。

❶東谷山散策路入口は東谷山フルーツパーク南門付近。散策路はロープや杭で仕切られ、分岐は道標があるので迷うことは少ない。❷南社古墳をさらに進むと長い木製の階段がアップダウンする。❸中社古墳から5分ほど歩くと山頂へ到着。❹山頂には展望台、二等三角点、尾張戸神社、尾張戸神社古墳がある。バイオトイレが設置されている休憩所もあるので、風景を眺めながらのんびり休んで下山に備えたい。

コースMAP
東谷山 4 山頂
尾張戸神社
中社古墳 3
2 南社古墳
時間があったら東谷山フルーツパークに立ち寄りたい。
くだもの館
東谷山フルーツパーク
WC
本館
休憩所
1 東谷山散策路入口
石ひろい池(神池)
P
愛知用水
0
200m

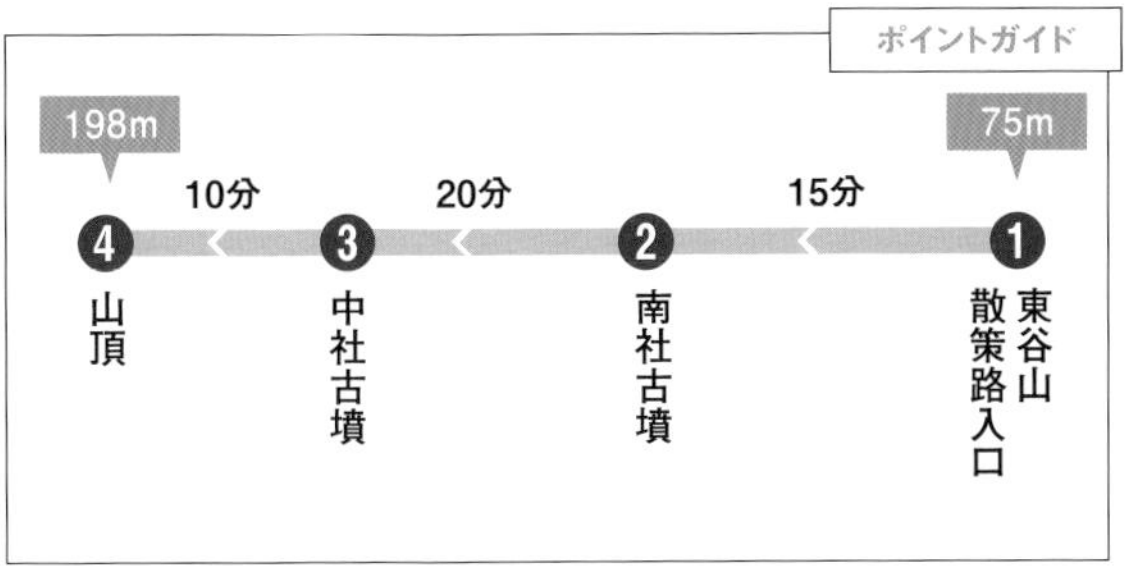
ポイントガイド
198m
75m
10分
20分
15分
4 山頂
3 中社古墳
2 南社古墳
1 東谷山散策路入口

上_散策路は階段道が続く。東谷山のふもとにはフルーツパークもあり、日帰りハイキングにおすすめ　下_山頂に着いたらまず展望台へ。天気がよければ遠く伊吹山や濃尾平野まで見渡せる

山データ

【問い合わせ】東谷山フルーツパーク　【TEL】052-736-3344
【山の所在地】愛知県名古屋市守山区大字上志段味字東谷

【アクセス】東名高速道路守山スマートIC から車で10分。JR高蔵寺駅から徒歩25分
【駐車場】有(通常無料。イベント等により有料)
【トイレ】有

▲ ワンポイントアドバイス

自然環境保全地域に指定されている東谷山は、野生動物が多く生息している。相互に病気が感染する疑いがあるため、ペットの持ち込みは控えよう

立ち寄りスポット

東谷山散策路近くの「東谷山フルーツパーク」は、果樹園や世界の熱帯果樹温室などがある果物をテーマにしたユニークな農業公園。売店やレストランもある。春・GW・秋にイベントも開催する

四季の魅力

秋になると特別天然記念物のニホンカモシカをはじめ、ムササビ、リス、ヤマガラなどの野生動物がエサになる植物を求めて集まる。姿を見かけたら静かに見守りたい

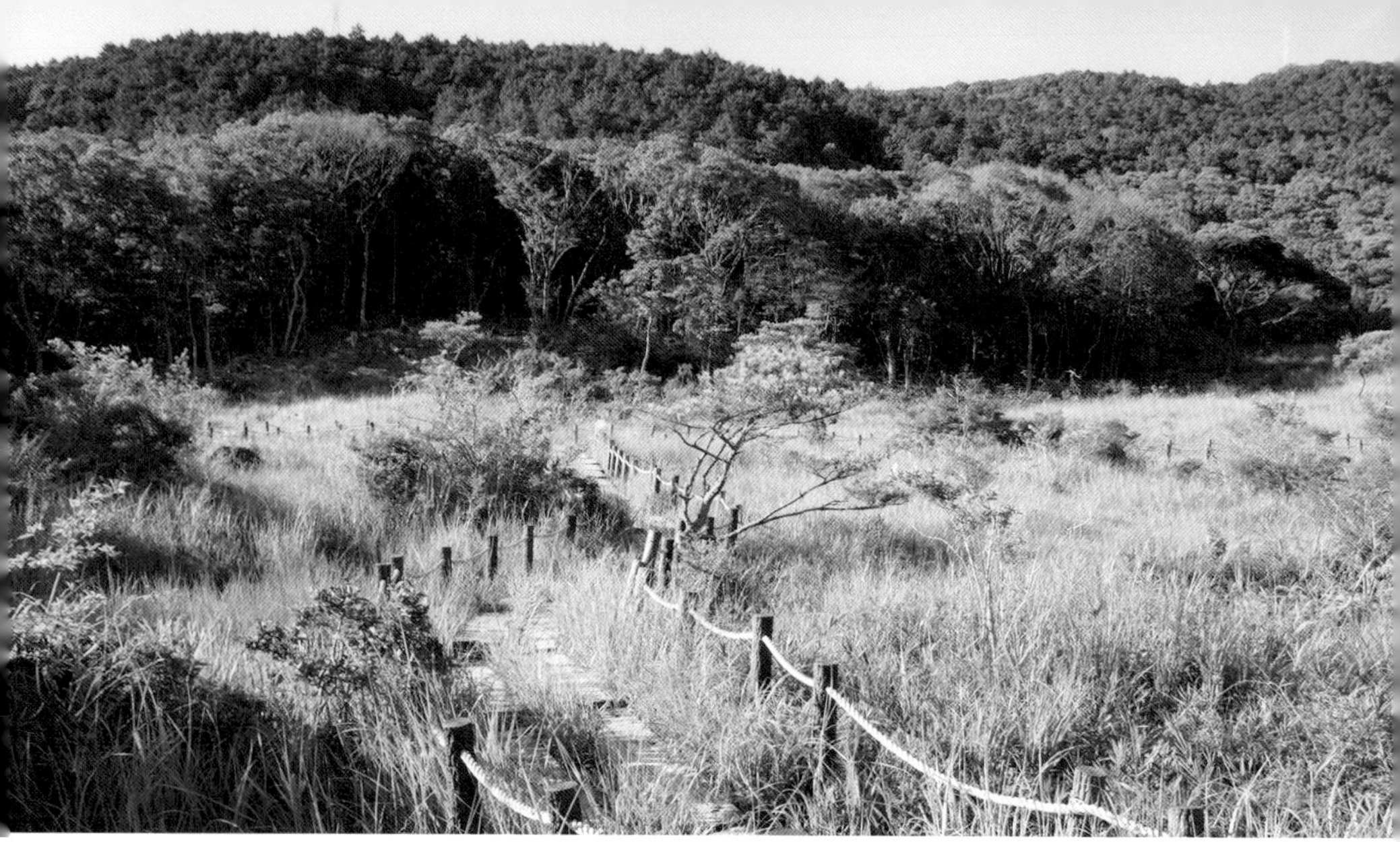

湿原内は木製の遊歩道でキレイに整備されており、ルートに沿ってのんびりと四季折々の植物や生き物の姿を観察できる

葦毛湿原《いもうしつげん》

自然の宝庫“東海のミニ尾瀬”でのんびりトレッキング

❶葦毛湿原駐車場へは豊川ＩＣから約40分で到着。駐車場の南東角が登り口になっている。❷葦毛湿原には約5haの広大な傾斜地に高山性植物や湿性植物、食虫植物など約250種もの希少な植物が自生しており、別名「東海のミニ尾瀬」とも呼ばれている。「花の百名山」および「新・花の百名山」に選定されており、１９９２年には愛知県の天然記念物にも指定され、その後、２０２１年10月に国指定天然記念物に指定されたこの自然の宝庫には、絶滅危惧種のミカワバイケイソウやカザグルマ、シラタマホシクサ、トウカイコモウセンゴケ、ミミカキグサなどの三河地方の地域固有種植物や、ハッチョウトンボやヒメヒカゲなど約200種類もの昆虫、さらにヒキガエル、季節を告げる野鳥など、多種多様な生き物が生息している。植物は踏み倒してしまうと簡単には元に戻らないため、ルートを外れて湿原内に入ったりしないようルールを守ろう。また、動植物の持ち込み・持ち去り、ペットの同伴も厳禁。貴重な自然を後世に残すためにも利用者はマナーを守ることが大事だ。

標高
60〜70m

体力度
▲△△△△

登山時期
通年

歩行時間
30分（片道）

歩行距離
350m（片道）

標高差
10m

コースMAP

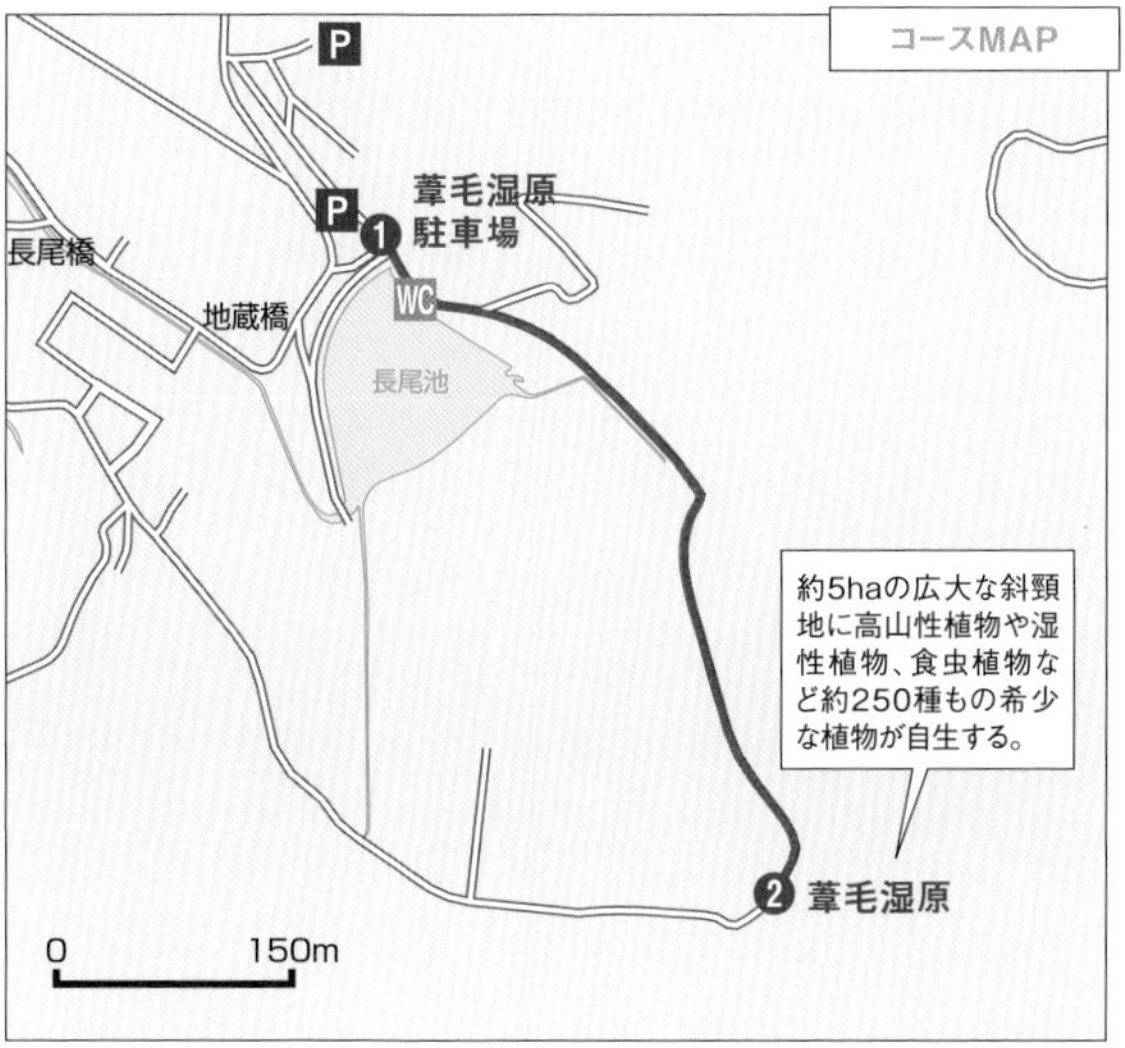

ポイントガイド

60〜70m

30分

② 葦毛湿原 ← ① 葦毛湿原駐車場

上_入口の様子。湿地内は弓張山系からの新鮮な湧水が常に流れ、湿生植物と乾いた土地に自生する植物と一緒に観察できる貴重な場所　下_3〜5月にかけてハルリンドウが可憐なブルーの花を咲かせ、ヒキガエルのオタマジャクシも生息する自然豊かな湿原だ

山データ

【問い合わせ】豊橋市観光プロモーション課
【TEL】0532-51-2430
【山の所在地】愛知県豊橋市岩崎町

【アクセス】東名豊川ICより車で40分、三ケ日ICより車で30分。JR豊橋駅より飯村岩崎線赤岩口行バス「岩崎・葦毛湿原」下車、徒歩15分
【駐車場】有
【トイレ】有

▲ ワンポイントアドバイス

湿原内は背の高い木は少ないため、日差しを遮るための帽子や汗ふきタオルを用意しよう。また水分をマメに補給するなどの熱さ対策や日焼け対策が必要だ

立ち寄りスポット

弓張山地（豊橋市・新城市と静岡県湖西市・浜松市北区にまたがる山地）の稜線に向かって豊橋自然歩道（葦毛湿原・岩崎自然歩道支線）が整備されているので、足を延ばしてみるのもおすすめだ

四季の魅力

6月にはノハナショウブ、7月にはモウセンゴケ、8月にはサギソウなど、季節によって様々な湿原の花や植物を観察することができる。学術的にも希少な種が数多く生育する

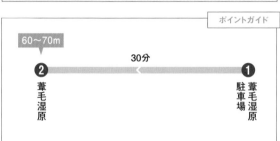

自分の体力に合わせてコース選択ができるのが魅力のひとつだ

たはらアルプス

たはらアルプス

8山縦走の醍醐味と起伏に富んだルートが登山者に人気

田原市中心部の北西、蔵王山、衣笠山、滝頭山、稲荷山、藤尾山といった山々から構成される田原アルプスは三河湾国定公園の中にあり、よく整備された自然歩道と起伏に富んだコースが人気の山。「アルプス」といっても、300mを超える標高の山はないので、登山初心者から上級者まで幅広く楽しめる。今回は滝頭山と衣笠山のビギナーにも楽しめる縦走コースを紹介する。❶滝頭公園は、滝頭山登山の起点となる公園で広い駐車場とトイレがある。たはらアルプスはコースの数が多く、なかには分岐が分かりにくい場所もあるため、初めて訪れる人は地図があると安心。管理棟ではトレッキングマップの用意があるので、ぜひもらっておこう。奇岩群やミツバツツジの群生地など写真撮影にピッタリな場所も分かりやすく書かれている。岩が張り出したちょっとスリリングな景勝ポイント❷恐竜の背を抜ければ滝頭山山頂まではもうひと息だ。❸西の覗きを通り、❹藤尾山山頂のベンチで一休み。足に自信のある人は衣笠山と滝頭山をセットで登る人も多い。その場合はもっと長時間になるので装備を万全にしておこう。

標高
衣笠山278.4m
滝頭山256.4m

体力度
▲▲△△△

登山時期
通年

歩行時間
約2時間45分

歩行距離
不明

標高差
約250m

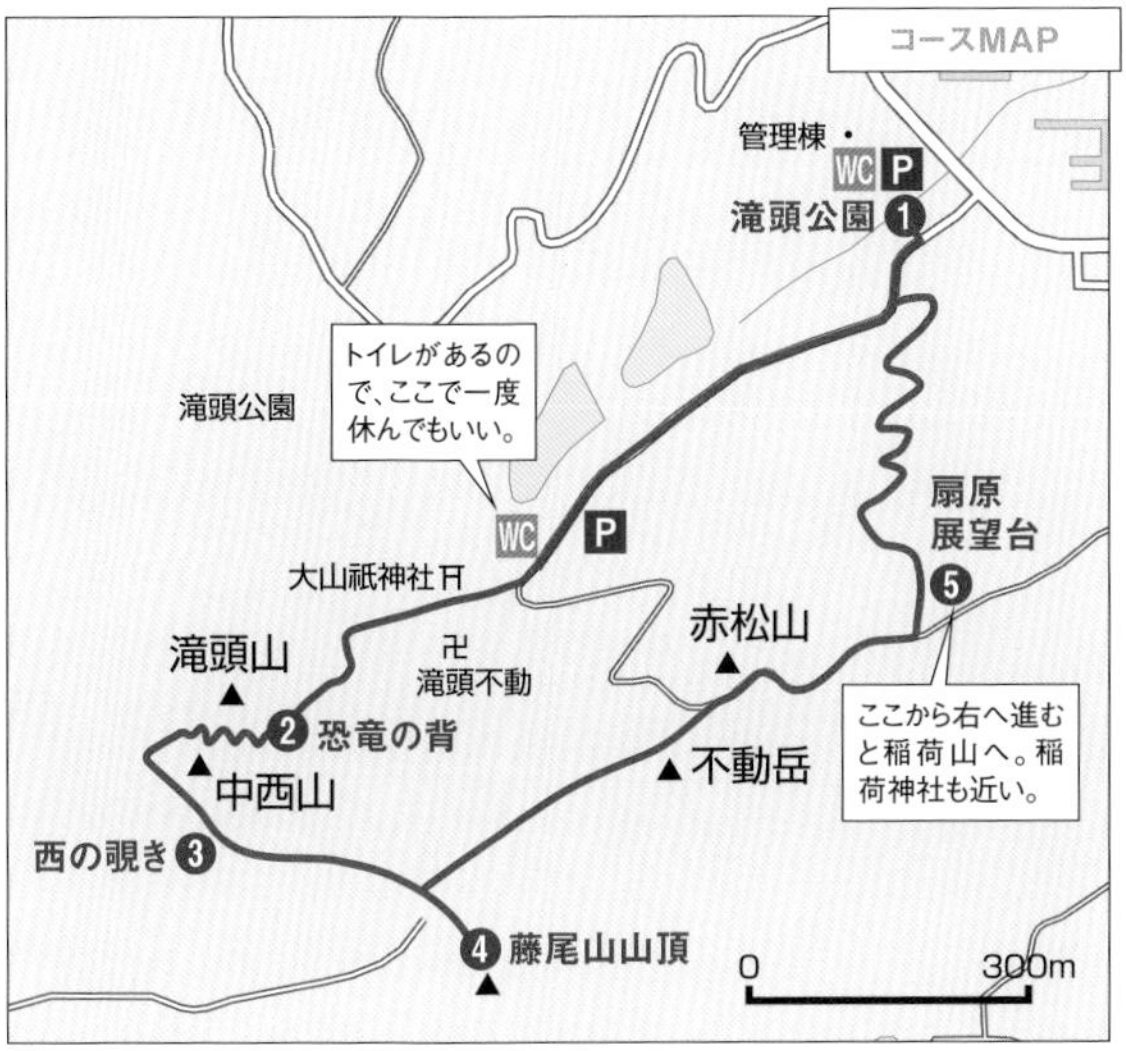
コースMAP
管理棟・
WC P
滝頭公園 1
滝頭公園
トイレがあるので、ここで一度休んでもいい。
WC P
大山祇神社
扇原展望台 5
赤松山
滝頭山
卍 滝頭不動
2 恐竜の背
不動岳
ここから右へ進むと稲荷山へ。稲荷神社も近い。
中西山
西の覗き 3
4 藤尾山山頂
0 300m

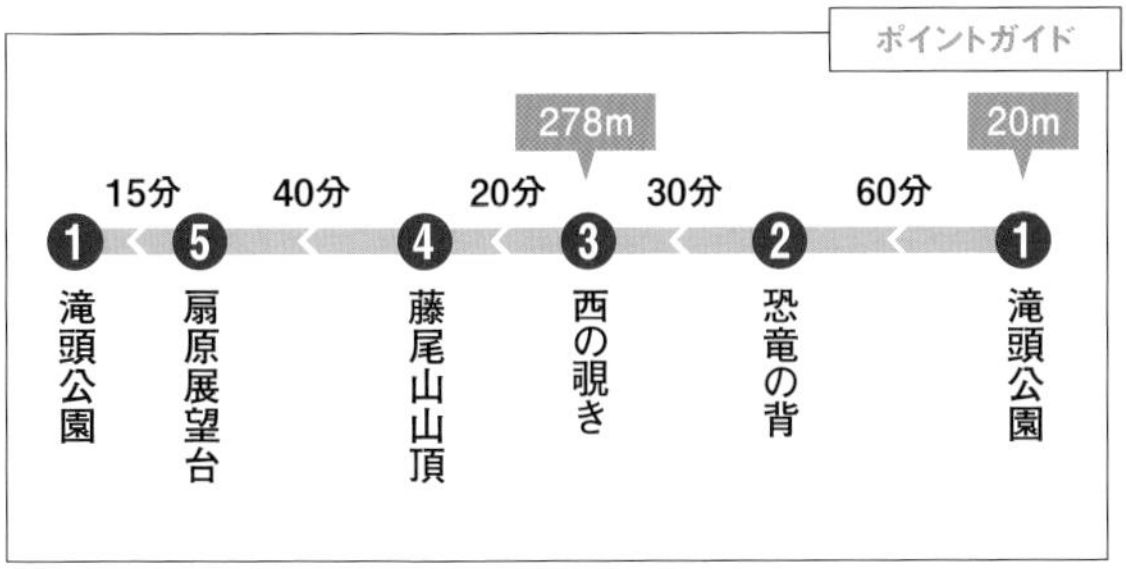
ポイントガイド
278m
20m
15分
40分
20分
30分
60分
1 滝頭公園
5 扇原展望台
4 藤尾山山頂
3 西の覗き
2 恐竜の背
1 滝頭公園

上_滝頭公園駐車場からスタート。滝頭公園はキャンプ場などもあり、BBQも楽しめる　下_"ステゴサウルス"の背中に見える滝頭山山頂の恐竜の背、岩めぐりコースでの亀の顔の形をした岩、雨宿りできそうなビバーグ岩、鬼のまな板など、見どころが満載だ

山データ

【問い合わせ】渥美半島観光ビューロー
【TEL】0531-23-3516
【山の所在地】愛知県田原市

【アクセス】三河田原駅より、市街地バス(西線)で約15分、「滝頭公園」で下車。豊川インターから車で50分
【駐車場】有(滝頭公園駐車場・168台駐車可)
【トイレ】有(滝頭公園内)

▲ワンポイントアドバイス

名古屋から電車とバスを乗り継いで約1時間30分とアクセスが良好なため、週末には多くの登山者が訪れる。コースが豊富でリピーターも多い

立ち寄りスポット

「道の駅田原めっくんはうす」や海に面した「道の駅あかばねロコステーション」では地元特産物を使ったお土産が購入可能。体験型テーマパーク「サンテパルクたはら」は家族連れに人気

四季の魅力

桜や紅葉はもちろん、春のシュンラン、マキノスミレに始まり、夏のササユリ、ヤクシソウ、秋のコウヤボウキ、サケバヒヨリ、初冬のスズカアザミなど、可憐な花々が目を楽しませてくれる

継鹿尾山からの展望。犬山城や木曽川も見える

継鹿尾山《つがおさん》

山頂には劇的な絶景が広がる木曽川湖畔の祈りの山

標高	273m
体力度	▲△△△△
登山時期	通年
歩行時間	約60分
歩行距離	約1.0km
標高差	247m

愛知県犬山市にある真言宗智山派の寺院、寂光院。その山号が継鹿尾山である。つまり、継鹿尾山は寂光院の境内ということになる。東海自然歩道のコースにあり、寂光院から登るコースのほかに、善師野駅方面からと鳩吹山方面からもアクセスできる。寂光院から登るには、木曽川に面した❶寂光院参道入口の一之門を入る。総門を過ぎると３００段の階段を上り本堂へ。織田信長も眺めたという絶景展望台に立ち寄るのもいいだろう。本堂の裏手から休憩所のある白山宮へ上り、石仏が並ぶ道を登ると❷御嶽神社に到着。さらに長い坂を登った先に山頂がある。❸山頂には東屋と三角点があり、木曽川、犬山城が一望できる。帰りは善師野駅方面を目指す。鳩吹山との分岐を越えて進むと❹大洞池に到着する。ここには休憩スペースとトイレがある。大洞池からさらに下ると❺熊野神社へ到着。水路に沿って進むと❻善師野駅に続く線路に出る。

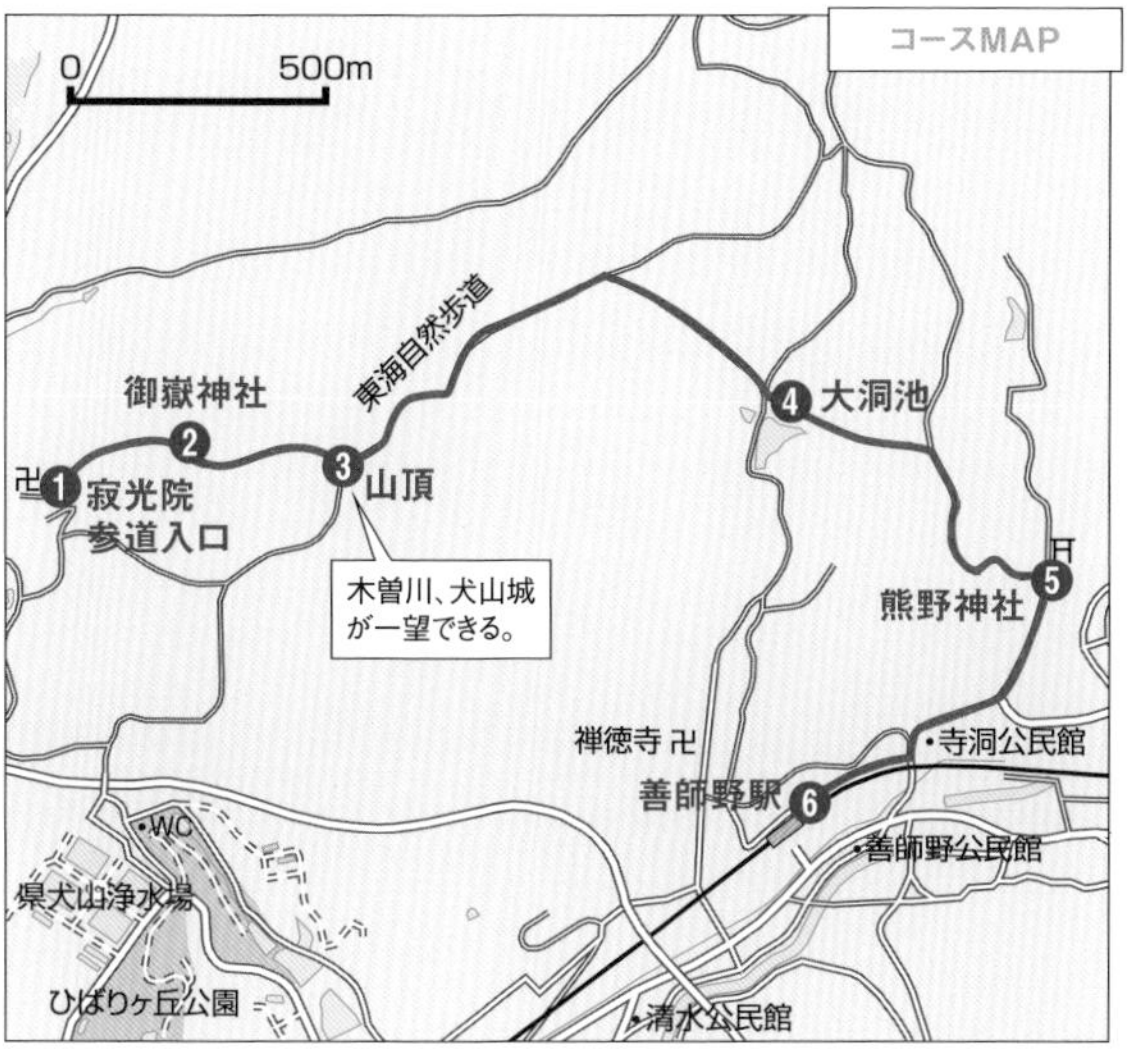
コースMAP
0
500m
東海自然歩道
御嶽神社
2
1 寂光院
参道入口
3 山頂
木曽川、犬山城
が一望できる。
4 大洞池
5
熊野神社
禅徳寺
•寺洞公民館
善師野駅 6
•善師野公民館
•WC
県犬山浄水場
ひばりヶ丘公園
•清水公民館

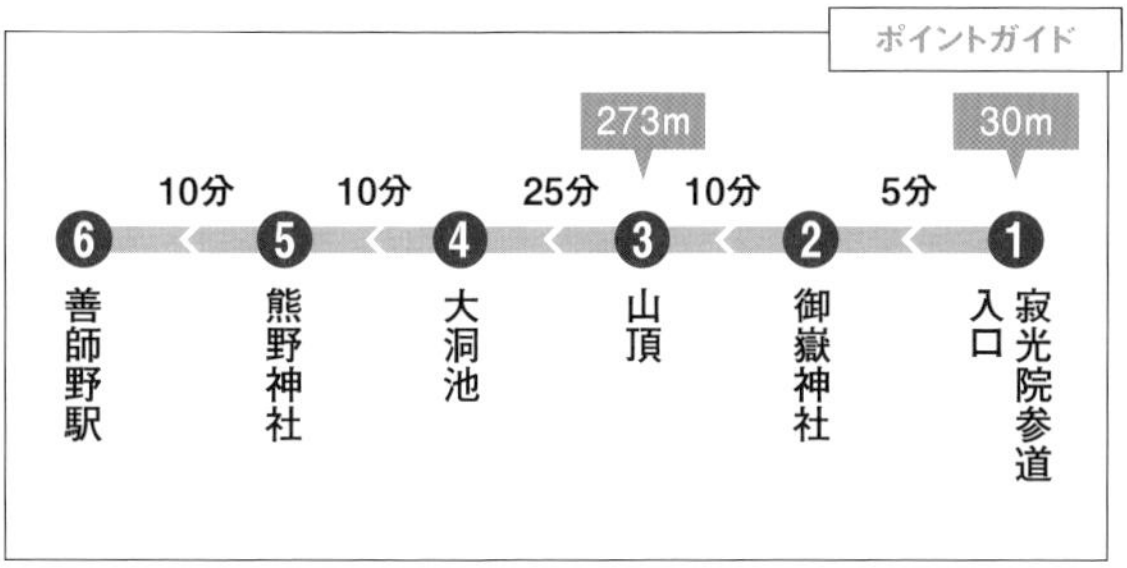
ポイントガイド
273m
30m
10分
10分
25分
10分
5分
6 善師野駅
5 熊野神社
4 大洞池
3 山頂
2 御嶽神社
1 寂光院参道入口

上_継鹿尾山は愛知県犬山市の北部に位置し、東海自然歩道のコースにある山。寂光院まで続く紅葉で有名だ　下_寂光院に引けを取らない犬山城も必見。秋になると毎年多くの観光客でにぎわう

山データ

【問い合わせ】犬山駅観光案内所
【TEL】0568-61-6000
【山の所在地】愛知県犬山市大洞善師野大平

【アクセス】中央道小牧東ICより車で16分。名鉄犬山遊園駅もしくは犬山駅よりコミュニティバスに乗り、「寂光院」で下車
【駐車場】有(もみじ祭り期間以外は寂光院境内の駐車場を利用
【トイレ】有(寂光院内と大洞池のみ)

▲ ワンポイントアドバイス

東海自然歩道の道標が各所に設けられているので安心して登ることができる。難易度は低いが、所々岩場があるので高齢者や子どもは注意が必要

立ち寄りスポット

国宝犬山城の城下は古い町並みが残り、江戸から昭和の歴史的建造物が建ち並ぶ。散策の折には、もうひとつの国宝・有楽苑の茶室如庵も訪れたい。城下町を人力車で見物するのもおすすめ

四季の魅力

「尾張のもみじ寺」と呼ばれる寂光院は紅葉の名所として親しまれている。10万坪の境内にある約1000本のイロハモミジやカエデ類が、秋には見事な色彩を見せる。もみじ祭りには多くの観光客が訪れる

円錐形の整った山容が見事で、山頂からの眺望も抜群。晴れれば恵那山や御岳山を見ることができる

夏焼城ヶ山《なつやけじょうがさん》

元旦登山や季節を彩る花の群生地が有名な、地元民に愛される里山

標高	889m
体力度	▲△△△△
登山時期	通年
歩行時間	約2時間50分
歩行距離	約5.8km
標高差	約362m

山全体を彩る秋の紅葉も見事だが、井の入登山口付近にある「ミズバショウ群生地」「オオキツネノカミソリ群生地」などの〝写真映え〟スポットには、開花時期になると遠方から多くの観光客が撮影に訪れる。また「城ヶ山景を愛する会」による元旦登山も毎年行われており、頂上でお神酒やぜんざいがふるまわれる。一年を通じて多くの登山客が訪れ、地元の人にも愛され、大切にされている山である。❶大井平公園登山口から始まる登山道は、地元ボランティアの手によって手入れされており、子供から年配者まで安心して登ることができる手軽なハイキングコースとして人気だ。広く平らな❷山頂には、新しく木造の展望台が建てられ、稲武の町や御嶽山、恵那山、大川入山、蛇峠山を望むことができる。道の駅どんぐりの里いなぶでは地元で収穫された新鮮野菜やジャム、味噌などの加工品も販売されており、買い物目当てでやってくる人で常ににぎわう。登山後に併設の「稲武温泉 どんぐりの湯」で汗を流して帰ることができる。

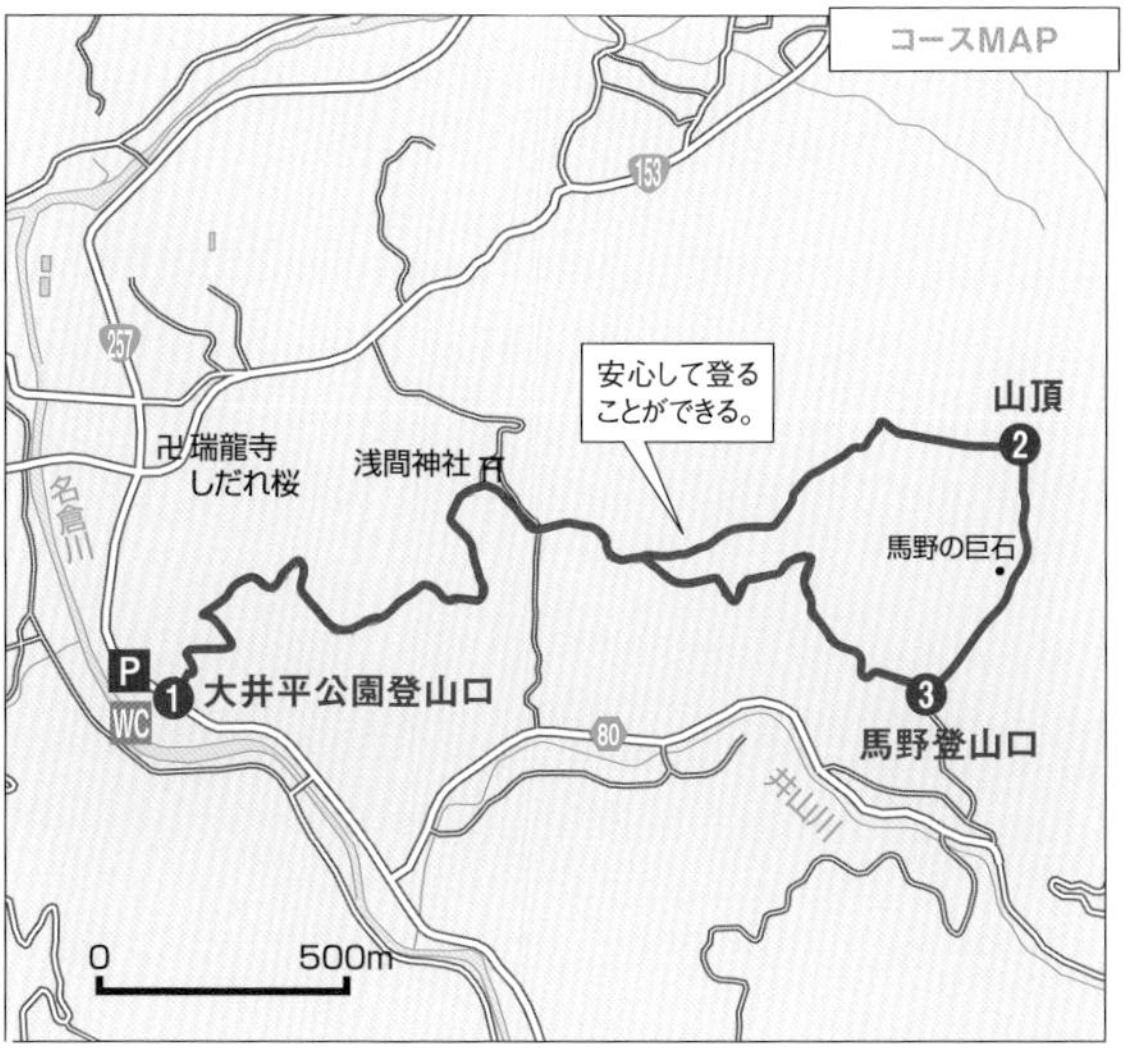
コースMAP
153
257
卍瑞龍寺
しだれ桜
浅間神社
名倉川
安心して登る
ことができる。
山頂
馬野の巨石
P
WC
大井平公園登山口
馬野登山口
80
井山川
0
500m

上_1階が休憩室になっている展望台。2階からは御嶽山や恵那山を望むことができる　下_春のミズバショウの群生、お盆過ぎには“オオキツネノカミソリ（ヒガンバナ科）”の群生を見に多くの人が訪れる

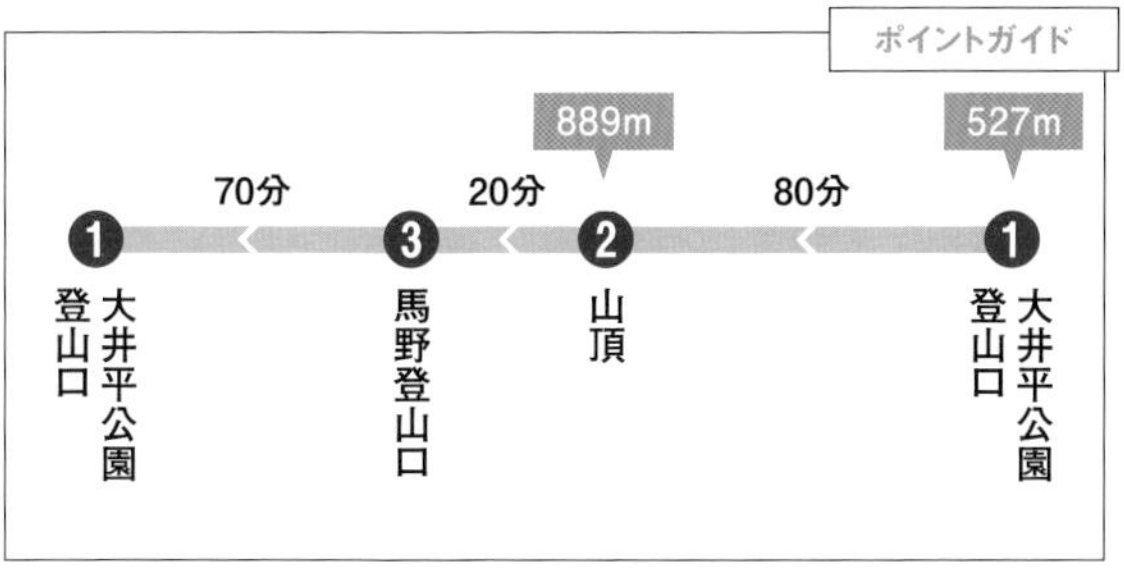
ポイントガイド
889m
527m
70分
20分
80分
1 大井平公園登山口
3 馬野登山口
2 山頂
1 大井平公園登山口

山データ

【問い合わせ】いなぶ観光協会
【TEL】0565-83-3200
【山の所在地】愛知県豊田市

【アクセス】名鉄豊田線豊田市駅からとよたおいでんバス　快速稲武にて「どんぐりの湯前」下車、大井平登山口まで徒歩15分
【駐車場】有（大井平公園　約70台／井の入登山口に5～6台）
【トイレ】有（山中にはないので大井平公園を利用）

▲ワンポイントアドバイス

かつて宿場町として栄えた稲武地区には国道153号線が通っており、中央自動車道の恵那ICや東海環状自動車道の豊田勘八ICからも近いためドライブがてら気軽に立ち寄れる

立ち寄りスポット

「道の駅どんぐりの里いなぶ」には「稲武温泉　どんぐりの湯」が併設されているほか、豊富な山の恵みを味わえる「どんぐり横丁」も。各種イベントが開催されるなど賑わっている

✿ 四季の魅力

秋の紅葉シーズンには多くの人が訪れる。また、麓の瑞龍寺は枝垂桜（しだれざくら）で有名なので、春登山でミズバショウ、しゃくなげを見る際には、ぜひ立ち寄りたい

約1400万年前の火山によりできた岩山。大鈴山と岩古谷山の間に位置し、「西ののぞき」「東ののぞき」から周囲の山々が望める

平山明神山

ひらやまみょうじんやま

鋭峰が拝める低山ハイクスポット

約1400万年前に起きた設楽火山の溶岩でできており、盛り上がった山頂を特徴とする鋭峰。地元で「明神山」というと一般的に近くにある三ツ瀬の明神山を指し、ここは「平山明神山」とよばれている。山頂からの展望はないが、山頂の東側にある「西ののぞき」からは茶臼山や萩太郎山、「東ののぞき」からは恵那山や南アルプスを見ることができるビューポイントである。❶大神田登山口は駐車スペースそばにあり、歯の神様や山の神を祀る祠から杉林を登っていく。分岐には❷休憩所があり、山頂方向へ杉林を進むと、目の前に現れるのが❸大岩壁。大岩壁の真上が山頂である。さらに進むと案内板があるので、山頂方向へ。❹西ののぞきは茶臼山や萩太郎山が望めるビューポイント。❺山頂は樹木が茂り展望はないが、東側へ少し下った所にある❻東ののぞきからは恵那山や南アルプスを見ることができる。❼小鷹大明神本殿は東ののぞきをさらに下った先にあり、こちらも眺めがよい。下山は来た道を戻る。

標高	970m
体力度	▲▲△△△
登山時期	3~12月
歩行時間	約2時間20分（片道）
歩行距離	3km
標高差	490m

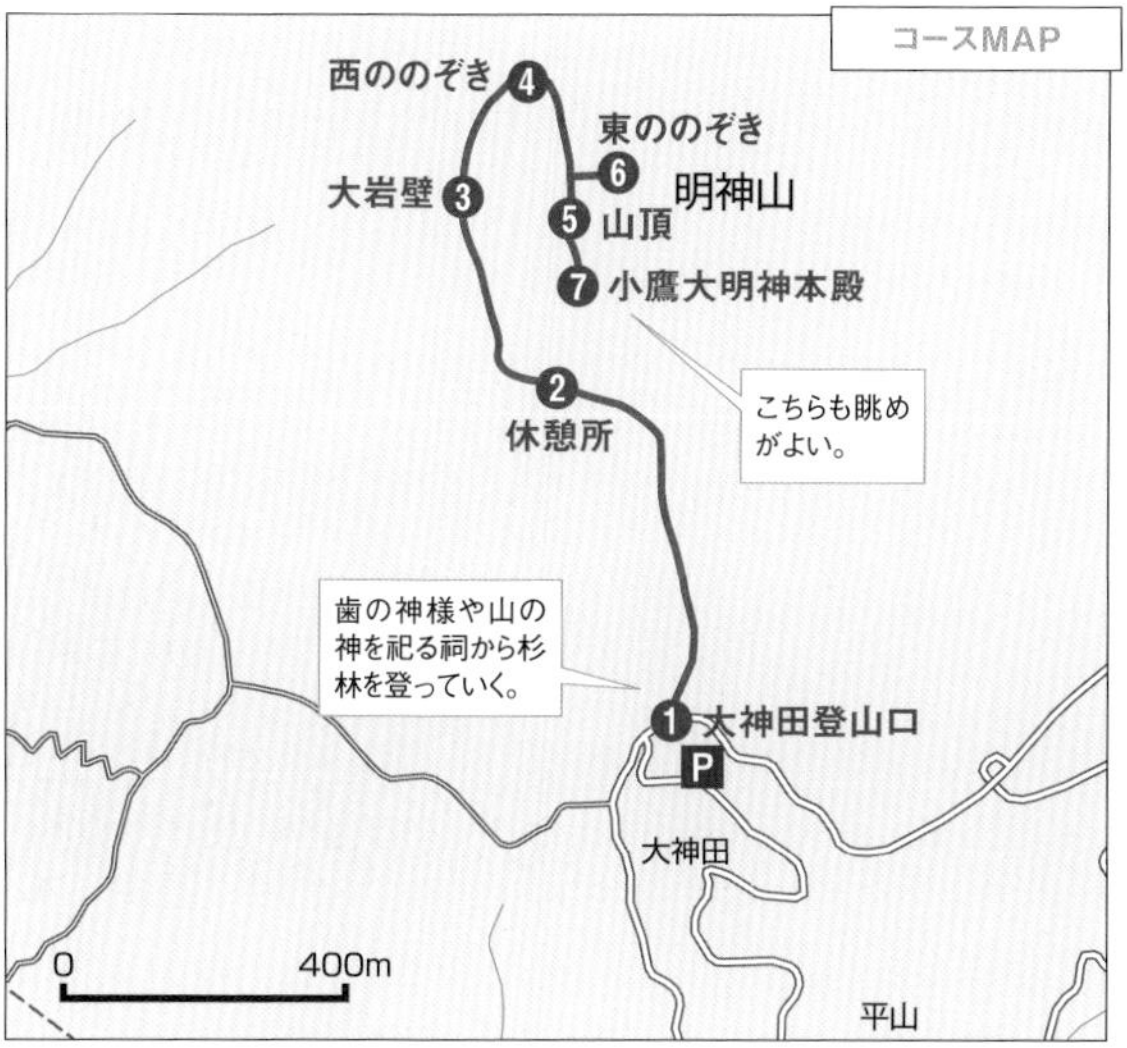
コースMAP
西ののぞき ④
東ののぞき ⑥
明神山
大岩壁 ③
⑤ 山頂
⑦ 小鷹大明神本殿
② 休憩所
こちらも眺めがよい。
歯の神様や山の神を祀る祠から杉林を登っていく。
① 大神田登山口
P
大神田
0
400m
平山

上_山は溶岩が固まってできた石英安山岩。登山道のそこかしこに岩が顔をのぞかせている　下_登山口近くの「山の神様」で、山登りの無事を祈願しよう

ポイントガイド
480m
970m
① 大神田登山口
40分
② 休憩所
35分
③ 大岩壁
20分
④ 西ののぞき
20分
⑤ 山頂
⑥ 東ののぞき
20分
⑦ 小鷹大明神本殿

山データ

【問い合わせ】設楽町観光協会
【TEL】0536-62-1000
【山の所在地】愛知県北設楽郡

【アクセス】東名高速道路豊川ICから車で約1時間。JR飯田線本長篠駅から豊鉄バスで「田口」下車、町営バスで「黒倉」下車、徒歩20分
【駐車場】無（駐車スペースのみ）
【トイレ】無

▲ ワンポイントアドバイス

山頂付近は岩質の硬い石英安山岩でできており、それが切れ落ちた岩稜を通ることになる。また、「ヤマビル注意」の看板があるので、安全のために装備を整えて登ること

立ち寄りスポット

国道473号を設楽町田口地区から東栄町方面へ向かう途中、旧こんにゃく村の隣にカラフルなきのこの作品や木製遊具が並ぶ私設の公園がある。冬期はイルミネーションで飾られる。

四季の魅力

登山道の途中にナンカイイワカガミ群生地がある。山地の岩場に生える多年草で、10〜20センチの高さ。4〜5月が開花時期で、花びらがフリンジのようになった花が咲く

「東海自然歩道の三大難所」といわれ、岩質の硬い石英安山岩で覆われた雄々しい姿が特徴。登山道は無数の奇岩がみられる

岩古谷山《いわごやさん》

東海道自然歩道3大難所のひとつで低登山が楽しめる

標高 806.9m
体力度 ▲▲△△△
登山時期 3~12月
歩行時間 約2時間30分
歩行距離 2.3km
標高差 329m

岩古谷山は約２０００万年前に起こった火山活動により、海底が隆起してできた山である。そのため岩質の硬い石英安山岩で構成され、奇岩・怪岩に富んでいる。❶和市登山口から入り、しばらくするとトイレ小屋がある。整備された登山道を進んで十三曲がりへ。❷十三曲がりではつづら折りの登山道を登る。ここを過ぎると傾斜がゆるやかになり、❸堤石峠に出る。木製階段を登っていくと、岩古谷山最大の難所に出る。急峻な岩礁帯を鉄製の急階段や岩に打ち込まれた手すりを頼りに注意深く登る。❹山頂からは西に三河の山々、北に大鈴山、明神山、鹿島山、東に南アルプスなど３６０度の眺望が広がる。下山は山頂から堤石トンネル方面へ下りる。❺くさり場では約10メートルの岩場を下る難所。堤石登山口からスタートすると、ここを登ることになる。その後は緩やかな道が続く。❻堤石登山口は堤石トンネル手前。４７５号線を10分程下ると、和市登山口まで戻る。余裕があればびわくぼ峠や、さらに鞍掛山まで足を延ばすことも可能だ。

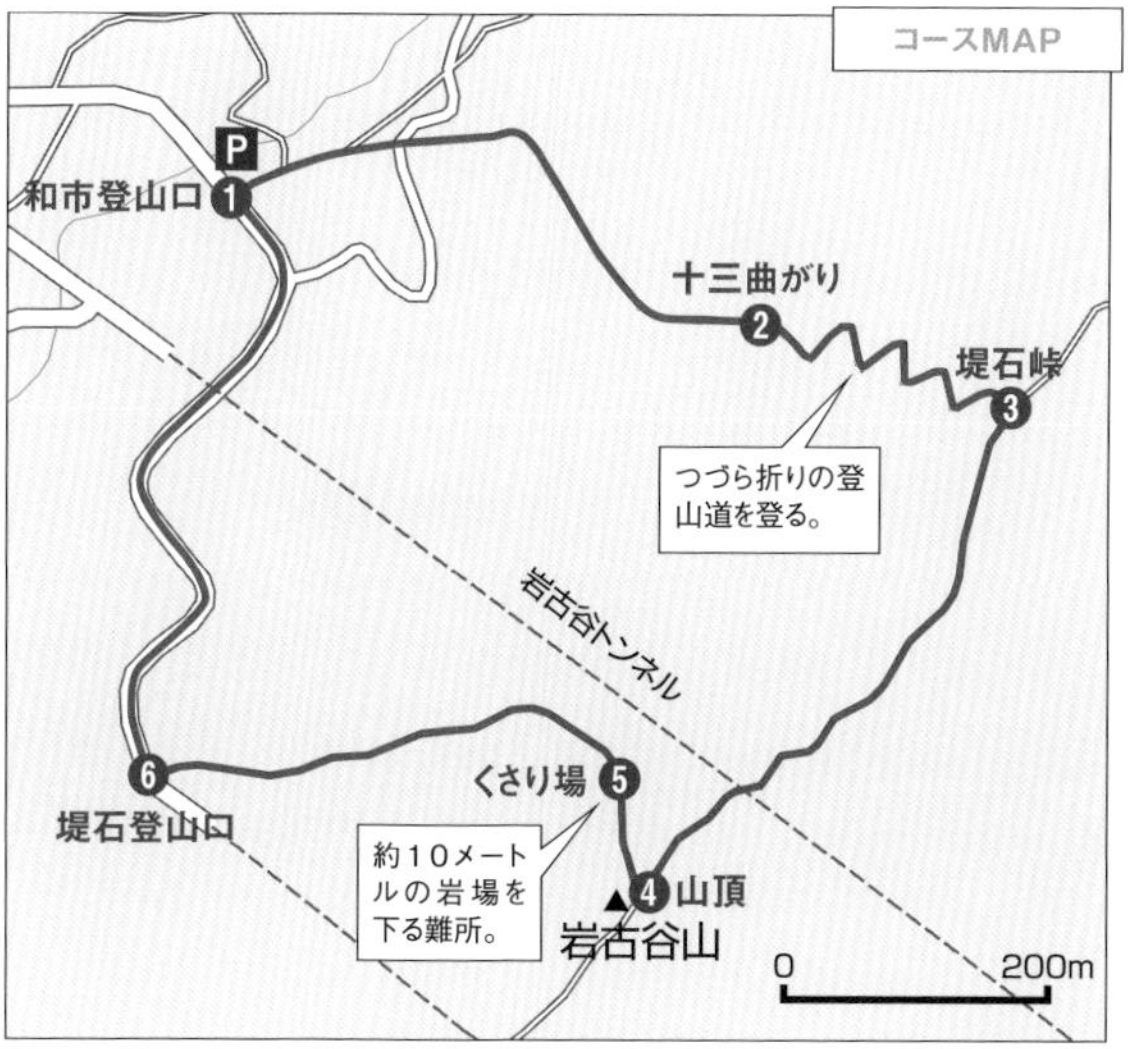
コースMAP
P
和市登山口 1
十三曲がり 2
堤石峠 3
つづら折りの登山道を登る。
岩古谷トンネル
6 堤石登山口
くさり場 5
約10メートルの岩場を下る難所。
4 山頂
岩古谷山
0
200m

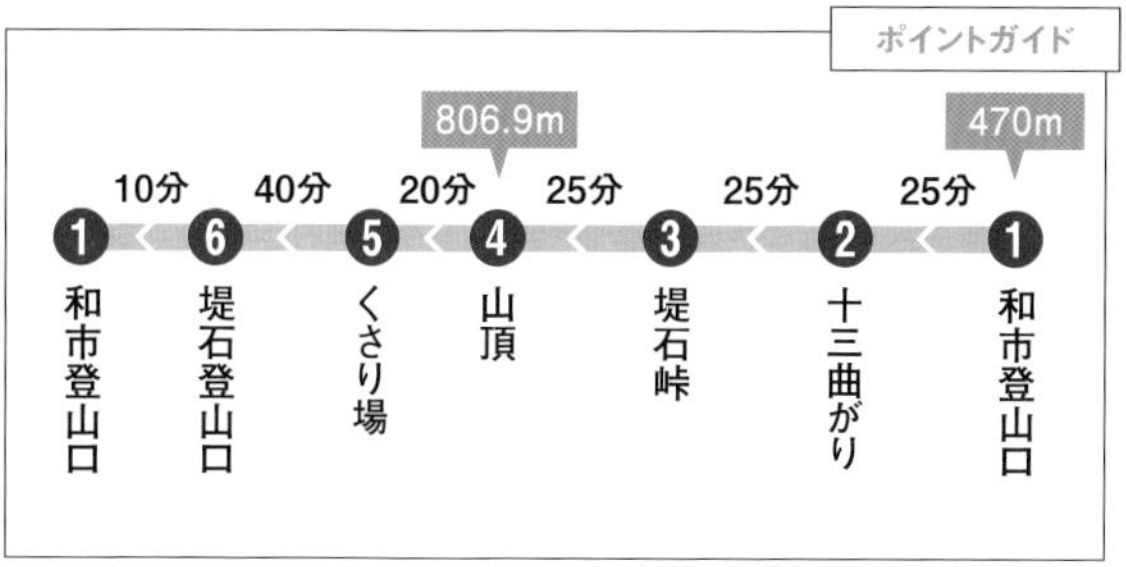
ポイントガイド
806.9m
470m
10分
40分
20分
25分
25分
25分
1 和市登山口
6 堤石登山口
5 くさり場
4 山頂
3 堤石峠
2 十三曲がり
1 和市登山口

上_難所と呼ばれるだけあり、山頂へとつづく岩場には梯子やチェーンが張られている　下_山頂までは80分ほど。展望台からは360度の大パノラマを味わえる

山データ

【問い合わせ】設楽町観光協会
【TEL】0536-62-1000
【山の所在地】愛知県北設楽郡

【アクセス】三遠南信自動車道鳳来峡ICから車で約40分
【駐車場】有（和市登山口駐車場）
【トイレ】有（俗にいう「山小屋トイレ」。苦手な人は田口の観光トイレへ）

▲ ワンポイントアドバイス

コースの半分は東海自然歩道に設定されていて、よく整備されている。一方、東海自然歩道3大難所のひとつでもあり、梯子や鎖が設置されている場所では注意が必要

立ち寄りスポット

登山口からほど近い塩津温泉は、登山の拠点宿として利用されてきた古い湯治場。お湯はトロトロとした質感が特徴の重曹泉。アユ、アマゴの渓流釣りや紅葉も楽しめる。2軒の旅館に宿泊して、ゆっくり登山の疲れを癒そう

四季の魅力

石英安山岩よりなる一大厳塊で奇岩・怪岩に富んでいるため、春は桜、夏は新緑、秋は紅葉の中、ここでしか見ることができない景色を楽しむことができる。堤石登山口に近い雄滝・雌滝も見どころ

ユニークな名前は、山岳信仰のあった時代に生まれた天狗伝説から。コース取りが緩やかなためビギナーにも向いている

碁盤石山

ごばんいしやま

天狗伝説を物語る巨岩が並ぶ圧倒的景観が魅力

標高	1189m
体力度	▲▲△△△
登山時期	3~12月
歩行時間	1時間15分（片道）
歩行距離	4km（片道）
標高差	365m

碁盤石山は、碁の技量をうぬぼれていた天狗が、村人との手合わせで負けてしまった腹いせに、碁盤をひっくり返したという伝説から名づけられた山。山中には伝説を物語るような巨岩が立ち並び、鎌倉時代から山伏が登る信仰の山でもある。❶東納庫登山口では山の由来になった碁盤石などの巨岩が見られる。東納庫登山口から杉林の中に入る。杉林をしばらく行くと❷胸突き坂に到着。約１００ｍの階段状の坂を登り切り、さらに七尋岩の巨岩を過ぎ、リョウブの林を緩やかに登って行くと❸天狗の庭に着く。碁盤石などの多くの巨岩を見ることができ、展望も良い場所である。少し進むと富士見岩への分岐がある。右折すると奥三河の山々を眺められる富士見岩に出るが、山頂へは左折して進む。ほどなくピークに出るので、ピークを左にとって下がり、その先の急坂を登り切ると❹山頂に到着する。木戸ケ洞二等三角点はあるが、眺望は期待できない。下山は同じルートを戻る。他に、西納庫登山口から登るルートもある。

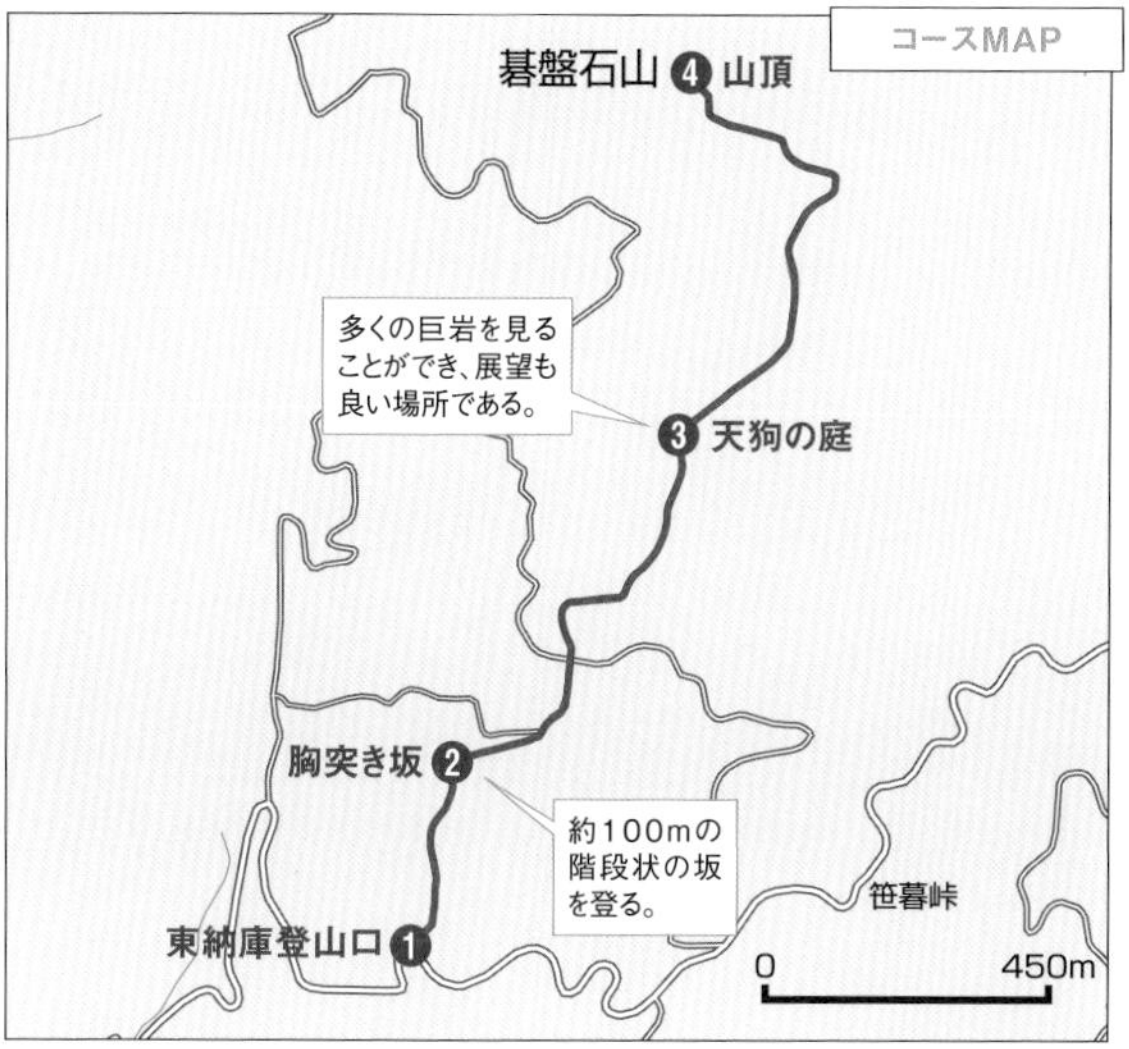
コースMAP
碁盤石山 4 山頂
多くの巨岩を見ることができ、展望も良い場所である。
3 天狗の庭
胸突き坂 2
約100mの階段状の坂を登る。
笹暮峠
東納庫登山口 1
0
450m

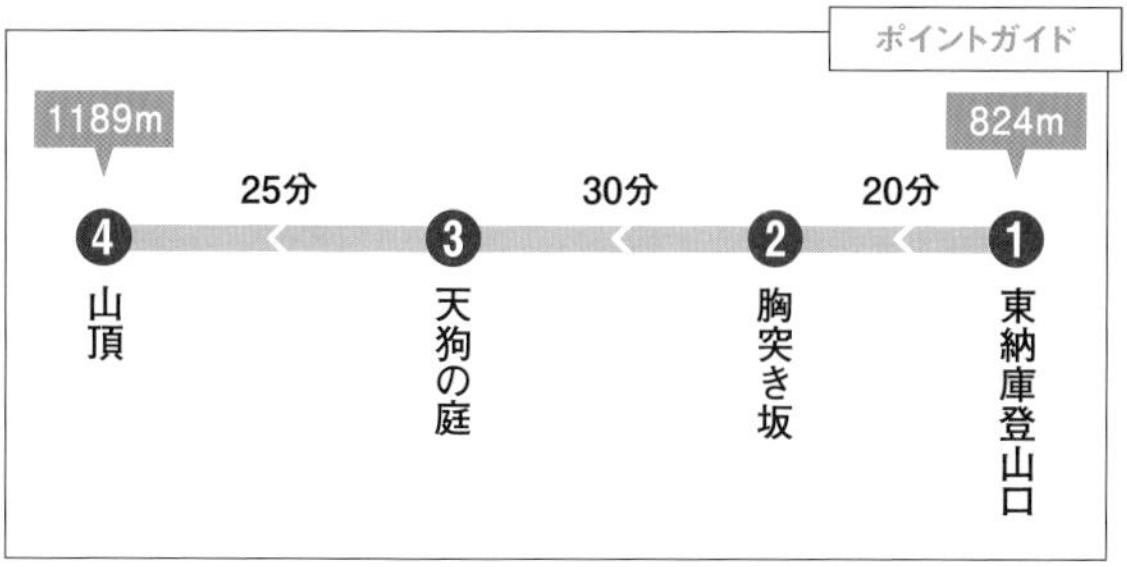
ポイントガイド
1189m
824m
25分
30分
20分
4 山頂
3 天狗の庭
2 胸突き坂
1 東納庫登山口

上_碁の腕に自信のあった天狗が村人に負け、その腹いせにひっくり返したという碁盤石　下_富士見岩からは奥三河の山々を一望。運が良ければ遠くに富士山も見える

山データ

【問い合わせ】設楽町観光協会
【TEL】0536-62-1000
【山の所在地】愛知県北設楽郡

【アクセス】東名高速道路新城ICから車で約1時30分
【駐車場】有（東納庫登山口、送電線鉄塔周辺、西納庫登山口）
【トイレ】有

▲ワンポイントアドバイス

東納庫登山口付近には2台ほどの駐車スペースしかない。少し離れるが、送電線鉄塔周辺に10台分ほど、西納庫登山口に10台ほどのスペースがある

立ち寄りスポット

「道の駅アグリステーションなぐら」のレストランには、設楽産エゴマを使用した特製のタレが自慢の「えごま五平餅」や、地元名倉高原米の「お母さんカレー」がある。高原野菜や地元特産品のお土産も豊富

四季の魅力

笹とススキの多い山ではあるが、秋には紅葉が素晴らしい景観を見せる。また、3月下旬には天狗の庭で馬酔木の花を見ることができる。4月から5月にかけてツツジも見ごろになる

山頂に新四国八十八ヶ所の三国山大権現社殿があり、多くの石仏が祀られている由緒ある山

三国山《みくにやま》

尾張、美濃、三河の三国境に位置する魅力の山

標高
701m

体力度
▲△△△△

登山時期
通年

歩行時間
約5分（片道）

歩行距離
約200m（片道）

標高差
西約200m 東約250m

岐阜県土岐市と愛知県豊田市の境界に位置し、岐阜県立自然公園ともなっている三国山。尾張、三河、美濃の国境として、山頂には新四国八十八ヶ所の三国山大権現社殿と多くの石仏が祀られ、周囲に高い山がないため眺望が良いのも特徴。背の高い展望台からは天候に恵まれれば御嶽山や恵那山、白山、伊勢湾、土岐市・瀬戸市・名古屋市まで眺望できる。瀬戸市側や豊田市側から登るルートもあるが、初心者でも登りやすいのは土岐市側からアプローチするルートだ。❶土岐市三国山キャンプ場よりまっすぐ山頂へ向かうコースで、舗装林道のため、危険な箇所もなく安全に進むことができる。❷山頂には三国三等三角点がある。ただ石の間に挟まれ見つけにくいので見逃すことも。また山頂付近には電波塔が多数施設されている。土岐市側の麓には駐車場はないが、国道363号沿いの田園地帯に数軒の旅館があり、それらの旅館で日帰り入浴も可能。「八勝園湯元館」のジャングル温泉風呂は名物だ。眺望がいいことから多くの登山客から人気がある。また、夜景スポットとしても有名だ。

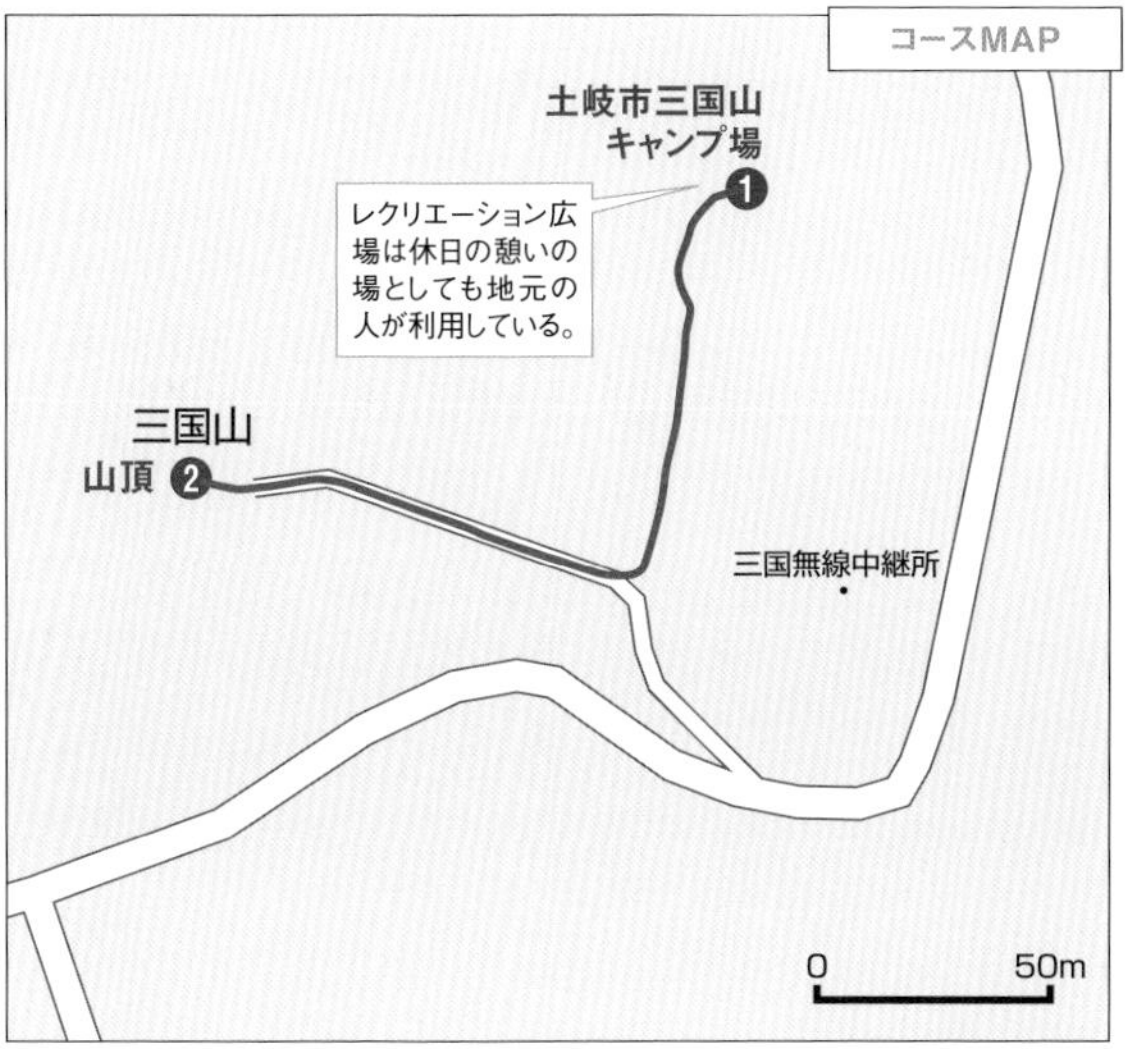
コースMAP
土岐市三国山
キャンプ場
レクリエーション広場は休日の憩いの場としても地元の人が利用している。
三国山
山頂
三国無線中継所
0
50m

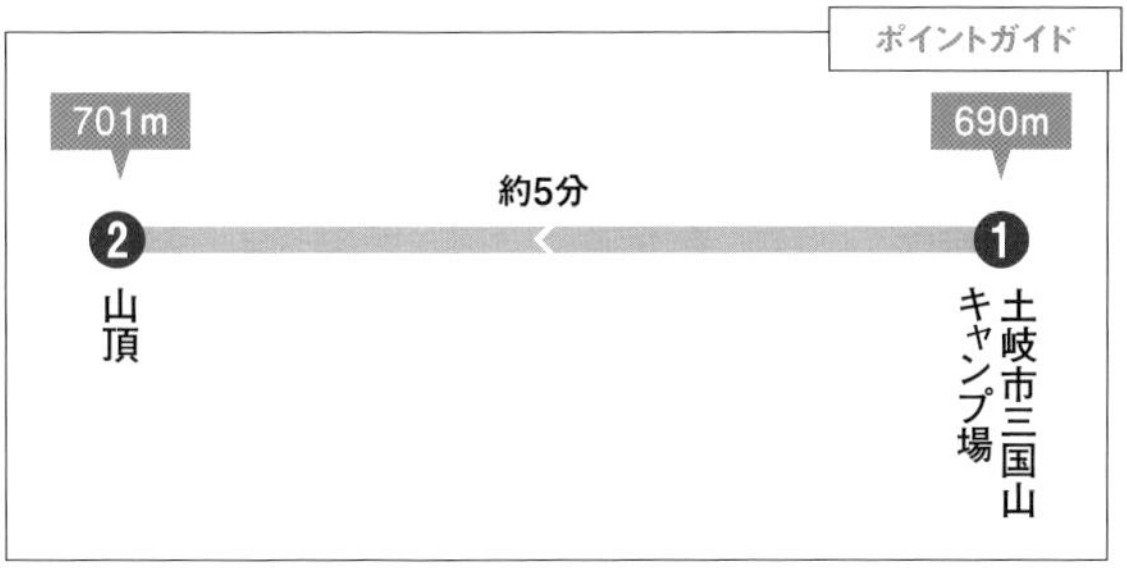
ポイントガイド
701m
690m
約5分
山頂
土岐市三国山キャンプ場

上_三国山展望台では360度の大パノラマが広がり、御嶽山や白山などの山々が、夜には夜景が見えるスポットでもある
下_三国山の山頂付近は、先端がさまざまな形をしたアンテナ群が顔を出している

山データ

【問い合わせ】土岐市役所鶴里支所
【TEL】土岐市役所鶴里支所0572-52-2001三国山キャンプ場0572-52-3923(7/15~8/31のみ)
【山の所在地】岐阜県土岐市鶴里町柿野3512-4(山頂キャンプ場)

【アクセス】東海環状自動車道土岐南多治見ICから約30分
せと品野ICから約20分
中央自動車道土岐ICから約45分
【駐車場】有(山頂)
【トイレ】無

ワンポイントアドバイス

岐阜県内には同名の山が3つ存在し、それぞれ「岐阜県・愛知県境」(標高701m)、「岐阜県・長野県境」(標高1,611m)、「岐阜県・長野県・愛知県境」(標高1,162m)に位置する。ここで紹介する三国山は「岐阜県・愛知県境」である。

立ち寄りスポット

三国山キャンプ場は、標高701メートルの三国山頂上付近に位置する。登山道も舗装されており、車で登頂できる他、レクリエーション広場が休日の憩いの場として、また、ハイキングコースとしても使える(キャンプ場営業期間:毎年7月15日から8月31日まで)

四季の魅力

紅葉の時期は周辺の山が赤く色づく。弘法大師を敬う三国山新四国八十八ヶ所霊場遍路をする人も訪れ、立て看板によると岐阜県の鶴里町では四月の弘法大師の命日には大師をお祭りしている家々を廻り、菓子をもらい歩く弘法乞食という行事が盛んだという。

岐阜城が山頂にそびえる金華山。「めい想の小径」は、城主が脱出用の道として使われていた歴史深い登山道だ

金華山《きんかざん》

織田信長が天下統一のための本拠地とした岐阜市のシンボル

標高	329m
体力度	▲△△△△
登山時期	通年
歩行時間	約1時間（片道）
歩行距離	2.3km（片道）
標高差	約300m

金華山は岐阜の低山であり、市民に親しまれるシンボル的存在である。「めい想の小径」と呼ばれるルートは見所も多く、岐阜公園内に登山道の入口がある。岐阜公園内にある❶三重塔には明治24年の濃尾大震災で倒壊した長良橋の古材が活用され、大正天皇即位を記念して建立された歴史をもつ。スタート地点からつづらおりに続く道を進むと馬の背登山道との分岐点に❷旧伊奈波神社跡がある。元は北西の麓にあったが、1539年に斎藤道三により現在の位置に移されたもの。その後約1450年間祀られた跡を見ることができる。岐阜市の木であるツブラジイの巨木が見られるポイントを過ぎると、現れるのが❸金華山一の大杉。樹齢推定100年、幹の太さが直径130cmにもなるスギで、この周辺では他にもスギやヒノキの巨木が林立する。更に進むと眼下に鵜飼いで有名な長良川や雄大な濃尾平野が望める❹ビュースポットがある。登山道には松尾芭蕉の句にも読まれたヒトツバが自生している。❺山頂には天守閣があり、資料館や展望レストランもある。

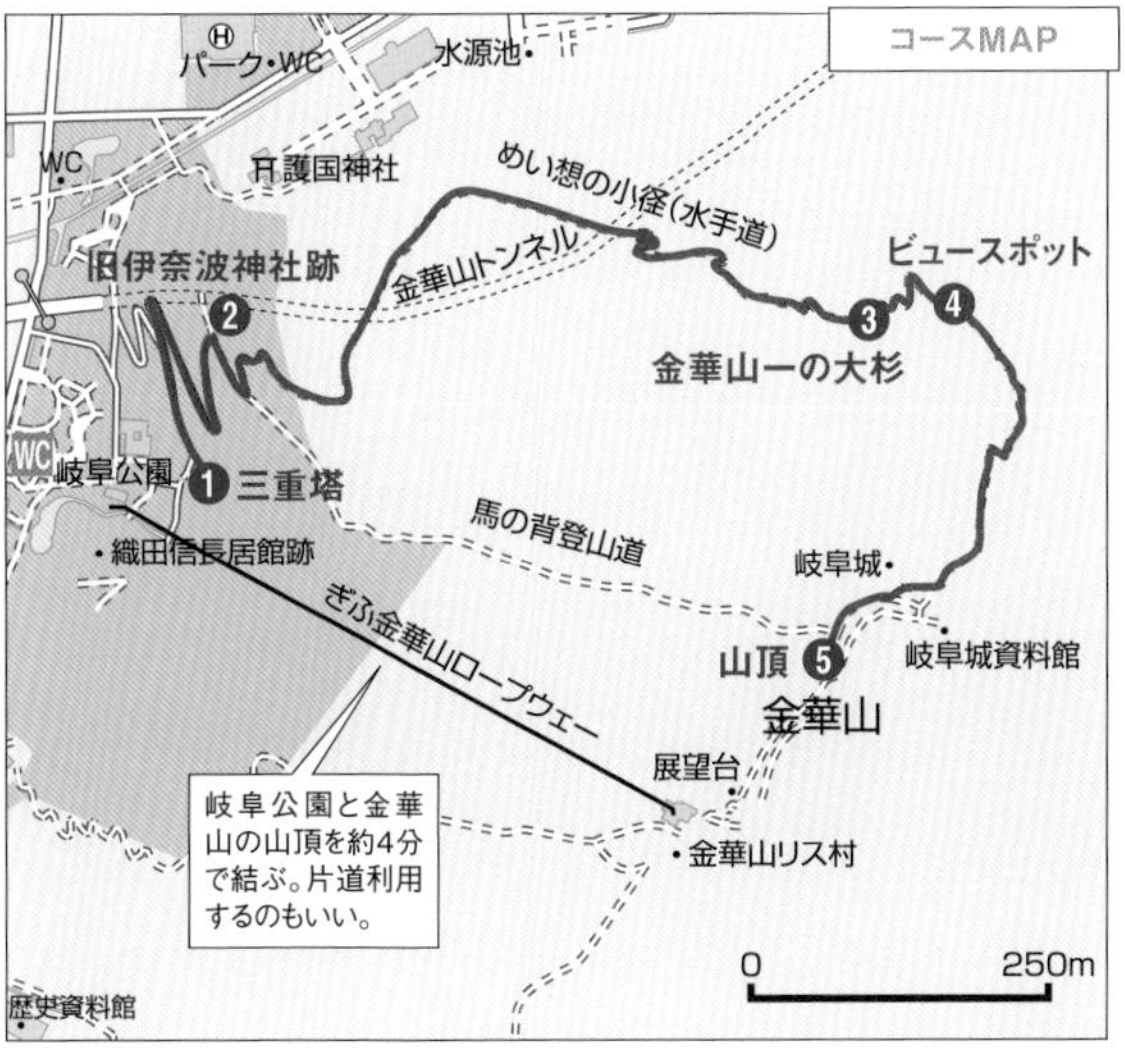

コースMAP
パーク・WC
水源池・
WC
護国神社
めい想の小径(水手道)
金華山トンネル
旧伊奈波神社跡
ビュースポット
金華山一の大杉
岐阜公園
三重塔
・織田信長居館跡
馬の背登山道
岐阜城・
ぎふ金華山ロープウェー
山頂
岐阜城資料館
金華山
展望台
岐阜公園と金華山の山頂を約4分で結ぶ。片道利用するのもいい。
・金華山リス村
0
250m
歴史資料館

上_金華山からの風景　下_5月頃、薄い黄色の花をつけるツブラジイが楽しめる。金華山にある約700種類ある植物の20%を占め、山頂から麓を眺めると金華山が黄金色に輝く

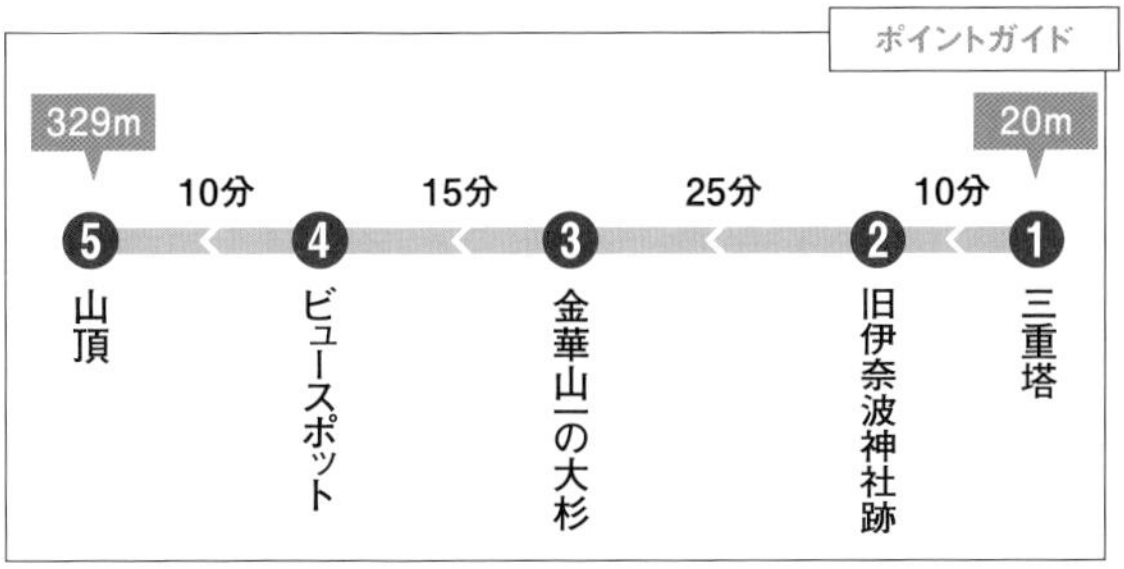

ポイントガイド
329m
20m
10分
15分
25分
10分
5 山頂
4 ビュースポット
3 金華山一の大杉
2 旧伊奈波神社跡
1 三重塔

山データ

【問い合わせ】(公財)岐阜観光コンベンション協会　【TEL】058-266-5588　【山の所在地】岐阜県岐阜市金華山

【アクセス】東海環状自動車道岐阜各務原ICから車で約20分
【駐車場】有(岐阜公園179台)
【トイレ】有(岐阜公園内各所、山頂岐阜城付近各所)

▲ワンポイントアドバイス

登山道の中盤からは階段が、後半には岩場が続く。手をついて登るような急勾配もあり、雨天時には滑りやすくなっているので登山用の靴・衣服が望ましい。

立ち寄りスポット

山頂の天守閣は1956年(昭和31年)に再建されたもの。3階までは史料展示室、4階は展望台となっており、晴れた日には名古屋駅や小牧山城、御嶽山や恵那山の大パノラマが望める

四季の魅力

登山道の出発点にある三重塔は、鮮やかな朱色に塗られた姿が印象的。秋には赤く染まった紅葉の中に凛と佇む光景が見られ、金華山の秋の名物として市民から親しまれている

交流の家から乗鞍岳へと続く尾根を通って山頂に到達すると、絶景と充実感が味わえる

丸黒山

まるくろやま

アップダウンの変化と優美な連峰が楽しめる乗鞍岳前衛の山

コースは国立乗鞍青少年交流の家が起点になっており、乗鞍岳剣ヶ峰へ約16kmと続くロングトレイルも可能。山頂までは100mを区切りに表示がされ、距離感覚が掴みやすい。❶国立乗鞍青少年交流の家をぐるっと迂回しながら舗装道路を進むとキャンプ場があり、そのそばの登山口から入山する。日影峠を目指す途中に展望台があり、そこから見える北アルプス連峰は圧巻。青少年交流の家にある専用ゲレンデの草原の縁を進み、大きくカーブするカラマツ林を通っていくと林道終点の❷日影峠に到着する。南側には雄大な御嶽山を望むことができる。その後小ピークが続き、分岐もいくつかある。ログハウスタイプの❸枯松平休憩所は避難所としても使用されている場所。その先は険しい道のりで、急坂が続くガンバル坂、白山見晴台、根性坂、池見台を越えると山頂へ到着する。❹山頂は樹林に囲まれているが、乗鞍岳や北アルプス方面は絶景が広がる。下山は青少年交流の家を目指して同じ道を通る。ファミリーでも登れる山ではあるが、標高が高いので、準備は万全に。

標高
1956m

体力度
▲▲▲△△

登山時期
通年

歩行時間
2時間30分（片道）

歩行距離
約6km（片道）

標高差
446m

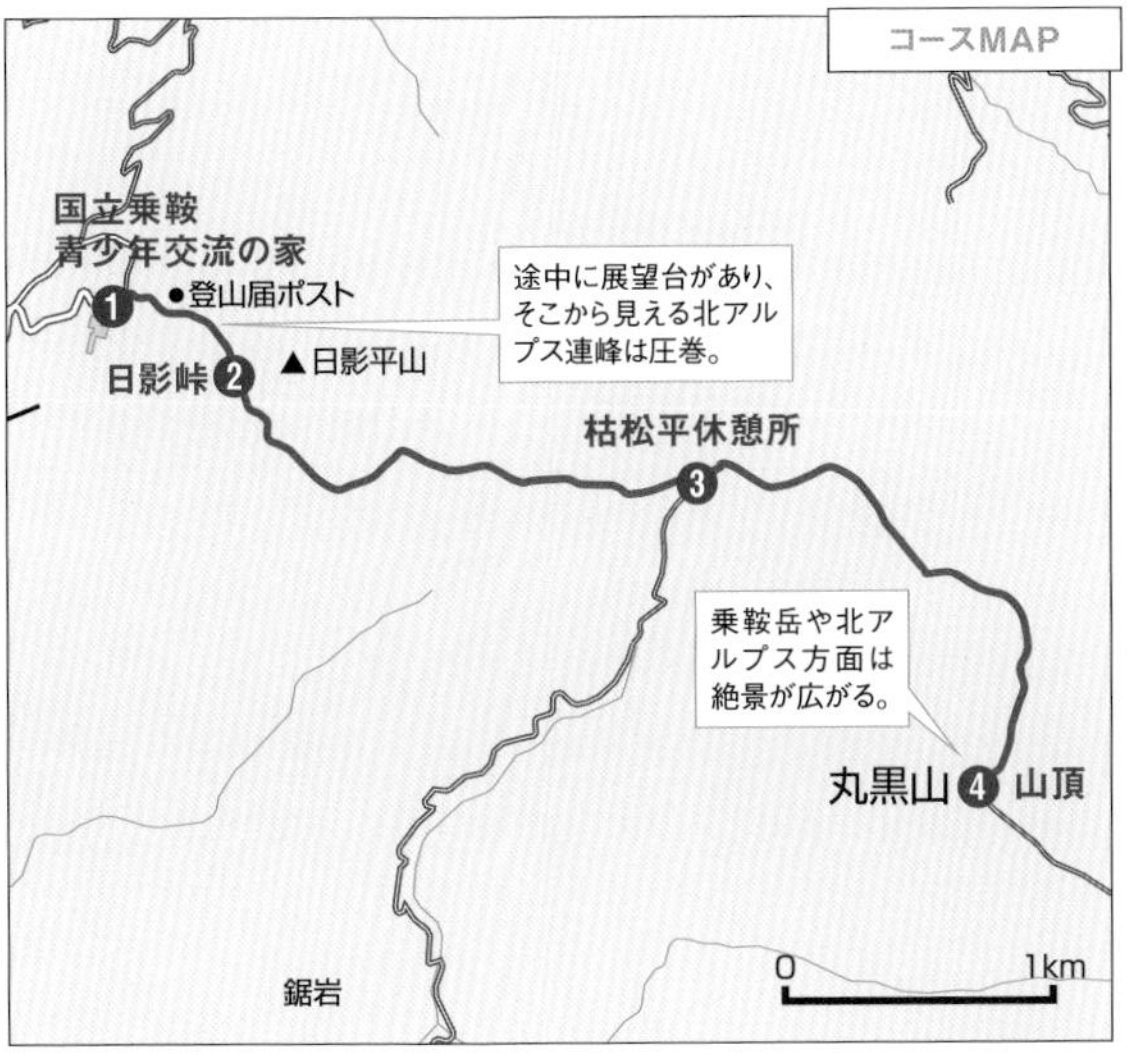
コースMAP
国立乗鞍
青少年交流の家
●登山届ポスト
途中に展望台があり、
そこから見える北アル
プス連峰は圧巻。
日影峠
▲日影平山
枯松平休憩所
乗鞍岳や北ア
ルプス方面は
絶景が広がる。
丸黒山
山頂
鋸岩
0
1km

60
60

上_100mごとに表示されている道標。自身のペースが掴みやすく、トレーニングにも最適だ　下_枯松平休憩所を過ぎるとガンバル坂、根性坂と急坂が続く

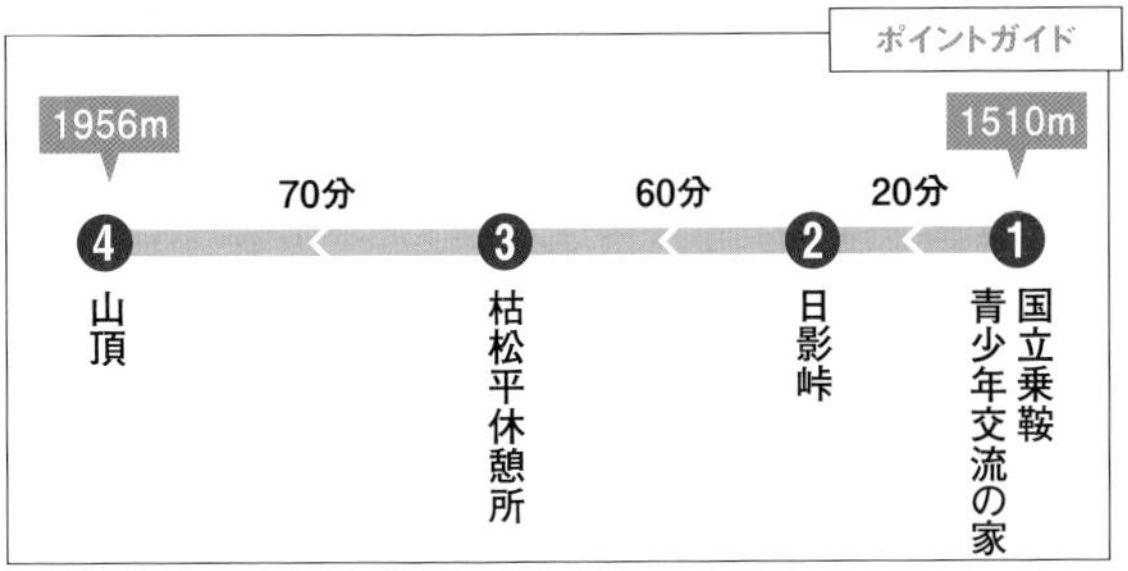
ポイントガイド
1956m
1510m
70分
60分
20分
4 山頂
3 枯松平休憩所
2 日影峠
1 国立乗鞍青少年交流の家

山データ

【問い合わせ】国立乗鞍青少年交流の家　【TEL】0577-31-1013
【山の所在地】岐阜県高山市

【アクセス】東海北陸自動車道飛騨清見ICから車で1時間5分
【駐車場】有(国立乗鞍青少年交流の家:要問合せ)
【トイレ】有(国立乗鞍青少年交流の家)

▲ ワンポイントアドバイス

国立乗鞍青少年交流の家の駐車場を登山者が利用する場合、事前に申し出が必要。登山届は高山警察署又は、登山届ポストへ提出しよう

立ち寄りスポット

標高1510mにある「国立乗鞍青少年交流の家」は、季節に合わせたバラエティ豊かなプログラムを体験できる研修施設。夏はランナー、冬はスキーヤーで賑わっている。ファミリーでの利用も可能※問い合わせ:国立乗鞍青少年交流の家(0577-31-1013)

四季の魅力

登山途中には、亜高山帯の樹林や草花が数多く見られる。冬は雪山の絶景が楽しめ、春になると野鳥の鳴き声が響き、ニホンカモシカやムラサキヤシオが見られることも

北アルプスの南部に位置し、2004年に登山道が開設されたばかり。蒲田川の谷を隔てた穂高連峰などを一望できるほか、麓には福地温泉もある

福地山

ふくじやま

北アルプスの絶景が望める初心者向けの山

標高
1671m
体力度
▲▲△△△
登山時期
6月～11月
歩行時間
2時間20分（片道）
歩行距離
約8km
標高差
約720m

福地山は北アルプス南部、岐阜県高山市の高原川の西側に位置し、麓の福地温泉から手軽に登ることができる山である。登山道は2004年に開設されたまだ新しいもので、初心者でも十分登ることができる。山頂は広く開けているため、槍ヶ岳、穂高、乗鞍連峰を大迫力で望むことができる。❶登山口は「福地温泉」バス停付近から入り、つづら折りの登山道を登っていくと、❷焼岳展望小屋がある。この先に尾根コースと谷川コースの分岐がある。どちらのコースで登っても❸無然平に到着する。標高1371m地点で合流し、しばらく進むとまた尾根コースと谷川コースの分岐がある。福地山はコースのいたるところに展望台が設けられている。いずれのコースを選んでも第二展望台で合流するが、展望がよいのは尾根コースの方。❹第二展望台から第三展望台を過ぎて、第四展望台まで来るとコースは平坦になり、原生林ルートを進んでいく。乗鞍展望台の先に❺山頂がある。復路は来たコースと同じでもいいが、別のコースを楽しみながら下るのもいい。

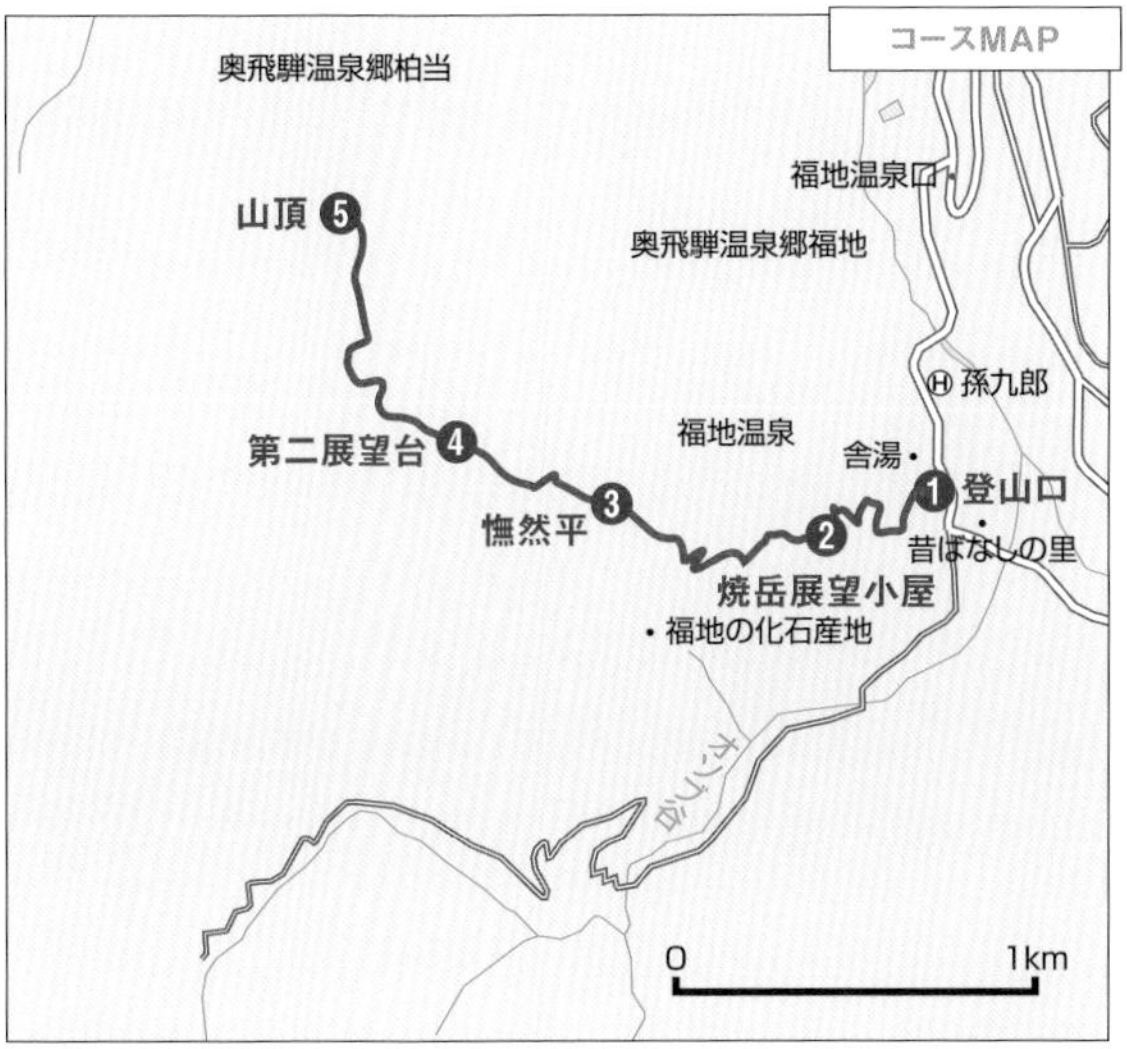

上_序盤は緩やかなコースがつづき、4つの展望台を抜けて山頂へと上がる
下_麓から片道約2時間の山頂は視界が開けており、槍ヶ岳や穂高の稜線が見渡せる

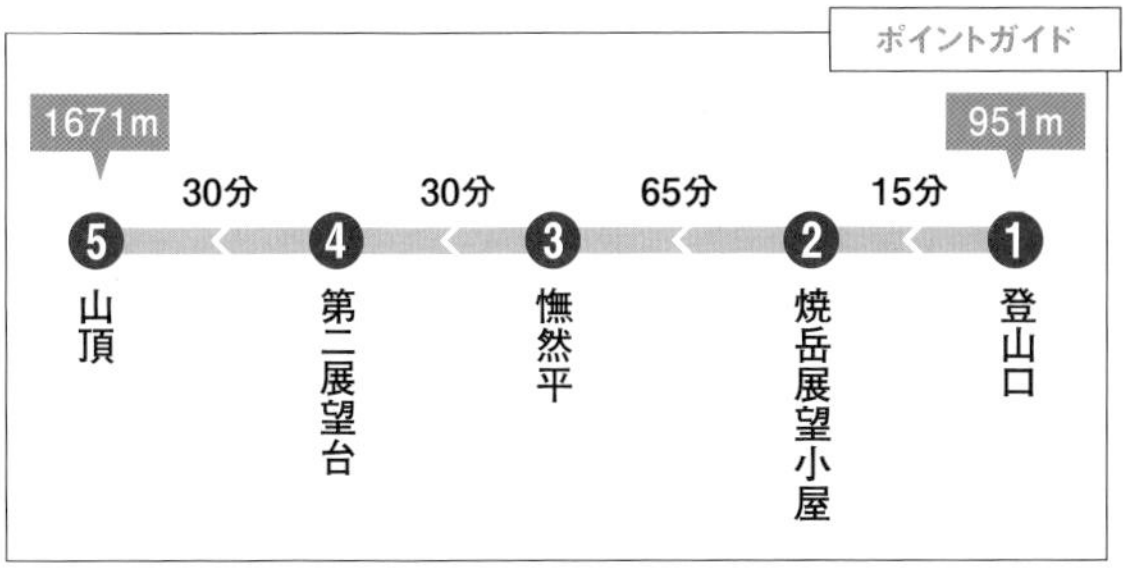

山データ

【問い合わせ】奥飛騨温泉郷観光協会　【TEL】0578-89-2614
【山の所在地】岐阜県高山市

【アクセス】東海北陸自動車道飛騨清見ICから車で約1時間15分。JR高山駅から濃飛バスで70分、「福地温泉」下車
【駐車場】有（「福地温泉昔ばなしの里」向かいの登山者用駐車場）
【トイレ】無

▲ ワンポイントアドバイス

登山道は2人がならんで歩ける十分な幅があり危険なポイントはないが、装備は万全にしておきたい。春や秋でも雪があれば、急坂ではアイゼンは必須になる

立ち寄りスポット

登山口最寄りの福地温泉は、共同温泉浴場や足湯、福地化石館、レトロな雰囲気の福地温泉朝市などが楽しめる温泉街。昔ばなしの里では囲炉裏で焼いた五平餅や飛騨中華そばなど地元の名物が食べられる

四季の魅力

福地の山奥に福地壁と呼ばれる岩肌に天然の氷柱ができる「青だる」が見られる。麓の福地温泉では沢の水を使って青だるを再現し、幻想的にライトアップするイベントを開催している

山頂からは眼下に広がる地元の様子や、遠く名古屋駅周辺の高層ビル群を眺めることができる

高沢山《たかさわやま》

県内最古の古刹や重要文化財を麓に置く低山

標高	354m
体力度	▲△△△△
登山時期	通年
歩行時間	約1時間（片道）
歩行距離	1.5km（片道）
標高差	120m

岐阜県でも最古の寺といわれる日龍峯寺（高澤観音）が登山の拠点。寺は５世紀前半に創建され、「美濃の清水寺」として親しまれている。本堂は室町時代の応仁の乱で焼失し、３４０年前に再建されたと伝えられている。国の重要文化財である多宝塔は１１９４年に創建されたもので、史跡と登山の両方を楽しめる山として、地元からも足を運ぶ人が多い。❶日龍峯寺（高澤観音）駐車場から鐘楼、多宝塔を経て本堂を通るか、仁王門から石段を登って本堂へ進んでいく。この本堂には「びんずる様」とよばれる木像があり、体の悪いところを触ると治るといわれている。祈りを込めて、登拝するという目的も叶えられる。❷大日山日龍峯寺本堂の奥が登山道入口となっており、尾根道を通って山頂を目指す。コース案内の看板があるので、参考にしよう。景色を楽しむなら❸山頂より先に進んだ見晴らし台がおすすめ。晴れた日は御嶽や白山を眺望することができる。下山は来た道を戻り、日龍峯寺へと向かう。

コースMAP

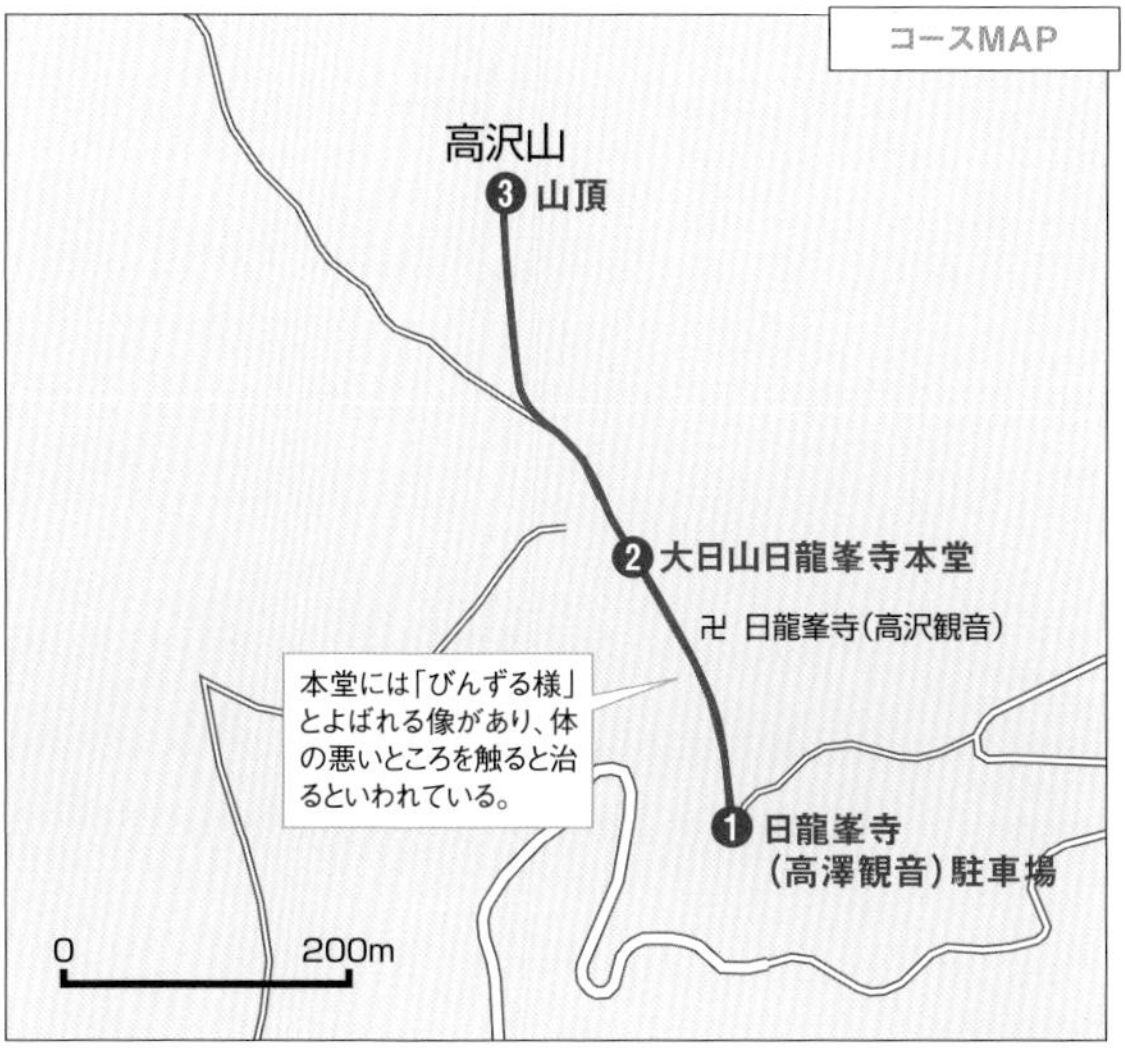

上_趣あふれる掛け造りの清水の舞台のような日龍峯寺本堂は、「美濃の清水寺」として親しまれている　下_高沢山から大仏山へ向かう高澤古道は、四季折々の風を感じながら気持ちよく進める道だ

ポイントガイド

1 日龍峯寺（高澤観音）駐車場 234m → 15分 → 2 大日山日龍峯寺本堂 → 45分 → 3 山頂 354m

山データ

【問い合わせ】関市役所　武儀事務所
【TEL】0575-49-2121
【山の所在地】岐阜県関市下之保

【アクセス】関市街地より県道58号線（主要地方道関金山線）で車で約20分、東海環状自動車道富加関ICより車で約15分
【駐車場】有（日龍峰寺）
【トイレ】有

▲ ワンポイントアドバイス

余裕があれば、高沢山山頂から縦走尾根を通り、大仏山、本城山まで足を伸ばしてみよう。所要時間は登山口から本城山まで約1時間40分

立ち寄りスポット

日龍峯寺（高澤観音）の舞台造りの本堂は美濃の清水寺とよばれるだけあり、見事な趣が感じられ、御朱印もいただける。また、国の重要文化財指定の多宝塔、裏手には霊水をいただける石清水など見どころが満載だ

四季の魅力

山頂付近は針葉樹林や広葉樹林が入り交じり、腐生植物として知られるギョリンソウなどを鑑賞することができる。春を告げるミツバツツジも尾根付近で見られ、見事な花を咲かせる

標高1000m超の展望所から望む市街の夜景や眼下を覆う雲海、また登山道で見られる花木や雄大な山々は、自然の神秘が感じられる

三森山

みつもりやま

各ピークに三森神社や奥の院、帝釈天が祀られている信仰の山

標高
1100m

体力度
▲▲△△△

登山時期
4月〜11月

歩行時間
2時間10分（片道）

歩行距離
3.7km（片道）

標高差
340m

❶岩村ダム駐車場付近にある三森神社への参道入口が、登山道のスタート地点となる。❷三森神社の参道を約45分進むと本殿に至る。その奥には展望台があり、岩村町内、恵那市街、阿木ダム、恵那山や御嶽山、乗鞍岳、また気候の条件が揃えば御在所岳、伊吹山、能郷白山なども見ることができる。三森神社の本殿から奥の院への分岐点辺りから三森山頂の間に見られるのが❸イワカガミの群落で、山道の両脇を飾るように自生している。またこの周辺には❹三森山の合体木と呼ばれるヒメコマツとコナラの合体木が見られる。互いに絡み合って成長した非常に珍しい木だ。❺山頂は標高約1100m。周辺では木々の合間に恵那山、大川入山などのほか、西尾市方面の夜景が見られる。❻鈴ヶ根展望所は山頂から尾根伝いにアップダウンを繰り返し、約50分進んだ地点で、休憩&展望所が設けられている。山頂から展望所にかけては、三森山の山容や、大船山や上矢作風力発電所の風車も望める。道中には帝釈天への分岐があり、時間があれば立ち寄ることもオススメ。

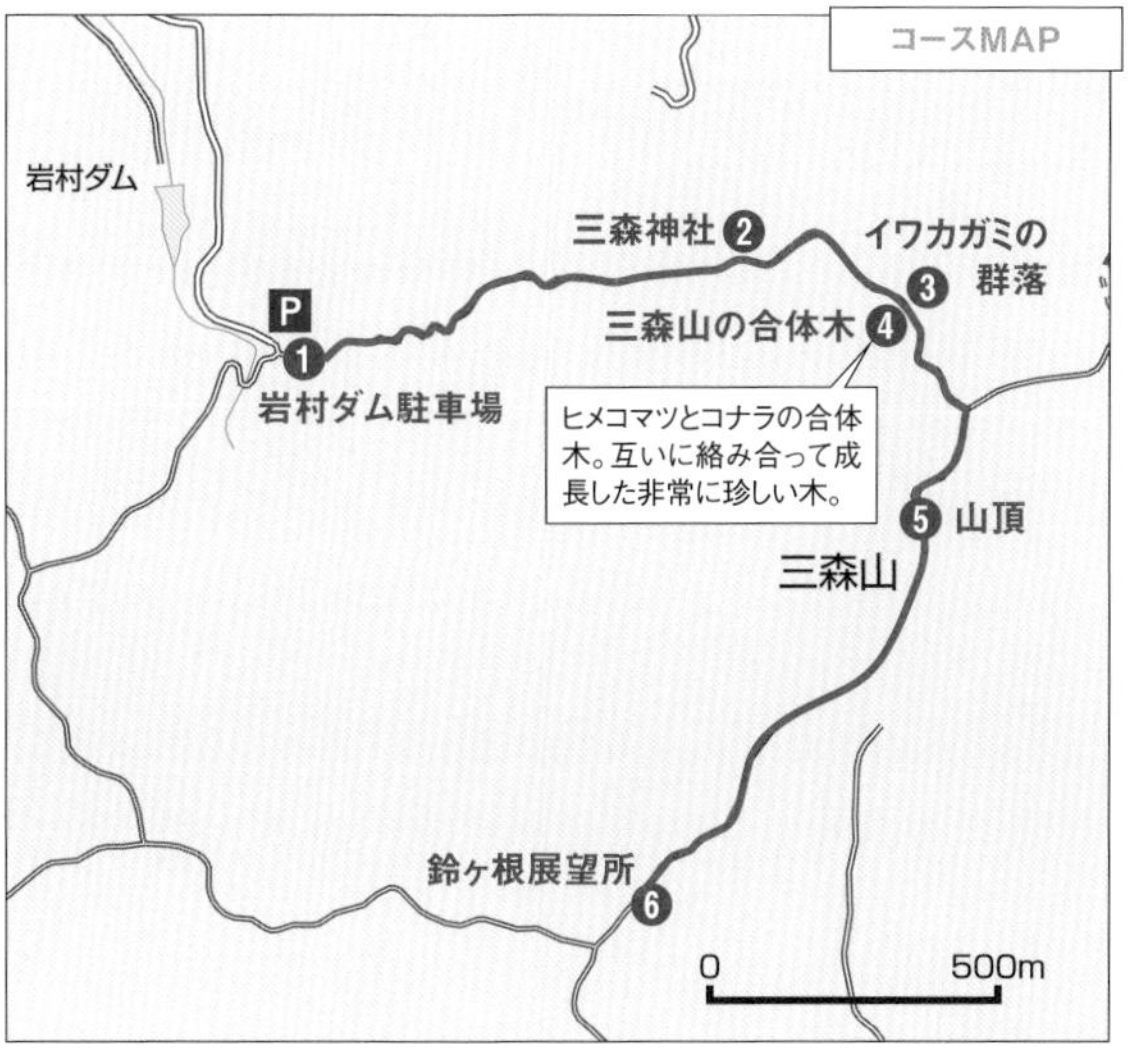

コースMAP
岩村ダム
三森神社 2
イワカガミの群落 3
三森山の合体木 4
P
1 岩村ダム駐車場
ヒメコマツとコナラの合体木。互いに絡み合って成長した非常に珍しい木。
5 山頂
三森山
鈴ヶ根展望所 6
0
500m

上_三森神社の展望台からは、冬晴れの日には白山や笠置山が望める。また季節や気候など条件が揃えば岩村盆地を覆う雲海が見られることも　下_山頂までの間に江戸時代から安置されている33体以上もの三森山の石仏は必見

ポイントガイド
1100m
760m
50分
35分
45分
6 鈴ヶ根展望所
5 山頂
4 三森山の合体木
3 イワカガミの群落
2 三森神社
1 岩村ダム駐車場

山データ

【問い合わせ】恵那市役所　農林部　【TEL】0573-26-2111
【山の所在地】岐阜県恵那市岩村町富田（山頂は恵那市上矢作町との町境）

【アクセス】中央自動車道恵那ICより車で30分
【駐車場】有（岩村ダム駐車場 10台）
【トイレ】有（岩村町第一駐車場のトイレを利用。ここより登山口まで車で10分）

▲ ワンポイントアドバイス

天照大神が出産されたときに、へその緒を切断した鎌を祀る三森山。山頂までの道のりには、江戸時代に安置された33体以上もの石仏見ることができる

立ち寄りスポット

日本三大山城の一つである岩村城趾。霧ヶ城とも呼ばれ、鎌倉〜江戸時代まで約690年続いた。峻厳な地形を活かした要害堅固な城内からは中央アルプスを望むこともできる

四季の魅力

5月上旬に咲くイワカガミは、ピンク色の可憐な花で尾根道を彩り、登山者の目を楽しませてくれる。岩場に這うように育ち、光沢のある葉がその名の由来と言われている

日本200名山の一つで、飛騨一宮水無神社の神体として祀られている山。天皇即位に際し位山のイチイの笏が献上されることでも有名

位山

くらいやま

巨石群や天の泉など神秘的なパワースポットが点在する霊山

標高	1529m
体力度	▲▲△△△
登山時期	4月～11月
歩行時間	5時間40分
歩行距離	11.5km
標高差	629m

❶道の駅モンデウス飛騨位山にある登山道入口から出発。スキー場のスタートから急登が続くため、リフト終点付近では北アルプスが一望できる。緑が生い茂る山道を進んでいくと、やがて標高１２３３ｍの小ピークに到達。三角点が目印。天の岩戸は位山登山道と巨石群登山道の分岐点にある巨石。３つの岩が組合わさって小さな石室を形成。この岩には古代文字が刻まれ、古来より信仰が行われてきた場所とも言われている。サラサドウダンの群生は山頂の展望広場付近一帯に群生する灌木。春は白色や赤色の花を咲かせ、秋は紅葉が楽しめる。❷天の泉は試飲可能な水場。山頂直下にも関わらず水が湧き出る不思議なスポット。❸位山頂上には展望がないため、記念写真を撮るなら展望広場がオススメ。巨石群登山道は約１.５㎞の道に十数の巨石が祀られている。神秘的な力が感じられる登山道。続く❹ダナ平林道は約５ｋｍの未舗装路。スタート地点の道の駅へと続く。

コースMAP

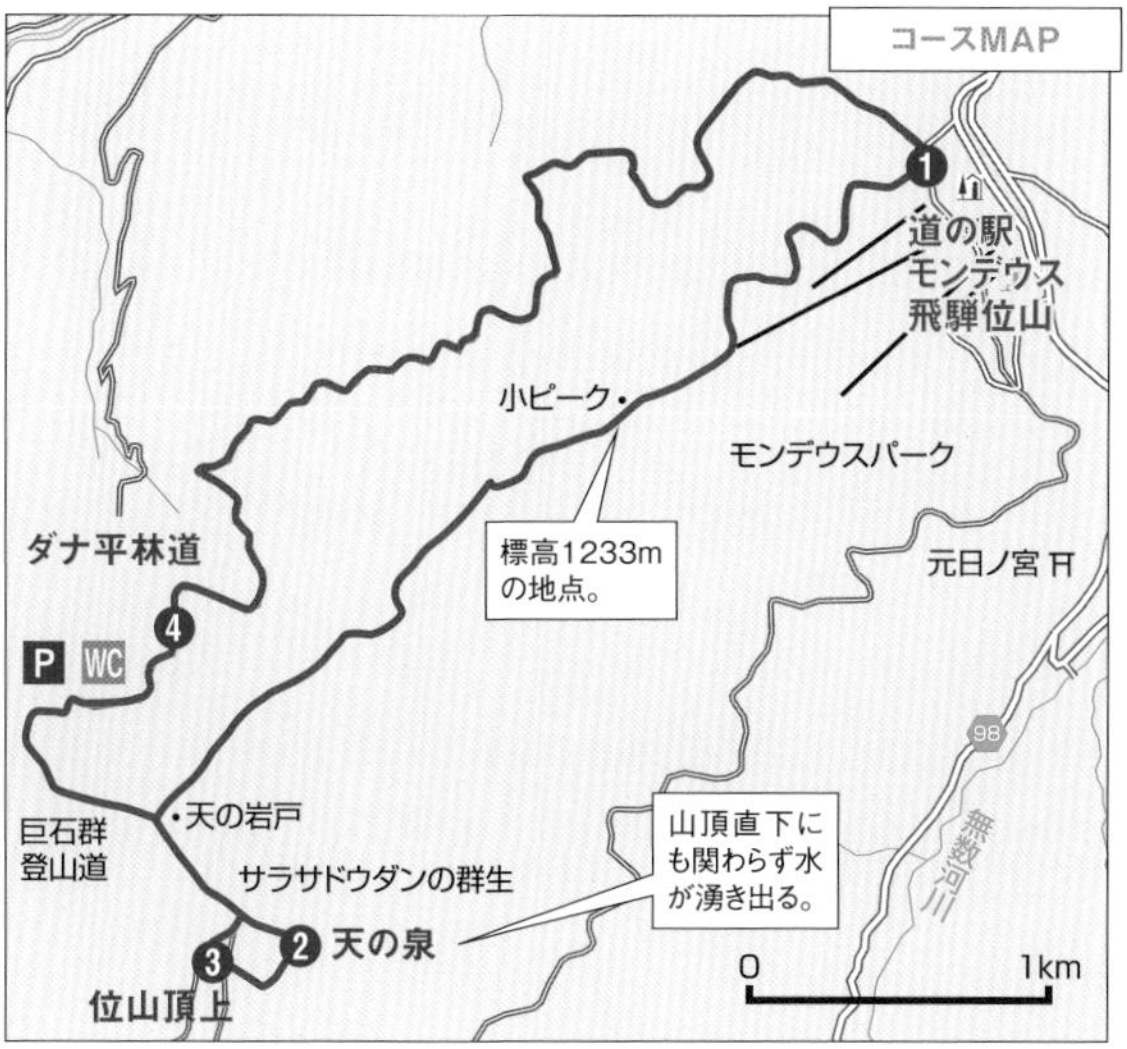
道の駅
モンデウス
飛騨位山
小ピーク・
モンデウスパーク
標高1233m
の地点。
ダナ平林道
元日ノ宮
P WC
98
巨石群
登山道
・天の岩戸
山頂直下に
も関わらず水
が湧き出る。
無数河川
サラサドウダンの群生
天の泉
位山頂上
0
1km

上_巨石群は昭和初期に巨石文化遺構であることが注目され、代表的な天の岩戸は水無神社の奥宮として祀られている。他にも太陽の光を吸収した鏡岩などがある　下_位山登山道では多くの植物や樹木が観察できる。中でも登山道を鮮やかに包み込むサラサドウダンの群生は見もの。5月下旬から6月中旬にかけ一斉に花ひらく

ポイントガイド

❶ 道の駅モンデウス飛騨位山（900m）
― 2時間30分 →
❷ 天の泉
― 10分 →
❸ 位山頂上（1529m）
― 30分 →
❹ ダナ平林道
― 2時間30分 →
❶ 道の駅モンデウス飛騨位山

山データ

【問い合わせ】高山市一之宮支所基盤産業課
【TEL】0577-53-2211
【山の所在地】高山市一之宮町

【アクセス】中部縦貫自動車道高山ICから車で約30分　【駐車場】有（位山登山道入口「道の駅モンデウス飛騨位山」約50台 、巨石群登山道入口に約10台）　【トイレ】有（道の駅モンデウス飛騨位山、巨石群登山道入口、山頂南斜面天の泉付近）

▲ワンポイントアドバイス

スタートから急登が続くのでマイペースで一歩一歩進もう。巨石群登山道は、距離は短いが、急坂で岩場もあるため足元に注意して下山すること

立ち寄りスポット

「飛騨一宮水無神社」の歴史は古く、西暦867年には、神位を授けられ、以来飛騨国一宮として広く信仰を集めています。境内には、推定樹齢800年の県指定天然記念物の大杉や、市指定天然記念物の銀杏の木などを見ることができます。

四季の魅力

オオヤマザクラやバイカオウレン、ムラサキヤシオ、ショウジョウバカマなど一年を通して、花の開花が見られる。

ボランティアの手で環境が整えられている誕生山。頂上には手作りのデッキが整備され、美濃の絶景が心ゆくまで堪能できる

誕生山《たんじょうざん》

ミタラシヒメノミコト誕生の地との伝説が残る神秘的な山

標高
501.5m

体力度
▲▲△△△

登山時期　**通年**
秋の彼岸（中日）より、
11月14日まで入山禁止

歩行時間
約1時間45分

歩行距離
約1.8km（片道）

標高差
約402m

❶ＪＡめぐみの穀類等乾燥調整施設の脇が登山道入口となっている。登山道入口から約30分進んだ関西電力作業用手すりがある辺りから勾配が急になる。巨大な岩を割るように伸びる松の木は、東洞ルートとの分岐点を過ぎた辺りにあり、自然が作り出した不思議で珍しい光景が楽しめる。❷山頂は大きな関西電力の反射板が目印。美濃地方の山々が眼前に広がる。南に伊勢湾、西に伊吹山、北に北アルプス、東に御嶽山、手作りのデッキや立て看板など、整備が行き届き、しっかりとマナーも守られていることが伺える。山頂から東洞ルートで下山していくと6合目付近に❸おみたらしが。ここはかつて山頂にあった誕生神社へ登拝する際の手水所、また修行者の禊所だった。他の登山道としてはＪＡ駐車場から少し戻ったところから登る、西洞ルートがある。このルートは、距離は長いが勾配は緩く、楽に登れる。途中で余裕があれば、天王山の縦走路へ合流し、天王山方面の「宮川源流」に寄り道してみるのもいい。

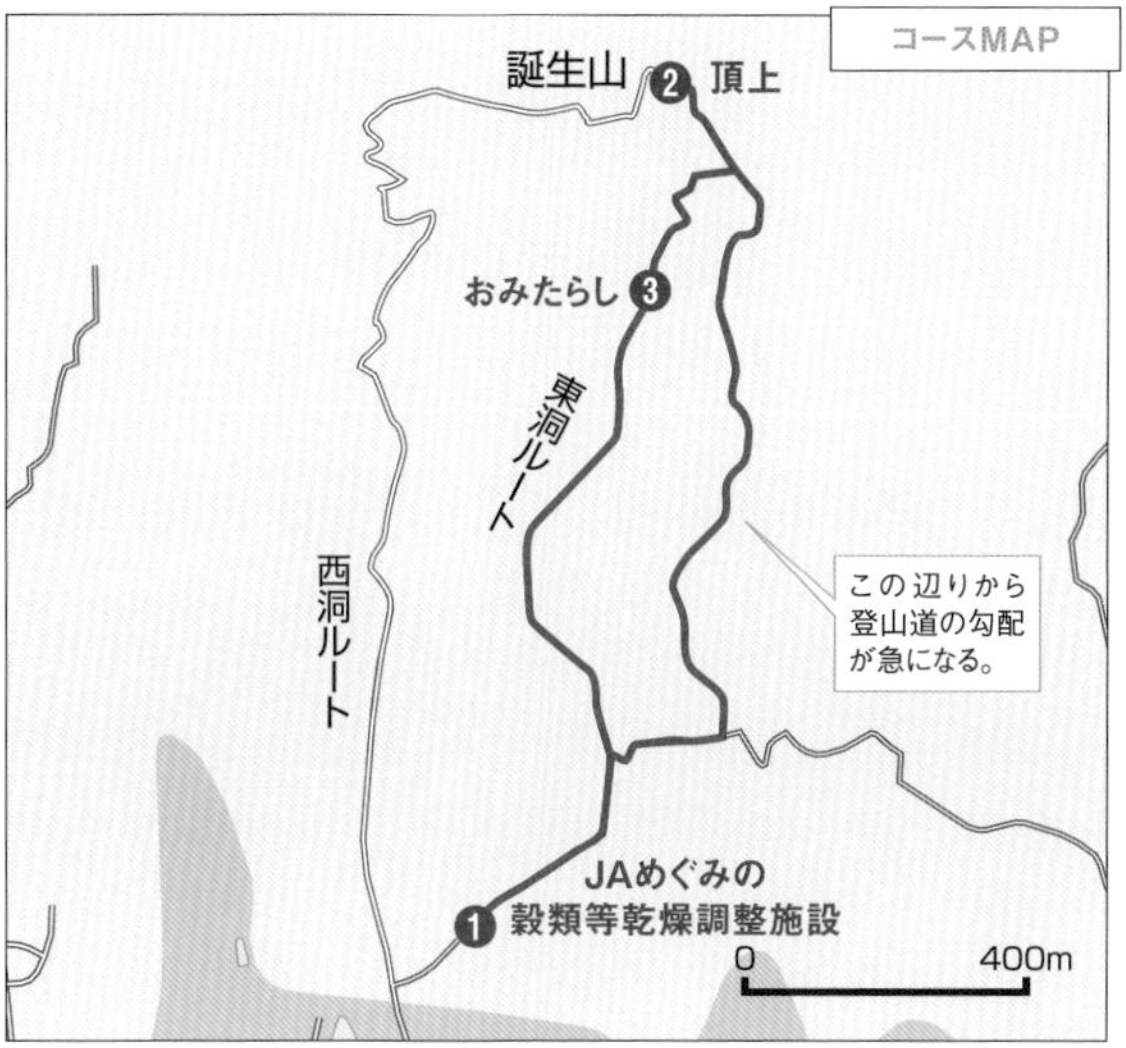
コースMAP
誕生山
頂上
おみたらし
東洞ルート
西洞ルート
この辺りから
登山道の勾配
が急になる。
JAめぐみの
穀類等乾燥調整施設
0
400m

上_天照大神の命で遣わされたアメノワカヒコノミコトのお子、ミタラシヒメノミコトが誕生した際に産湯に使った伝説があり、安産のご利益があるとされている
下_誕生山頂上からは天王山へと縦走可能。その途中には、苔むした岩から雫が滴る宮川源流点や、急なアップダウンが続くハイキングコースとなっている

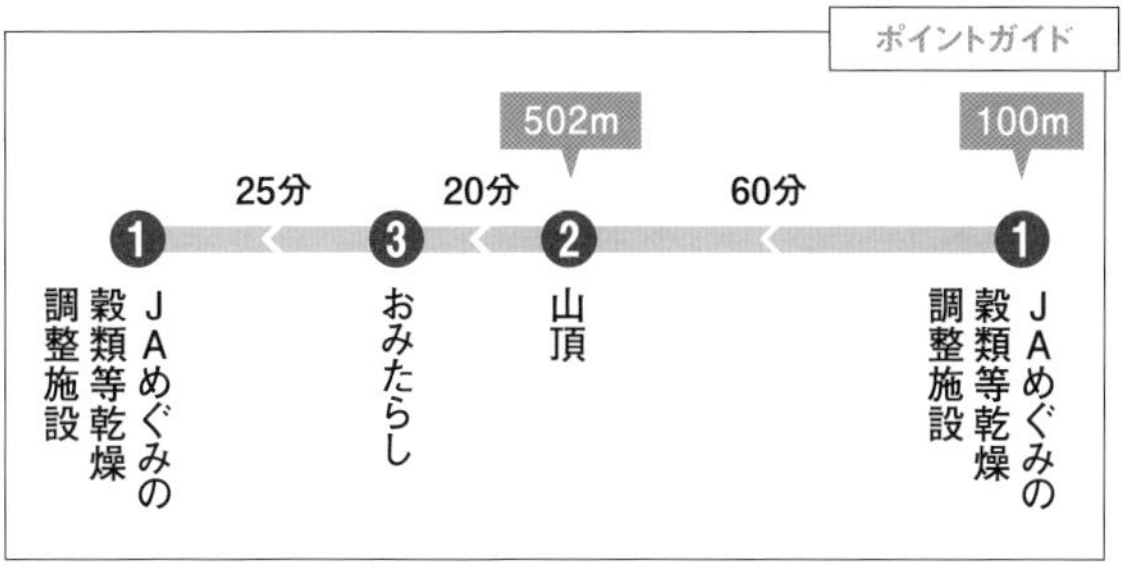
ポイントガイド
100m
502m
60分
20分
25分
JAめぐみの穀類等乾燥調整施設
山頂
おみたらし
JAめぐみの穀類等乾燥調整施設

山データ

【問い合わせ】なし　【TEL】なし
【山の所在地】岐阜県美濃市極楽寺

【アクセス】東海北陸自動車道美濃ICから車で5分
【駐車場】有（JAめぐみの穀類等乾燥調整施設）※操業中の場合は必ず職員にお願いして駐車場所の確認を
【トイレ】なし
※経済活動を伴うツアーは、極楽寺区長の入山許可が必要

▲ワンポイントアドバイス

登山道入口から約5分の所には、杖の置き場がある。途中から急な登り坂となるため、初心者には必須アイテムだ。リスも生息するので、ぜひ探してみよう

立ち寄りスポット

大矢田神社は国指定重要文化財の名刹。精巧な彫刻と色彩加えた本殿は見るものを圧倒する。また境内には約3000本のヤマモミジがあり、岐阜県下有数の紅葉スポットでもある

四季の魅力

3月～5月にはショウジョウバカマ、ヤマザクラ、ツツジ類、ドウダン類が見頃。11月中旬には赤く染まるイロハモミジや黄色に染まるヤマモミジなどの紅葉が楽しめる

可児川下流域自然公園には、県下有数のカタクリ群生地がある。3月下旬～4月上旬になると一斉に花を咲かせ、辺り一面が薄紫色に染まる

鳩吹山《はとぶきやま》

地域住民に親しまれた里山の表情豊かな自然が楽しめる

標高
313.5m

体力度	▲△△△△
登山時期	通年
歩行時間	約1時間（片道）
歩行距離	8km（片道）
標高差	247.5m

可児川下流域自然公園内のカタクリ口から出発。スタート地点付近には❶カタクリ群生地がある。開花の時期には祭りも催され、多くの人々が訪れる。❷小天神休憩舎はカタクリ口から25分ほど登った地点にある東屋。天気の良い日は峻厳な御嶽山が望める。付近には展望案内版や地図が設置されており、初めて訪れる人でも景色が楽しめるように整備されている。❸分岐点があり、右の道を進むと、大きな岩がむき出しの斜面となっている。ちなみに左の道は、山頂への別ルートで、他の登山道へと続く道である。❹山頂は標高313・5ｍ。広場が整備され、標識や三等三角点、ベンチ、テーブルも設置されている。眼下には可児市街や、美濃加茂市街が広がり、両市の間を流れる一級河川・木曽川の壮観な光景が見られる。その他にも東北東～北西方向にかけて、中央アルプスや恵那山、白山、能郷白山などのパノラマが広がる。子ども連れでも気軽に登れるトレッキングコースとして覚えておきたい。

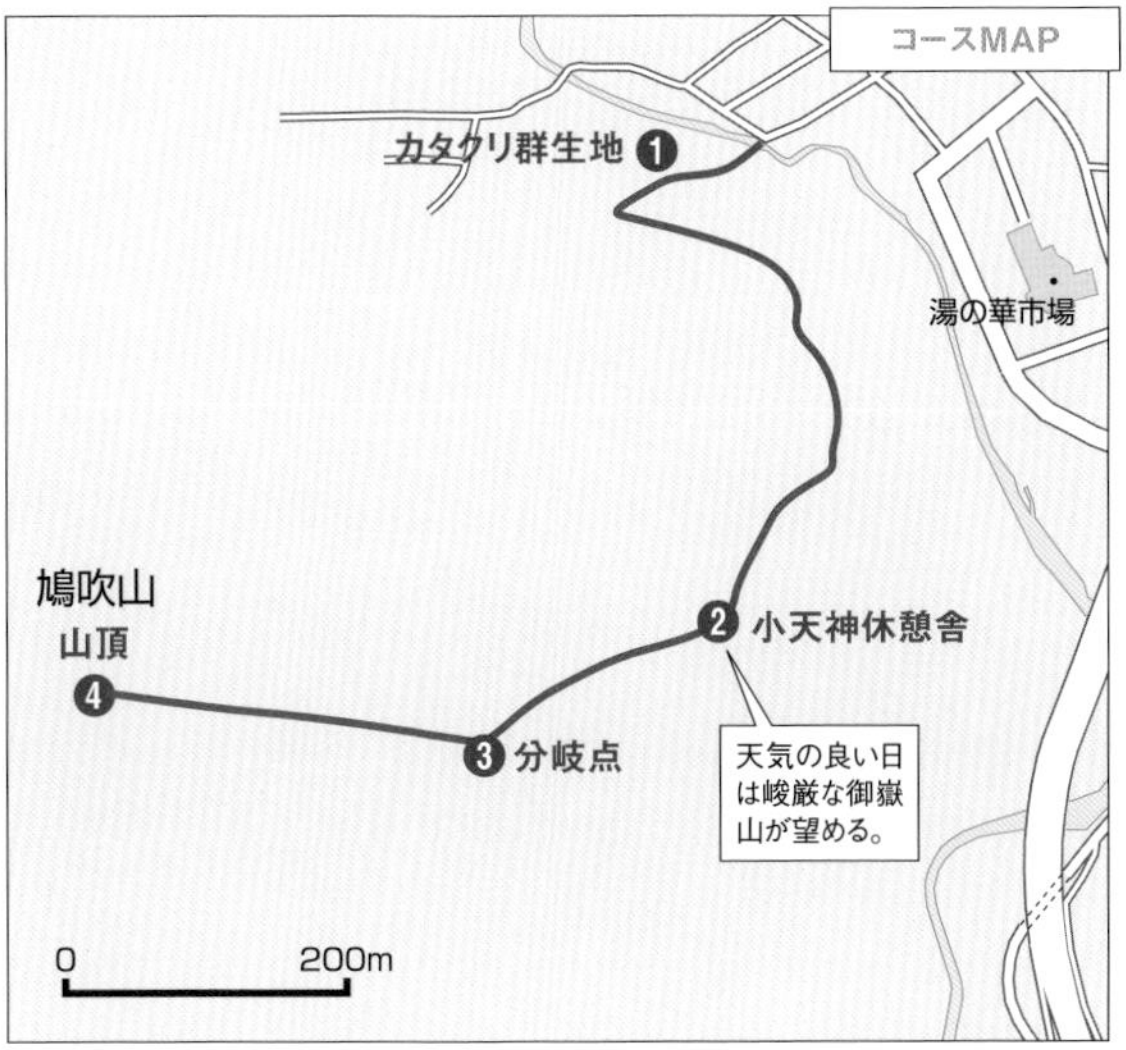
コースMAP
カタクリ群生地 ❶
湯の華市場
鳩吹山
山頂
❹
❷ 小天神休憩舎
❸ 分岐点
天気の良い日は峻厳な御嶽山が望める。
0
200m

上_山頂は美しい日の出が見られることでも有名。元旦になると、初日の出を見に毎年多くの人が訪れ、深夜から明け方にかけて大変な賑わいを見せる　下_山頂広場には大天神休憩舎が設置されている。屋根が設けられているため、雨天時の避難や夏場の陽射し避けに最適。昼食や休憩にも利用したい

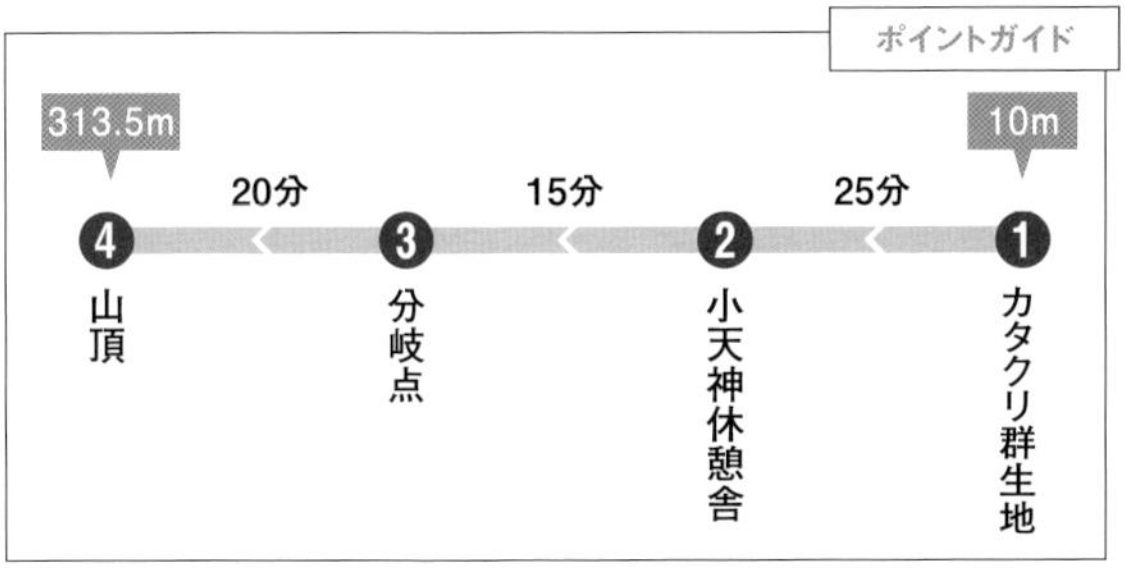
ポイントガイド
313.5m
10m
20分
15分
25分
❹ 山頂
❸ 分岐点
❷ 小天神休憩舎
❶ カタクリ群生地

山データ

【問い合わせ】可児市観光課
【TEL】0574-62-1111（内線2315・2316）
【山の所在地】可児市西帷子地区・土田地区

【アクセス東海環状自動車道美濃加茂ICより車で約12分
【駐車場】有（可児川下流域自然公園駐車場32台）
【トイレ】有（駐車場横）

▲ ワンポイントアドバイス

登山道は非常に整備が行き届き初心者向き。傾斜もゆるく、ハイキング気分で楽しめる。ただし悪天候時や冬場の積雪時に訪れる場合は、防寒具等の対策が必須

立ち寄りスポット

カタクリ口付近にある「Spa Resort 湯の華アイランド」。地下1800mから湧き出す天然温泉や岩盤浴が楽しめる。また新鮮な食材が集まる市場や食堂、バーベキュー広場も併設されている

四季の魅力

春にはカタクリや桜、夏にはコアジサイやヤブラン、バラ科リンゴ属のズミの花が見られる。また秋には麓の自然公園や登山道から望む山肌が紅葉し、里山の豊かな表情が楽しめる

小倉山山頂からの景色

年間約1万人が登る人気の山。濃尾平野が一望できるスポットが複数あり、天気が良ければJR名古屋駅のJRセントラルタワーズも見える

養老山《ようろうやま》・三方山《さんぼうざん》・小倉山《おぐらやま》

周回ルートで養老山地の魅力を存分に満喫

標高
859m（養老山）
体力度
▲▲▲△△
登山時期
通年
歩行時間
4時間30分
歩行距離
約9km
標高差
759m

登山道入口の❶養老公園周辺には名瀑・養老の滝があり、観光客用に駐車場が整備されている。トイレ、登山届けポストも設置されているので、スタート地点には最適。行きのルートは、なだらかな林道が続くアセビ平ルートへ進む。水場やリョウブやコナラ、ツゲの原生林の中を約90分歩くと❷アセビ平に到達。平原が広がる牧場跡で、周辺にはアセビが群生し、春になると可憐な花がいっせいに咲く。❸笹原峠はアセビ平から尾根道を40分ほど進んだ地点で、三方山と小倉山&養老山への分岐路となっている。❹小倉山山頂は樹木が少なく壮観な景色が楽しめるポイント。東屋やベンチが設けられているため、食事スペースとしても利用しやすい。休憩を取るならここがベスト。小倉山頂上を南へ約15分、この登山道のピークとなるのが❺養老山山頂。一等三角点も設置されている。❻三方山山頂は笹原峠の分岐路から約10分の地点。北、東、南の三方向の視界が開け、濃尾平野一帯が見渡せる必見のビュースポットだ。そこから❶養老公園へ戻れる。

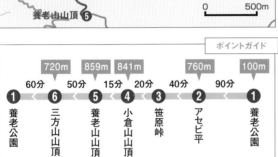

コースMAP

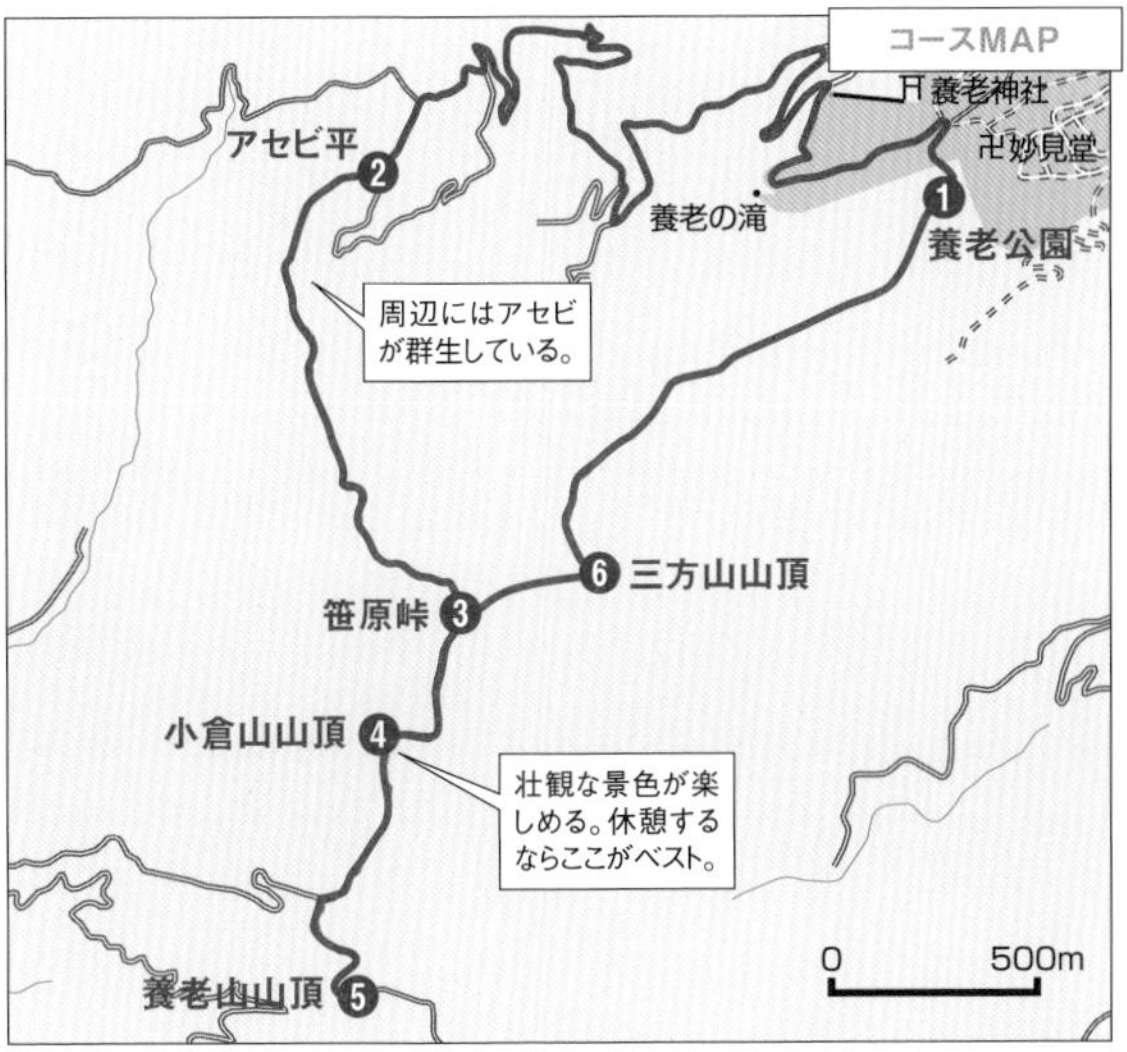
養老神社
妙見堂
養老の滝
養老公園
アセビ平
周辺にはアセビが群生している。
三方山山頂
笹原峠
小倉山山頂
壮観な景色が楽しめる。休憩するならここがベスト。
養老山山頂
0
500m

ポイントガイド

1		6		5		4		3		2		1
養老公園	60分	三方山山頂 720m	50分	養老山山頂 859m	15分	小倉山山頂 841m	20分	笹原峠	40分	アセビ平 760m	90分	養老公園 100m

三方山頂上

上_登山者のレベルによっては三方山ルートから進むのも良い。渡渉ポイントやつづら折りに登る急峻な斜面など、自然の醍醐味がより味わえる　下_小倉山頂上からは、西側にそびえる鈴鹿山脈が見える。さらにその先には琵琶湖や比良山地も望め、深山の幽玄な景色が楽しめる

山データ

【問い合わせ】養老町観光協会
http://www.kanko-yoro.jp/
【TEL】0584-32-1108
【山の所在地】岐阜県養老町

【アクセス】東海環状自動車道養老ICより車で15分
【駐車場】有（養老の滝駐車場80台）
【トイレ】有（養老の滝駐車場）

▲ワンポイントアドバイス

1000mに満たない山ではあるが、過去には滑落や遭難事故も起こっているため、登山届けを必ず提出し、装備を整えてから入山すること

立ち寄りスポット

高さ30メートル、幅4メートルを誇る養老の滝。周辺には名水百選指定の菊水泉や、この地方と滋賀北東部のみに自然分布するハリヨが生息する不老ヶ池もある

四季の魅力

秋には毎年多くの人が訪れる人気の紅葉スポット。夏に見られるキキョウのほか、冬にはカンアオイ、キランソウなどの花も見られ、年間を通して草花が楽しめる。また月ごとに咲く花を紹介した花暦もある

板取の名峰といわれる蕪山は、株杉によって神秘の世界を生みだし、訪れる人を魅了する

蕪山《かぶらやま》

圧倒的な存在感を誇る株杉をかいくぐりながら進む低山登山

標高	1069m
体力度	▲▲△△△
登山時期	通年
歩行時間	約3時間50分（往路150分、復路80分）
歩行距離	4km
標高差	700m

蕪山といえば株杉で有名。樹齢５００年ほどの株から何本もの幹が立ち上がる姿は実に見事で、幽玄な世界が味わえる。登山道はしっかりしていて道標もあり、迷わず登山することが可能。❶21世紀の森駐車場を拠点にスタートし、登山口へと入る。舗装された林道を進んでいくと野鳥の看板があり、そこから❷株杉の森に入る。すぐに巨大な杉のお出迎えを受けるが、道に張られたロープから出ないよう注意しながら進もう。❸登山道分岐では株杉遊歩道から右へ分岐して登山道に入る。尾根へ出るまで急な坂道が続くが、しだいに緩やかになる。自然観察道分岐を右に進むと針葉樹林から広葉樹林に変わり、何カ所かのアップダウンを越えて❹山頂へ。山頂には蕪山山頂と書いた標柱がある。山頂周辺は草木が切り払ってあり、３６０度見晴らせる。近くの高賀山や滝波山から、白山、御嶽山、乗鞍岳や北・中央・南アルプスの山々をはじめ、名古屋の市街地も見通せる。下山は来た道を戻る。自然観察道分岐で右へ進んでもよい。旧登山道は荒れているので注意。

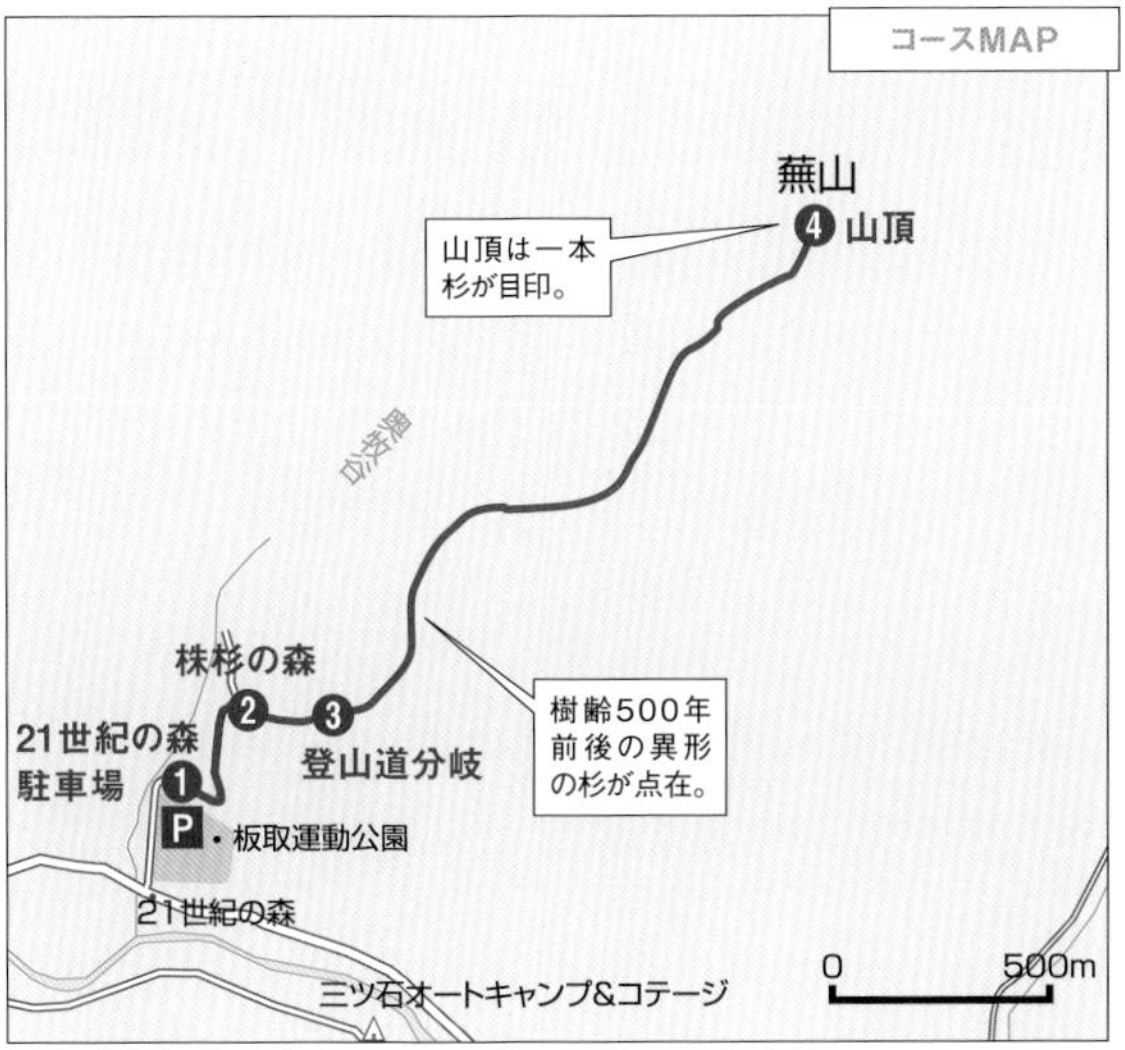
コースMAP
燕山
4 山頂
山頂は一本
杉が目印。
株杉の森
2
3
21世紀の森
駐車場
1
登山道分岐
樹齢500年
前後の異形
の杉が点在。
P・板取運動公園
21世紀の森
三ツ石オートキャンプ&コテージ
0
500m

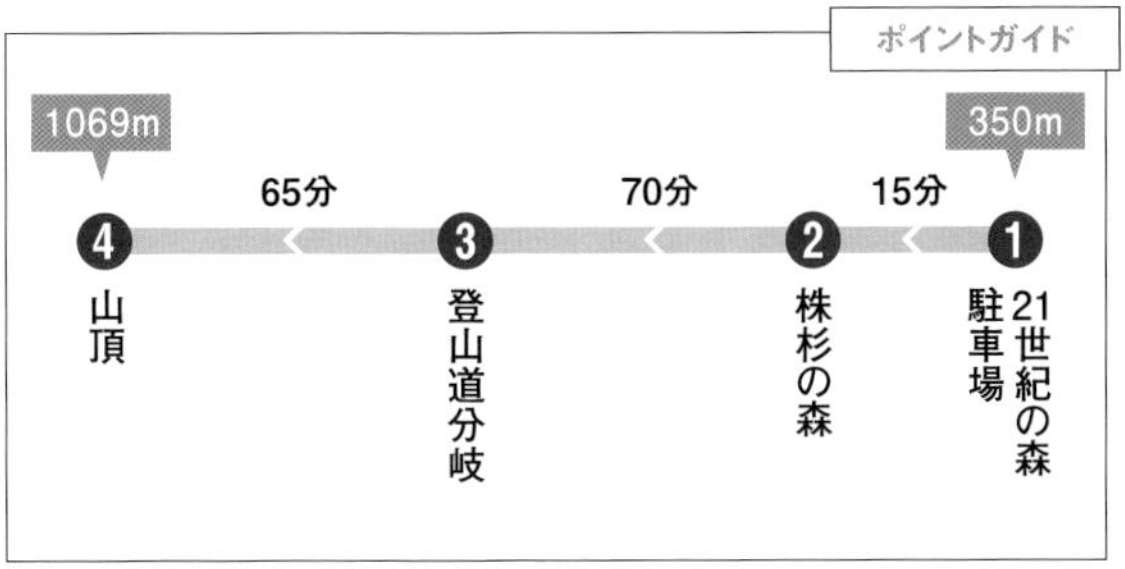
ポイントガイド
1069m
350m
65分
70分
15分
4 山頂
3 登山道分岐
2 株杉の森
1 21世紀の森駐車場

株杉見学路→
燕山登山道→

上_いくつもの株杉が点在し、燕山の象徴として現在も見事な姿で立ち上がっている　下_登山道入口には道標があります。

山データ

【問い合わせ】関市役所　板取事務所
【TEL】0581-57-2111
【山の所在地】岐阜県関市板取

【アクセス】東海北陸道 郡上八幡ICから約30分
【駐車場】有(21世紀の森公園駐車場)
【トイレ】有

▲ワンポイントアドバイス

見事な株杉が点在するが、なかにはロープが張られている箇所もある。記念撮影は可能だが、ロープの中に立ち入らないように注意しよう

立ち寄りスポット

付近には、ぬるっとした湯触りが特徴の板取川温泉がある。21世紀の森駐車場から5キロ程度で、レストランや土産売り場もあるので、ぜひ立ち寄ってみよう

四季の魅力

春にはヤマザクラやタムシバ、アセビ、ツツジなどの樹木の花、カタクリやイワウチワの群生が楽しめる。初夏の新緑、夏の爽やかな風、秋の紅葉、冬の雪景色など四季折々の景観があり、季節ごとの野鳥も観察できる

チシマザサが広がる美しい山頂からは、威風堂々たる御嶽山が目の前に望め、周囲には雄大な飛騨の山々の360°パノラマが広がる

白草山《しらくさやま》

下呂温泉街からのんびりと登山。名瀑や奇岩など見所も豊富

標高
1,641m

体力度
▲▲▲△△

登山時期
通年

歩行時間
2時間（片道）

歩行距離
4.4km（片道）

標高差
661m

風情ある下呂温泉街の町並みを通り抜けると、白草山へと続く林道へと至る。❶黒谷林道入口は一般車の通行を禁止するゲートが目印。付近には約7～8台駐車可能なスペースが設けられている。山頂までの所要時間や標高などが書かれた案内版があるので初心者でも安心して出発できる。緩やかな登りが続く林道の終点にあるのが❷登山道入口。細流をまたぐと登山道へと入り、途中、岩石が転がる斜面を登る。つづら折りに斜面を登ると❸尾根に出る。その道を進むと右手にはチシマザサが草原のように一帯に生え揃う白草山の山頂が見えてくる。❹三ツ岩は尾根道を進んだ先にある奇岩。枯れ木に囲まれるようにして大きな岩が三つ積み重ねられた摩訶不思議な姿をしている。標高1669mの箱岩山への❺分岐点には小さな湿地がありミズバショウが群生している。❻山頂は広く平らな地形で全方位の眺望が良好。御嶽山や北アルプス、遠く西には中央アルプスの山並みまで望める。

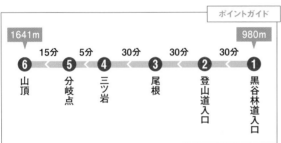

コースMAP

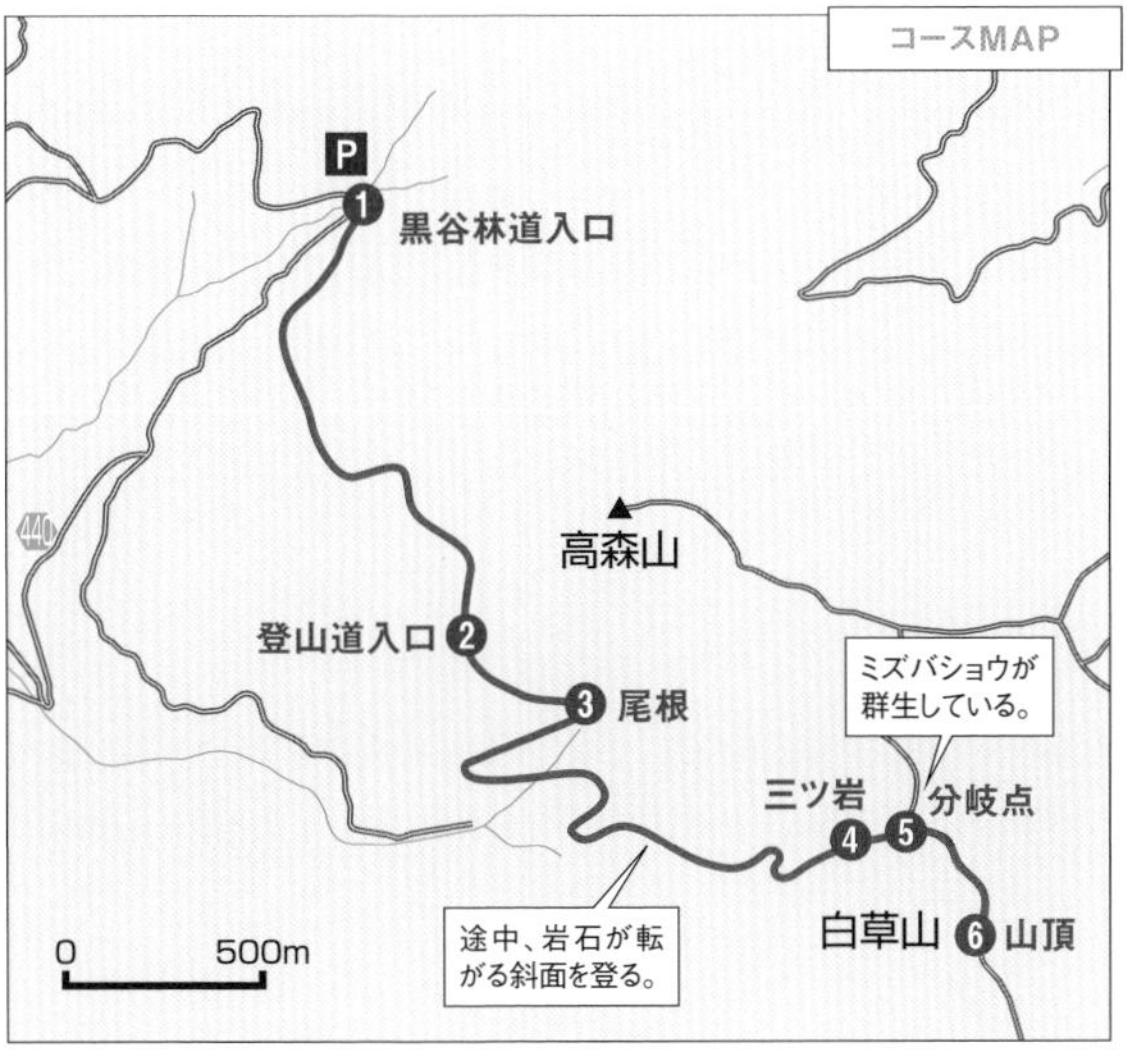
P
1 黒谷林道入口
440
高森山
登山道入口 2
3 尾根
ミズバショウが群生している。
三ツ岩
分岐点
4
5
白草山 6 山頂
途中、岩石が転がる斜面を登る。
0
500m

ポイントガイド

1641m										980m
6	15分	5	5分	4	30分	3	30分	2	30分	1
山頂		分岐点		三ツ岩		尾根		登山道入口		黒谷林道入口

上_異様な雰囲気を醸す三ツ岩。どのようにしてこのような姿形になったかは不明。かつては地域住民の信仰対象にもなっており、巨石文明の名残という見解も　下_ミズバショウの群生する分岐点を左へ進めば、登山道のピークである箱岩山頂上へ到着する

山データ

【問い合わせ】下呂市観光課
【TEL】0576-24-2222
【山の所在地】岐阜県下呂市乗政

【アクセス】JR下呂駅から車で40分
【駐車場】有（約7～8台。黒谷林道ゲート付近）
【トイレ】なし

▲ ワンポイントアドバイス

一年を通し季節折々の自然が楽しめる登山道。道中は比較的整備が行き届いているが、冬季に訪れる際は積雪があるため、アイゼンやヘルメット等の装備は必須

立ち寄りスポット

黒谷林道入口付近には、岐阜県名水50選の名瀑・乗政大滝がある。周辺の山々から流れ出る豊富な水量と約21メートルもの落差が魅力。この滝水はワサビ作りにも利用されている

四季の魅力

鮮やかな紅葉のトンネルを進む林道や、登山道沿いに真っ赤に染まるドウダンツツジ、また黄色や橙に淡く色づくカエデやなど、10月中旬ころから山全体が極彩色に彩られる

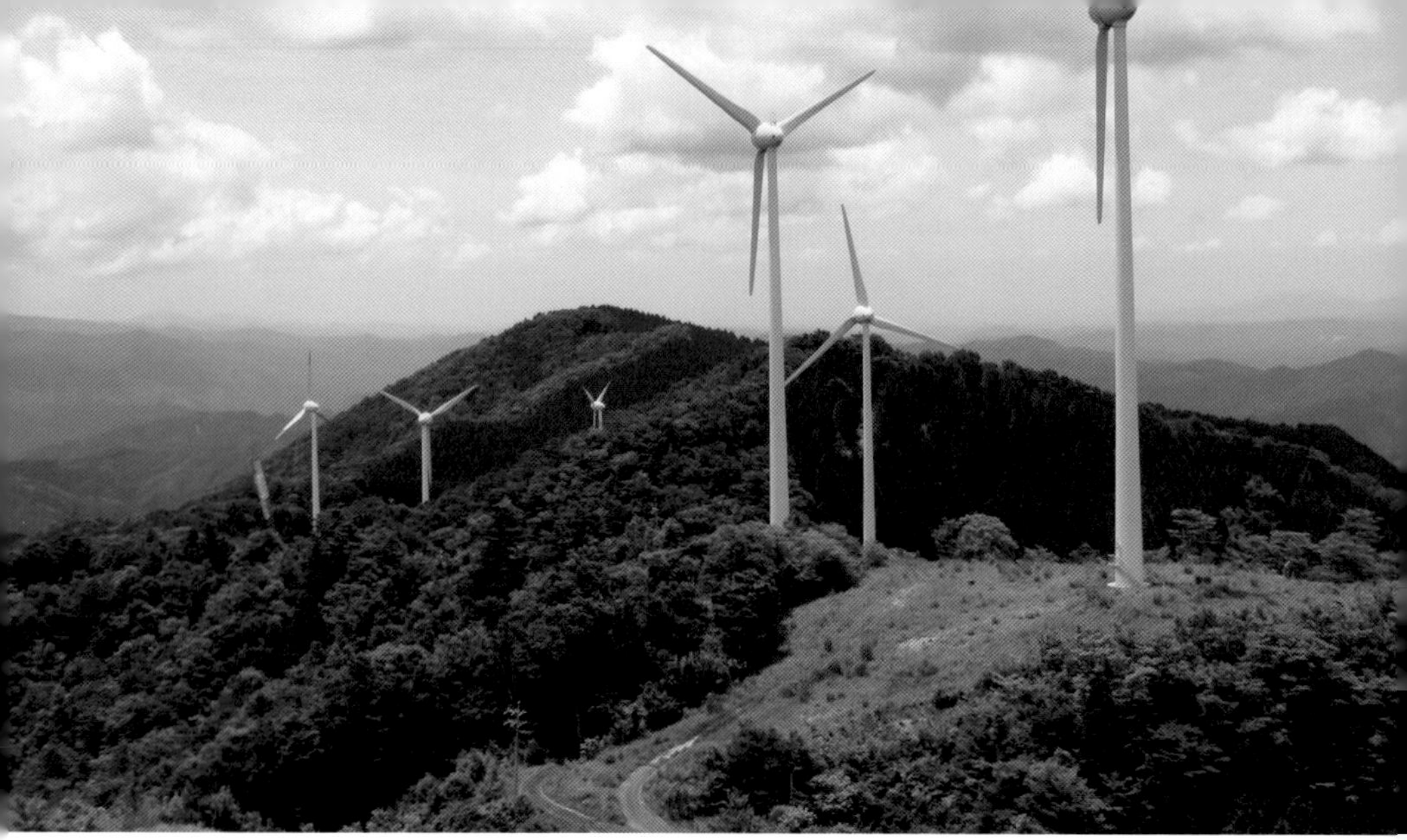

巨大な風車が風を受けて回り、その麓には牛がのびのびと過ごし草を喰む。そんな高原ののどかな風景が山頂の先に広がっている

大船山

おおぶねさん

長い年月をかけて大船山が生み出した歴史深い名所の宝庫

標高
1159m

体力度
▲▲▲△△

登山時期
6〜11月

歩行時間
約3時間（片道）

歩行距離
約4km（片道）

標高差
約700m

スタート地点は東美濃農協上村支店奥にある大船神社参道。鳥居が目印。❶松並木登り口は参道の入口。その参道には樹齢２００年の老松がおよそ３００本立ち並ぶ❷松並木が続く。昭和34年には岐阜県の天然記念物に指定され、昭和58年には日本名松百選に選出されている。❸大船神社は約千年前に真言密教の修験者達の信仰の拠点として建立された神社。本殿の正面上部や脇障子などに残る彫刻は、幕末の名工・立川流の三代目の作品で、昭和37年に岐阜県重要文化財に指定されている。❹山頂は標高１１５９m。東側の斜面が切り開かれており、上矢作風力発電所の風車や恵那山が望める。❺かみやはぎ風の森は大船牧場に建設された岐阜県下初の風力発電所。敷地内にある13基の風車が風を受けて大きな羽根をゆっくり回す光景には圧倒される。敷地内にある❻展望台周囲は全方位の視界が開け、東濃地方の山々が見渡せる絶景ポイントだ。

コースMAP

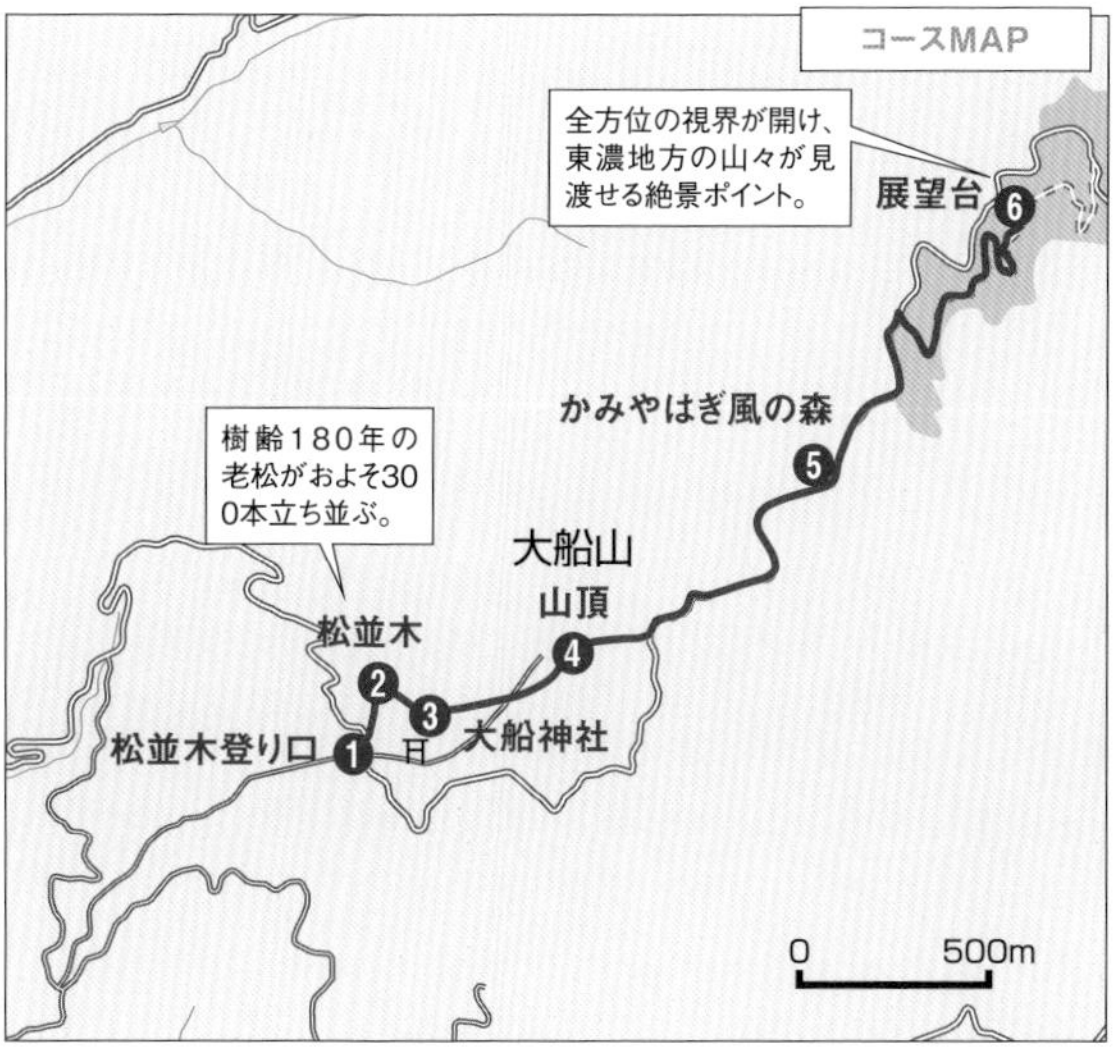

大船神社の境内にある弁慶杉。樹齢は2500年とも言われ、幹周は10mを超す。岐阜県下で2番目に大きな巨木で、弁慶が植えたという伝説が残されている。また、参道の途中では平たい形が特徴的なまむし岩を見ることができる。その昔、悪さをした鬼龍という人物を呪文でこの岩に永久に閉じ込めたという伝説がある

ポイントガイド

1 松並木登り口（459m）→ 20分 → 2 松並木 → 40分 → 3 大船神社 → 60分 → 4 山頂（1159m）→ 30分 → 5 かみやはぎ風の森 → 30分 → 6 展望台

山データ

【問い合わせ】上矢作コミュニティセンター（上矢作振興事務所）
【TEL】0573-26-6864
【山の所在地】岐阜県恵那市上矢作町1307番地1

【アクセス】中央自動車道恵那ICより車で40分
【駐車場】有（20台）
【トイレ】有（大船神社境内、バイオトイレを設置）

▲ワンポイントアドバイス

大船神社には駐車場が整備されており、車でも訪れることも可能。参道を登り切る自信がない人でも山頂や風の森の展望台まで気軽に到達できる

立ち寄りスポット

「道の駅上矢作ラ・フォーレ福寿の里」は国道257号沿いにあり、恵那市の東側玄関口に位置します。駅では、地もの野菜や山菜の販売をはじめ、地ものの食材を中心としたお食事も提供しています。問0573-48-3366

四季の魅力

初夏の鮮やかな新緑や種々様々な草花が楽しめる。特に大船神社の参道の松並木は、夏の熱い日差しを除けて木陰を作り、参道に涼しい風をもたらす。避暑に訪れるにも最適だ

岐阜県中津川市と長野県下伊那郡阿智村にまたがる中央アルプスの南端、恵那山系にある高原。日本100名山の恵那山へ徒歩で縦走も可能

富士見台高原《ふじみだいこうげん》

北、南、中央アルプスが望める360°パノラマの絶景

標高	1739m
体力度	▲▲△△△
登山時期	5月~11月
歩行時間	2時間35分（片道）
歩行距離	7.4km（片道）
標高差	619m

岐阜県側の登山道が出発点。❶強清水登山口にはトイレや駐車場が整備されているのでスタート地点としても最適。登山届けポストもあるので安心して登山ができる。豊富な湧き水が見所でもある。❷神坂大檜広場は登山口から約40分の地点。駐車場とトイレも設けられ、付近には樹齢推定1000年の檜の大木が自生している。❸水またぎ登山口は、神坂大檜広場から約30分で到達可能。こちらも駐車場があり、6月頃、白い可憐な花を咲かせるオオヤマレンゲが見られる。中津川市内ではここを含む3カ所でしか自生していない珍しい樹木だ。❹神坂峠は本州内陸を貫く東山道一の難所として知られる峠。頂上からは古代祭祀で使用された土師器や勾玉などが出土した遺跡になっている。❺萬岳荘は平成18年に環境省が「星が最も輝いて見える場所第一位」に認定した長野県阿智村にある山小屋。❻山頂の大部分がクマザサに覆われ、7月にはササユリが見頃を迎える。360度の絶景は感動必至。

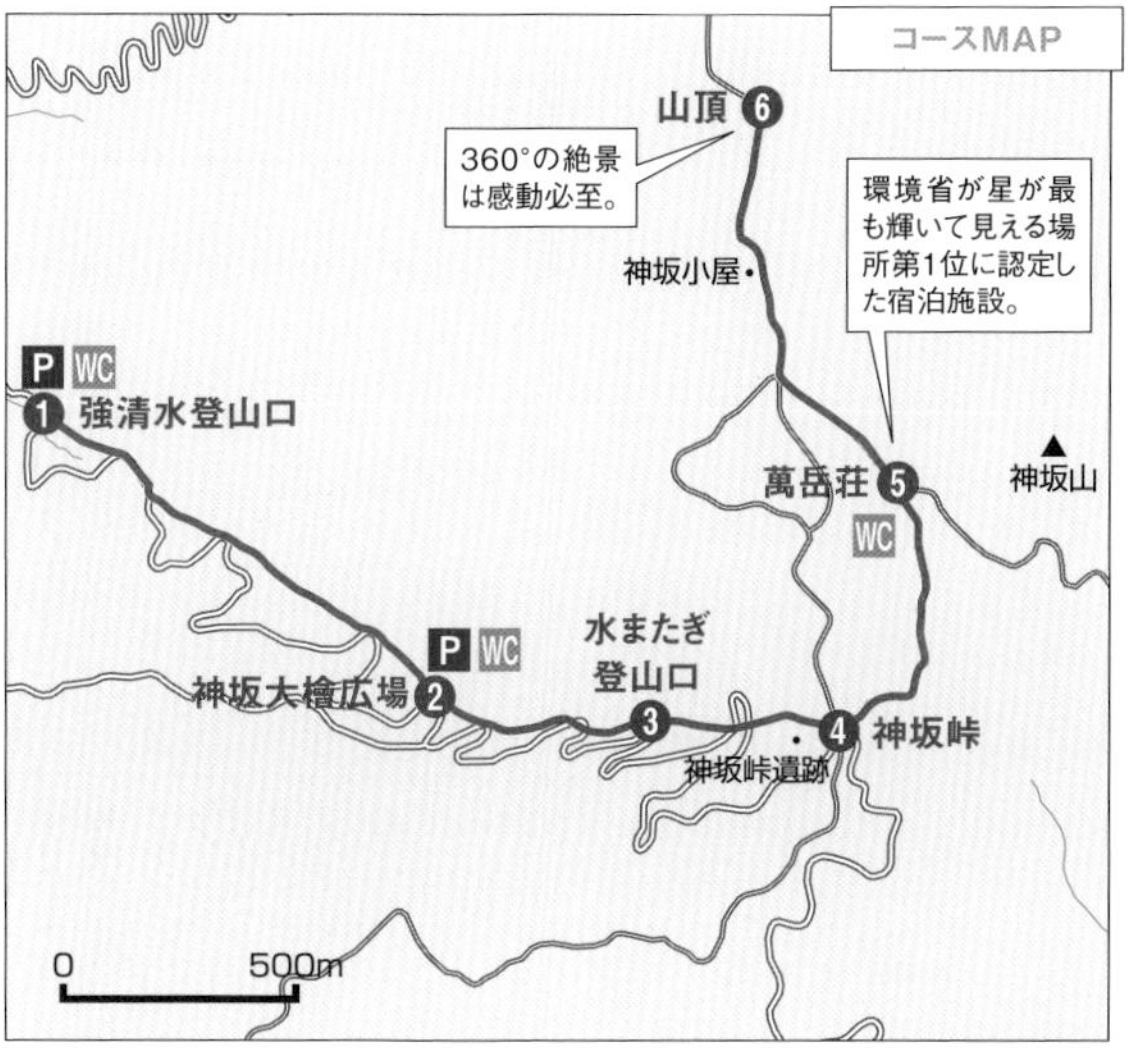
コースMAP
山頂 6
360°の絶景
は感動必至。
環境省が星が最
も輝いて見える場
所第1位に認定し
た宿泊施設。
神坂小屋・
P WC
1 強清水登山口
萬岳荘 5
WC
神坂山
P WC
水またぎ
登山口
神坂大檜広場 2
3
4 神坂峠
神坂峠遺跡
0
500m

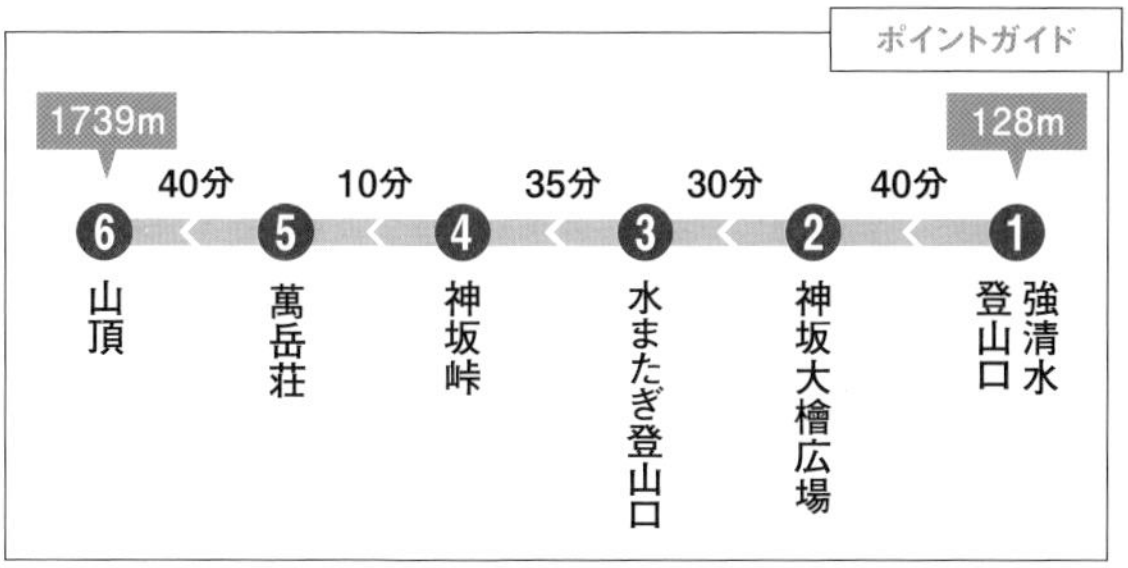
ポイントガイド
1739m
128m
40分
10分
35分
30分
40分
6 山頂
5 萬岳荘
4 神坂峠
3 水またぎ登山口
2 神坂大檜広場
1 強清水登山口

上_峻厳な斜面に自生していたため、平成9年まで人目に触れなかった檜の巨木。樹高は25m、幹周りは7.22m。幾星霜を経た風格を感じずにはいられない下_富士見台高原と恵那山の鞍部にあたる神坂峠。交通の難所であったことから、日本書紀や万葉集などの古典文学に登場し、荒ぶる神がいる峠だと信じられていた

山データ

【問い合わせ】
岐阜県側0573-62-2277(中津川市観光センター)、長野県側0265-43-2220(阿智村役場)
【山の所在地】長野県下伊那郡阿智村智里

【アクセス】中央道中津川ICから車で約1時間30分
【駐車場】有(強清水登山口5〜6台、神坂大檜広場約50台、水またぎ登山口約20台)
【トイレ】有(強清水登山口、神坂大檜広場、萬岳荘)道中はなし

▲ ワンポイントアドバイス

「萬岳荘」までは車で通行できるため、登山者のレベルに合わせてスタート地点を選択できる点が嬉しい。但し積雪時は道が通行止めになっている場合もあり

立ち寄りスポット

富士見台高原山頂へ行く途中にある宿泊施設「萬岳荘」。開荘期間は4月下旬〜11月中旬予定で宿泊室は5部屋、宿泊可能人数は45名まで。管理人がいる場合は、コーヒーや紅茶、軽食などを販売している

四季の魅力

10月上旬から紅葉が始まる富士見台高原。最盛期には山肌一面が赤や黄や橙に色づく。この時期の早朝に訪れれば、幽玄な雲海が広がる神秘的な光景を見ることができるかも

乗鞍岳は剣ヶ峰を主峰とする山々の総称。日本百名山にも選定され、標高は日本で19番目に高い山となっている

剣ヶ峰《けんがみね》（乗鞍岳剣ヶ峰）

北アルプスの絶景を望みながら最高峰を歩く

標高	3026m
体力度	▲▲▲△△
登山時期	通年
歩行時間	畳平より 2時間10分（片道）
歩行距離	5.4km（片道）
標高差	324m

23の峰と7つの湖、そして8つの平原で形成されている乗鞍岳。なかでも剣ケ峰は最高峰で標高も高く、景観を楽しみながら登山ができる。登頂までいくつもの看板があり、道もよく整備されているため迷うことは少なく初心者でも挑戦できる。出発点となる❶乗鞍バスターミナルは標高が日本一高いターミナルとしても有名。このターミナルを起点に登山道入口へ進んでいく。入口から絶景が広がっているため、壮大な景観を望みながら進むことができる。恵比須岳や魔王岳などを背に❷富士見岳へ。西側には不消ヶ池（きえずがいけ）や万年雪があり、シーズンを通して残雪が眺望できる。ここから❸肩の小屋までは幅広い道のりを進む。小屋の前にはベンチなどの休憩スペースがあり、乗鞍観測所を見ることができる。御嶽山や白山、八ヶ岳などの眺望を楽しみながら朝日岳や蚕玉岳を越えて剣ケ峰へ。❹山頂からは火口湖や北アルプスなどの絶景を見渡すことができ、山頂直下には頂上小屋もある。下山は来た道を戻る。

コースMAP

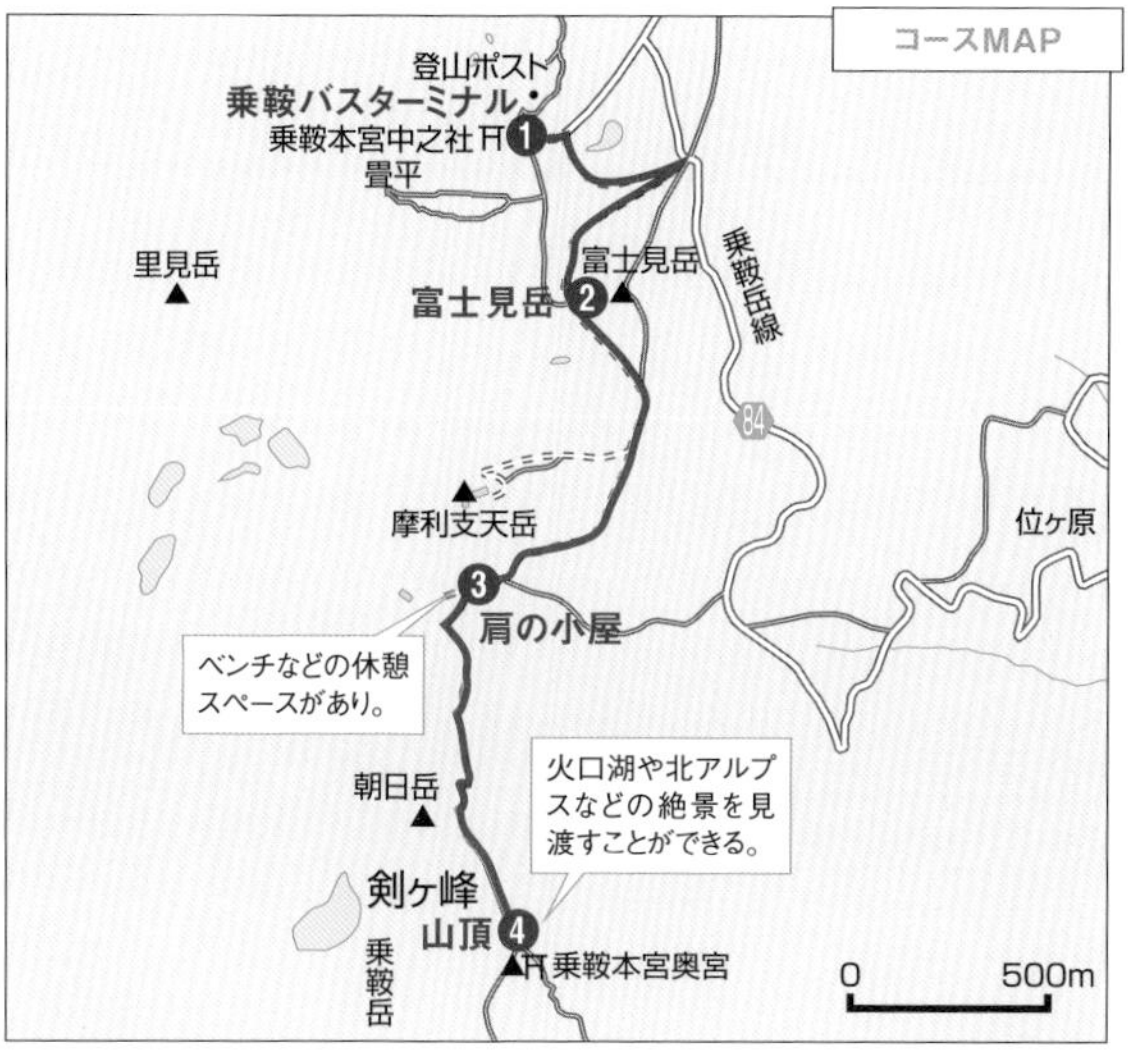
登山ポスト
乗鞍バスターミナル
乗鞍本宮中之社
1
畳平
里見岳
富士見岳
富士見岳
2
乗鞍岳線
84
摩利支天岳
位ヶ原
3
肩の小屋
ベンチなどの休憩スペースがあり。
朝日岳
火口湖や北アルプスなどの絶景を見渡すことができる。
剣ヶ峰
山頂
4
乗鞍本宮奥宮
乗鞍岳
0
500m

ポイントガイド

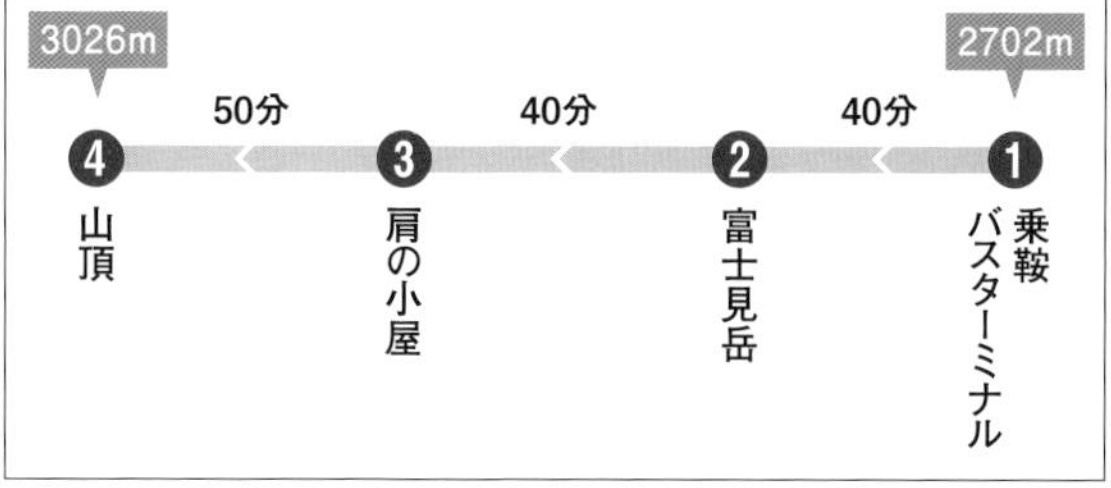
3026m
2702m
50分
40分
40分
4 山頂
3 肩の小屋
2 富士見岳
1 乗鞍バスターミナル

上_時間に余裕がある場合はぜひ大黒岳へ。雄大な山間を通る乗鞍スカイラインも見ることができる　下_頂上小屋では、乗鞍岳のオリジナルグッズを購入することができる

山データ

【問い合わせ】乗鞍自然環境案内所
【TEL】090-8671-3191
【山の所在地】岐阜県高山市長野県松本市

【アクセス】岐阜県側から「平湯温泉～乗鞍（畳平）」シャトルバスで約60分、ほおのき平よりバスで45分。長野県側から「乗鞍高原観光センター前～乗鞍山頂（畳平）」シャトルバスで約50分
※環境保護の理由により、乗鞍スカイライン、乗鞍エコーラインともにマイカー規制を実施
【駐車場】有（ほおのき平のみ1500台無料）
【トイレ】有（畳平バスターミナル、肩の小屋、銀嶺荘）※いずれも有料　肩の小屋200円、銀嶺荘100円、畳平2カ所は無料

▲ワンポイントアドバイス

乗鞍岳は活火山のため、2020年から剣ヶ峰へ登る際は登山届の提出が義務化された。バスターミナル前登山ポストなどに提出しよう。

立ち寄りスポット

魔王岳までは乗鞍バスターミナルから片道約15分の道のりなので、余裕がある場合は足を伸ばしてみよう。また、乗鞍バスターミナルを背に雷鳥の石碑を右折すると1周約30分で回れるお花畑がある

四季の魅力

高山植物の女王とよばれるコマクサの群生が至るところで見られるほか、イワギキョウやシロツメクサなどが顔を出す。残雪期の登山では、緑の大自然に残る雪もここならではの景色だ

多度山は標高403mと小さな子どもからお年よりでもチャレンジできる低山

多度山

たどさん（たどやま）

初心者でもトライしやすい整備された登山コース

標高
402.74m

体力度
▲▲△△△

登山時期
通年

歩行時間
約2時間

歩行距離
約6.5km

標高差
330m

信仰の山として古くから親しまれてきた多度山。1500余年の歴史を誇る❶多度大社から山頂を目指すには、往路は緩やかで舗装された「眺望満喫コース」、復路は急勾配で未舗装の山道が続く「健脚コース」を歩くのがおすすめだ。眺望満喫コースのルート上には4つの見晴台がある。標高に合わせて表情が異なる景色を楽しみながら頂上を目指そう。❹山頂には❺多度山上公園があり、展望台からは乗鞍岳、御嶽山や木曽駒ケ岳、木曽・長良・揖斐の木曽三川、広大な濃尾平野や知多半島など雄大なパノラマが一望できる。空気が澄んでいれば遥かに名古屋市内の高層ビル群が見えることも。また、春にはソメイヨシノやヤマザクラが咲き誇り、お花見登山を楽しむ人で賑わいをみせる。健脚コースは❷愛宕神社から山頂の多度山上公園まで1680mの最短コース。山頂から5合目までは比較的緩やかだが、そこから麓までは急勾配の山道が続く。足に自信がある人向けのコースになっている。

コースMAP
山頂からは素晴らしい景色が眺められる。
多度山上公園
多度山
WC
山頂
眺望満喫コース
くねくね曲がる山道が続く。
NTN
健脚コース
第1見晴台
P
空念寺
あやめ病院
愛宕神社
法雲寺
多度大社
P
WC
多度川
中小
多度駅
0
500m
Family
P

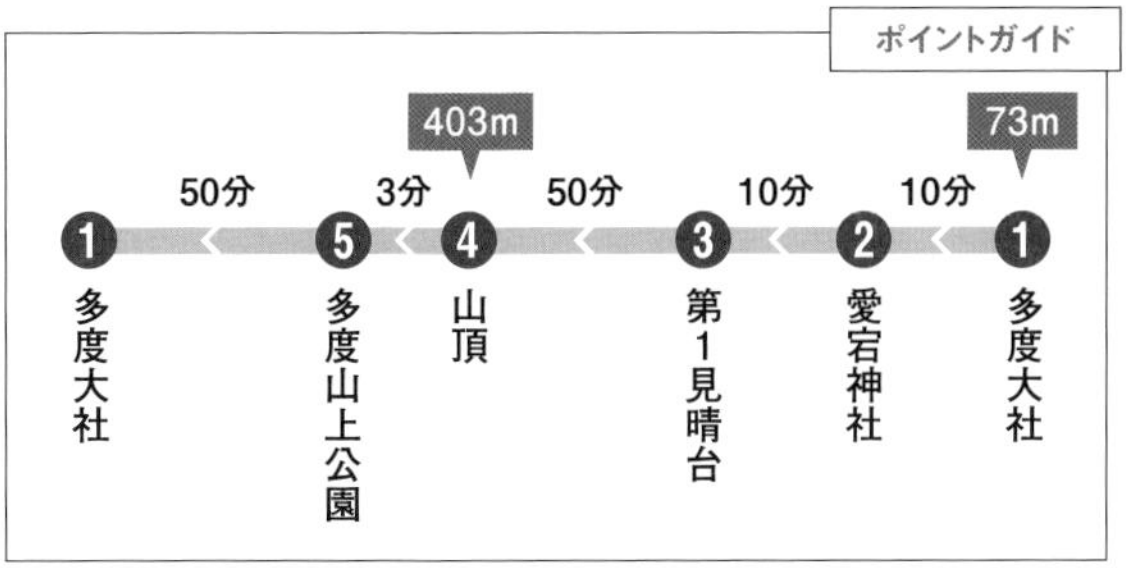
ポイントガイド
403m
73m
50分
3分
50分
10分
10分
1 多度大社
5 多度山上公園
4 山頂
3 第1見晴台
2 愛宕神社
1 多度大社

上_多度山上の三角点。多度山上公園のすぐ脇に設置されている　下_多度山から眼下に広がるパノラマの光景。手前にはパッチワークのような農地が広がり、遥かかなたに名古屋駅の2つのJRタワービルが見えている。さらに中央アルプスの山並みや濃尾平野、伊勢湾など、さまざまな見どころが一望できる

山データ

【問い合わせ】多度町観光協会
【TEL】0594-48-2702
【山の所在地】三重県桑名市多度町柚井

【アクセス】桑名東ICより北西へ約15分
【駐車場】有（ポケットパーク、70台）
【トイレ】有（ポケットパーク）

▲ ワンポイントアドバイス

「眺望満喫コース」だけならスニーカーでも問題ないが、岩場が多い「健脚コース」を歩くならトレッキングシューズが望ましい。自然豊かな林道と渓谷沿いの「瀬音の森コース」もおすすめ

立ち寄りスポット

山頂にある「多度山上公園」。芝生の広場には木製のベンチやテーブルがあるのでここで昼食をとる人が多い。

四季の魅力

春には桜、初夏の新緑、秋の紅葉と四季折々の自然を堪能できる。特に春は山頂の多度山上公園、健脚コース登山口となる愛宕神社前の桜並木など見応えあり

竹林に囲まれた峠は神秘的な空気が醸し出され、世界自然遺産の貫禄を体感させてくれる

熊野古道 松本峠

くまのこどう まつもととうげ

竹林に囲まれた、美しい苔むす石畳のスピリチュアルロード

標高
110m

体力度
▲△△△△

登山時期
通年

歩行時間
50分（片道）

歩行距離
約2km

標高差
100m

平成16年に世界遺産リストに登録された熊野古道を含む「紀伊山地の霊場と参詣道」。はるか平安の時代から熊野本宮大社、熊野速玉大社、熊野那智大社の熊野三山を参詣するための道としていくつかのルートがあり、なかでも熊野三山を目指す「熊野古道伊勢路」は人気の高いルートで全17のコースが設定されている。松本峠は標高135mと低めのため歩きやすく、石畳が続く熊野古道らしい道が続いている。❶大泊登口から松本峠への登り道「江戸の石畳」は、そのほとんどの道が石段になっている。苔むした石畳には時折真っ赤なカニが姿を見せることも。❷松本峠は竹林に囲まれており、等身大のお地蔵様が訪れる人を出迎えてくれる。このお地蔵様には建立された当日に妖怪と間違えられ、鉄砲で撃たれてしまったという逸話が残っている。松本峠から徒歩5分ほど東に寄り道すると❸東屋がある。熊野速玉大社がある新宮まで続く七里御浜と山並みが一望できる眺望スポットになっているのでぜひこちらにも立ち寄ってみよう。

コースMAP

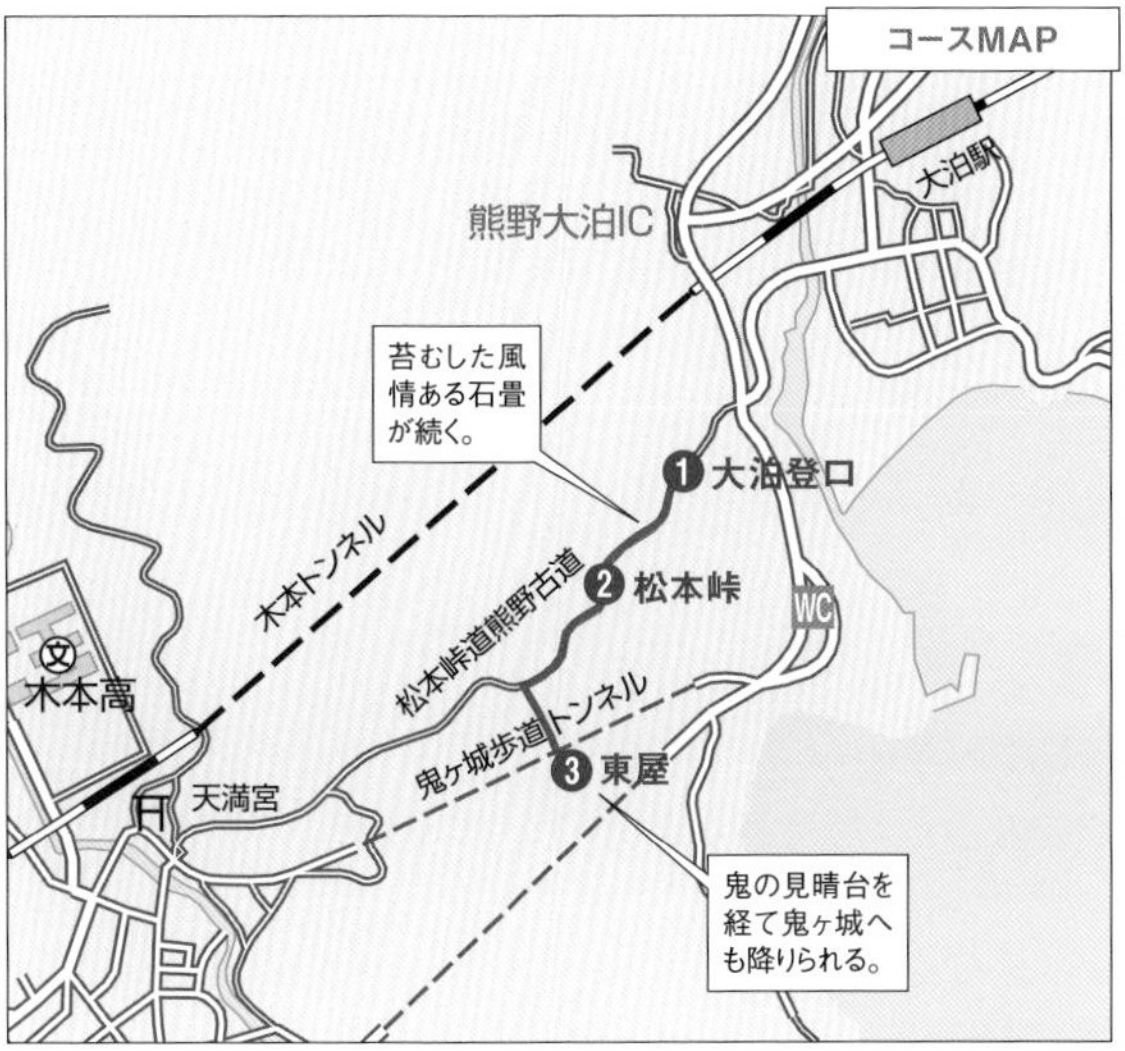

コースMAP
大泊駅
熊野大泊IC
苔むした風情ある石畳が続く。
1 大泊登口
2 松本峠
3 東屋
木本トンネル
松本峠道熊野古道
鬼ヶ城歩道トンネル
WC
木本高
天満宮
鬼の見晴台を経て鬼ヶ城へも降りられる。

上_苔で覆われた石畳からは、雄大な自然の姿を垣間見ることができる　下_道行く登山客を見守ってくれているかのようにひっそりとたたずむお地蔵さま

ポイントガイド

1 大泊登口（10m）→ 40分 → 2 松本峠（110m）→ 10分 → 3 東屋

山データ

【問い合わせ】熊野市観光公社
【TEL】0597-89-2229
【山の所在地】三重県熊野市

【アクセス】熊野尾鷲道路大泊出口より車2～3分
【駐車場】有（大泊側、5台）
【トイレ】有（大泊登口から徒歩5分、鬼城入り口）

▲ ワンポイントアドバイス

苔の生えた石段が多く滑りやすいため、履き慣れたハイキング用のシューズを用意しよう。湿度が高く蚊などの虫も多いため、夏でも長袖を着用した方が良いだろう

立ち寄りスポット

松本峠木本登り口から徒歩7～8分、旧街道・本町通りの「熊野古道おもてなし館」。築130年の旧商家を改修した休憩処で、熊野古道のパンフレット配布や特産品販売、軽食などのテイクアウトも行なっている

四季の魅力

鬼ヶ城駐車場から松本峠に向かう遊歩道には約2000本の桜が植えられている。早春のカンヒザクラからソメイヨシノ、八重桜、オオシマザクラと4種類の桜が次々と咲き誇る姿は訪れる人の目を楽しませる

標高1013mの大洞山・雄岳山頂から見下ろす眺望。山頂部は草原が広がっているため、視界がひらけている

大洞山《おおぼらやま》

苔むす石畳と美林に囲まれた、おだやかな夫婦岳

雄岳、雌岳のふたつの峰を持ち、なだらかな山容を見せる大洞山。周囲に高い山がないため、おわんを伏せたような美しい稜線が空に映え、端正な面持ちだ。登山ルートはいくつかあるが、大洞山中腹に位置するキャンプ場「スカイランドおおぼら」まで車で行き、中腹を横切る約2㎞の石畳歩道から大洞山の雄岳から雌岳を縦断する「大洞山石畳コース」がおすすめだ。❶スカイランドおおぼらは設備の整ったキャンプ場。ここを基点にすることで、駐車場やトイレの心配を解消できる。広葉樹と人工林で構成された林道から続く石畳の道にには展望デッキもあり、ここからの眺望は絶景だ。❹雄岳山頂からは気候天候の条件が揃えば、富士山が望めることがある。また、天候気候条件が整えば、年に数回は眼下に広がる雲海が見られることも。雄岳と雌岳は20分ほどの道程となる。このエリアは都市部に輝く街の光から遠く、夜空の星がきれいに見える。大洞山石畳コースは、生理・心理実験によって癒しの効果が実証された森林セラピーロードにも認定されている。

標高
985m（雌岳）
※1013m（雄岳）

体力度
▲▲△△△

登山時期
通年

歩行時間
約3時間50分

歩行距離
約5.6km

標高差
約300m
（スカイランドおおぼら基点）

コースMAP
5 倉骨峠
広瀬
登山道崩壊箇所
迂回路は大きく
下り登り返す。
雄岳山頂 4
大洞
桔梗平
雌岳山頂 3
スカイランド
おおぼら
2
1
登山口
大洞山
0
500m

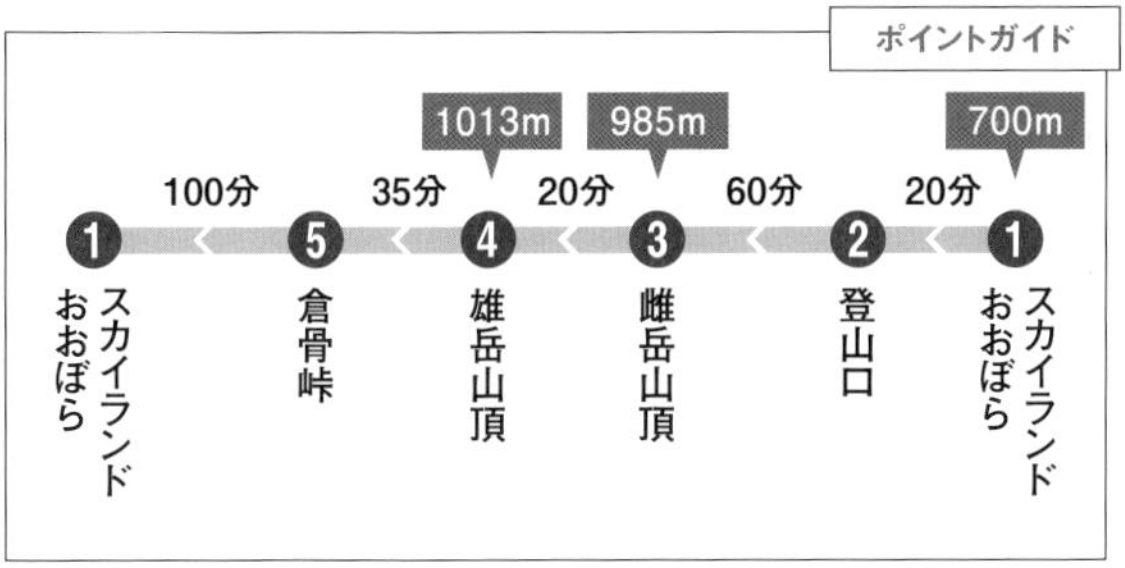
ポイントガイド
1013m
985m
700m
100分
35分
20分
60分
20分
1 スカイランドおおぼら
5 倉骨峠
4 雄岳山頂
3 雌岳山頂
2 登山口
1 スカイランドおおぼら

上_大洞山山麓から眺める星空は息を呑む美しさ。現在は使われていないが、天文測量の測量標が残されており、測量史における重要地点だったことがうかがい知れる　下_伊賀富士とも称される尼ヶ岳の美しい山容を大洞山山頂から眺める

山データ

【問い合わせ】津市美杉総合支所地域振興課（観光面での簡単な案内）
【TEL】059-272-8085
【山の所在地】三重県津市美杉町八知

【アクセス】名古屋方面からは伊勢自動車道久居ICから国道165号、県道15号等を経由し約70分、大阪方面からは名阪国道針ICから国道369号、368号等を経由し約60分
【駐車場】有（約40台）【トイレ】有

▲ ワンポイントアドバイス

台風直後は倒木や歩道が崩れている場合もあるため、細心の注意が必要。雨後や梅雨時期の石畳の道は滑りやすいので、滑らない靴を履いていこう

立ち寄りスポット

中腹にある標高700mのキャンプ場「スカイランドおおぼら」は4月下旬～10月末までの営業。炊事棟、トイレなどを完備しているので、夏はここにキャンプをはり、山歩きすると良いだろう。マイカーなどで20分程行けば、温泉も楽しめる。

四季の魅力

山麓のカタクリやエイザンスミレ、山頂付近の高山植物が山に彩りを添える。苔むした石畳は幻想的な光景。秋は色づいた落葉を踏みしめる音に癒され、冬は厳しい環境であるが、澄んだ空気の先の眺望は格別だ

遮るもののない草原が広がる山頂。御在所岳や鎌ヶ岳、伊勢湾や知多半島までも眺望できる

入道ヶ岳

にゅうどうがたけ

パノラマの眺望と可憐なアセビが魅了する南鈴鹿の霊峰

標高
906m

体力度
▲▲△△△

登山時期
通年（冬季は積雪も有）

歩行時間
4時間40分

歩行距離
約**6.3km**

標高差
約**701m**

三重県と滋賀県の県境にまたがる鈴鹿山脈にあり、御在所岳や藤原岳などと並び「鈴鹿セブンマウンテン」に数えられる入道ヶ岳。近畿百名山にも選定されている。また伊勢一宮として古くから入道ヶ岳山麓に鎮座する椿大神社の御神体として信仰を集めている。複数の登山ルートがあるが、椿大神社から北尾根を経由して入道ヶ岳にアプローチする北尾根コースで頂上を目指し、二本松尾根を降りるのがおすすめだ。❷北尾根登山口は急な石段からスタートするが、登りきると緩やかな登山道が続く。その後小さなアップダウンを繰り返しながら進むと視界がひらけ、変化に富んだ景色が楽しめる。なだらかな草原が広がる❻山頂からは360度パノラマの眺望が楽しめることで人気がある。また県指定天然記念物のアセビ群生やススキ、笹原が広がり、四季折々の自然を堪能できるのも魅力の一つ。下山の二本松尾根は最もポピュラーなコースで歩きやすく初心者向き。❼滝ヶ谷分岐から沢沿いに❽二本松登山口を目指そう。

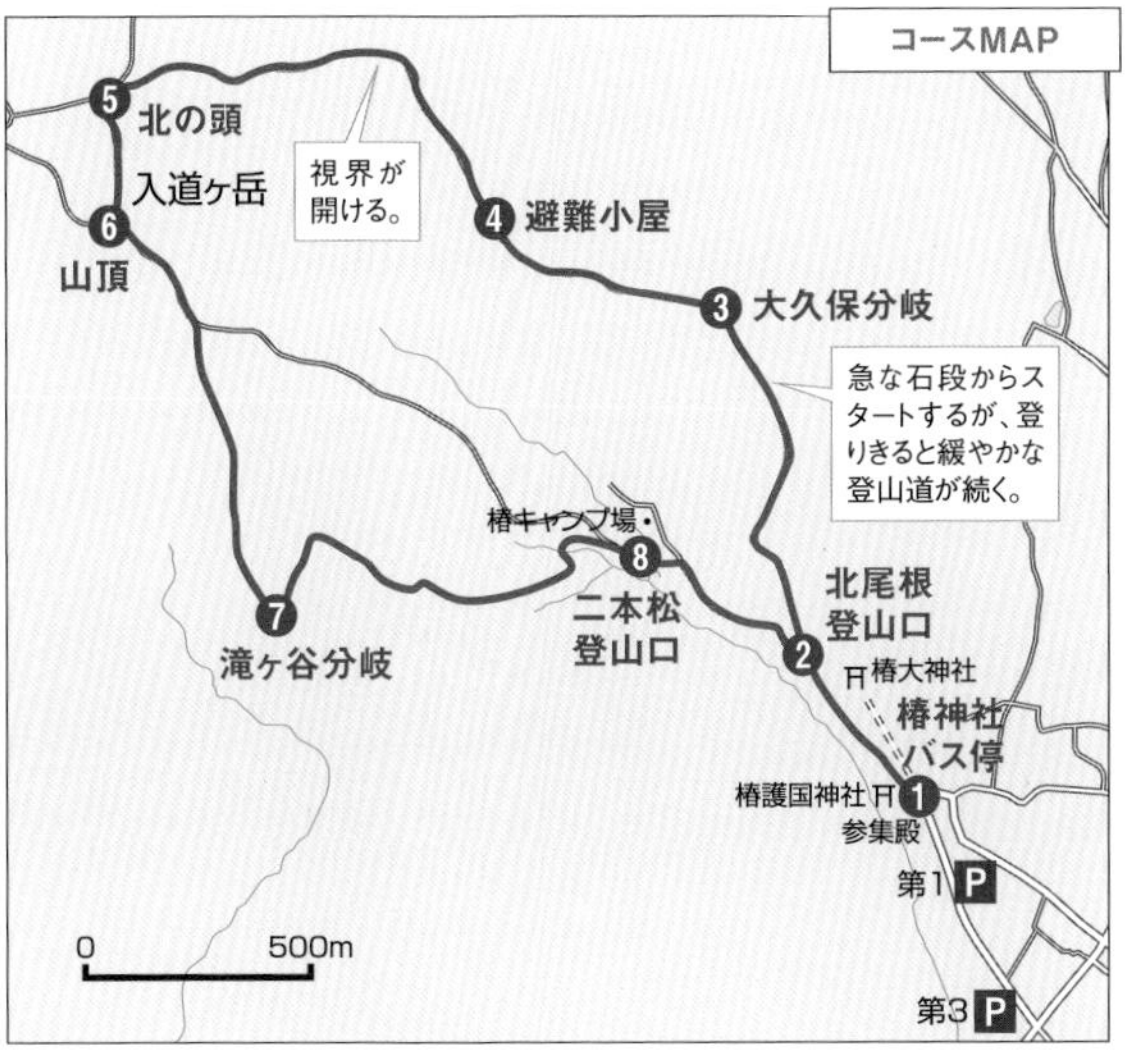
コースMAP
北の頭
入道ヶ岳
山頂
視界が
開ける。
避難小屋
大久保分岐
急な石段からスタートするが、登りきると緩やかな登山道が続く。
椿キャンプ場
二本松
登山口
滝ヶ谷分岐
北尾根
登山口
椿大神社
椿神社
バス停
椿護国神社
参集殿
第1 P
第3 P
0
500m

三重

ポイントガイド

❶ 椿神社バス停 (205m)	10分	❷ 北尾根登山口	50分	❸ 大久保分岐	50分	❹ 避難小屋	50分	❺ 北の頭	10分	❻ 山頂 (906m)	60分	❼ 滝ヶ谷分岐	30分	❽ 二本松登山口	20分	❶ 椿神社バス停

上_椿大神社の奥宮の白い大鳥居が構える頂上。草原が広がり、パノラマの眺望を眼下に楽しめる　下_鎌ヶ岳から御在所岳、釈迦ヶ岳、藤原岳と連なる南鈴鹿の山並み

山データ

【問い合わせ】鈴鹿山渓観光協会
【TEL】059-371-0029
【山の所在地】三重県鈴鹿市

【アクセス】東名阪自動車道鈴鹿ICから車で5分
【駐車場】有（椿大神社第3駐車場（登山者用）、約100台）
【トイレ】有（第1駐車場のみ）

▲ ワンポイントアドバイス

低山で山頂は遮るものがないひらけた草原になっているため、夏は厳しい暑さとなる。温度調節のできる服装や水分補給などの準備は入念にしておきたい

立ち寄りスポット

出発点となる椿大神社は猿田彦大神の総本宮。聖武天皇の勅願によって奉納された獅子頭に由来する「獅子堂」や、庭園とともに茶室「鈴松庵」を寄贈した松下幸之助を祀る「松下幸之助社」など見所も多い

四季の魅力

山頂一帯を覆うアセビの大群落は県指定の天然記念物。数千本のアセビが白、ピンクと愛らしい花をつける4月には多くの登山客が足を運ぶ。木々が色づく紅葉の時期もおすすめだ

笹原に覆われた稜線に刻まれた一筋の登山道。その道筋が見晴らしよく、山頂への思いが膨らむ

竜ヶ岳《りゅうがたけ》

山上に広がる草原の海原と、澄んだ水を落とす清き滝を楽しむ

標高
1099m
体力度 ▲▲△△△
登山時期 通年
歩行時間 往路3時間、復路2時間45分
歩行距離 約10km
標高差 約850m

三重県と滋賀県の県境にまたがり、鈴鹿山脈の中央部に位置する竜ヶ岳。なだらかで女性的な山容を見せる。山麓に点在する奇岩や白い砂礫、滝などが織りなす渓谷美は鈴鹿国定公園随一とうたわれる。その一方、山頂一帯には笹原の大海原が広がり、３６０度パノラマの展望が壮観だ。登山ルートは多くあるが、歩きやすくて眺望もよい「遠足尾根コース」がおすすめだ。宇賀渓観光案内所をスタート地点に❶遠足尾根登山口から入山する。山麓にある複数の滝、８００ｍを越えたあたりにある展望台、見晴らしの良い山頂からの絶景など、さまざまな表情を楽しむことができる。竜ケ岳の魅力を堪能しよう。入山後しばらくは急勾配の山道が続くが、道はよく整備されていて歩きやすい。急斜面を登り切るとなだらかな稜線の遠足尾根に突入。樹木帯をしばらく歩くと笹原が現れ、視界がひらけてくる。あとは導かれるままに山頂へ。展望のひらけた❹山頂からは、鈴鹿山脈の山並みがパノラマに広がっている。

コースMAP

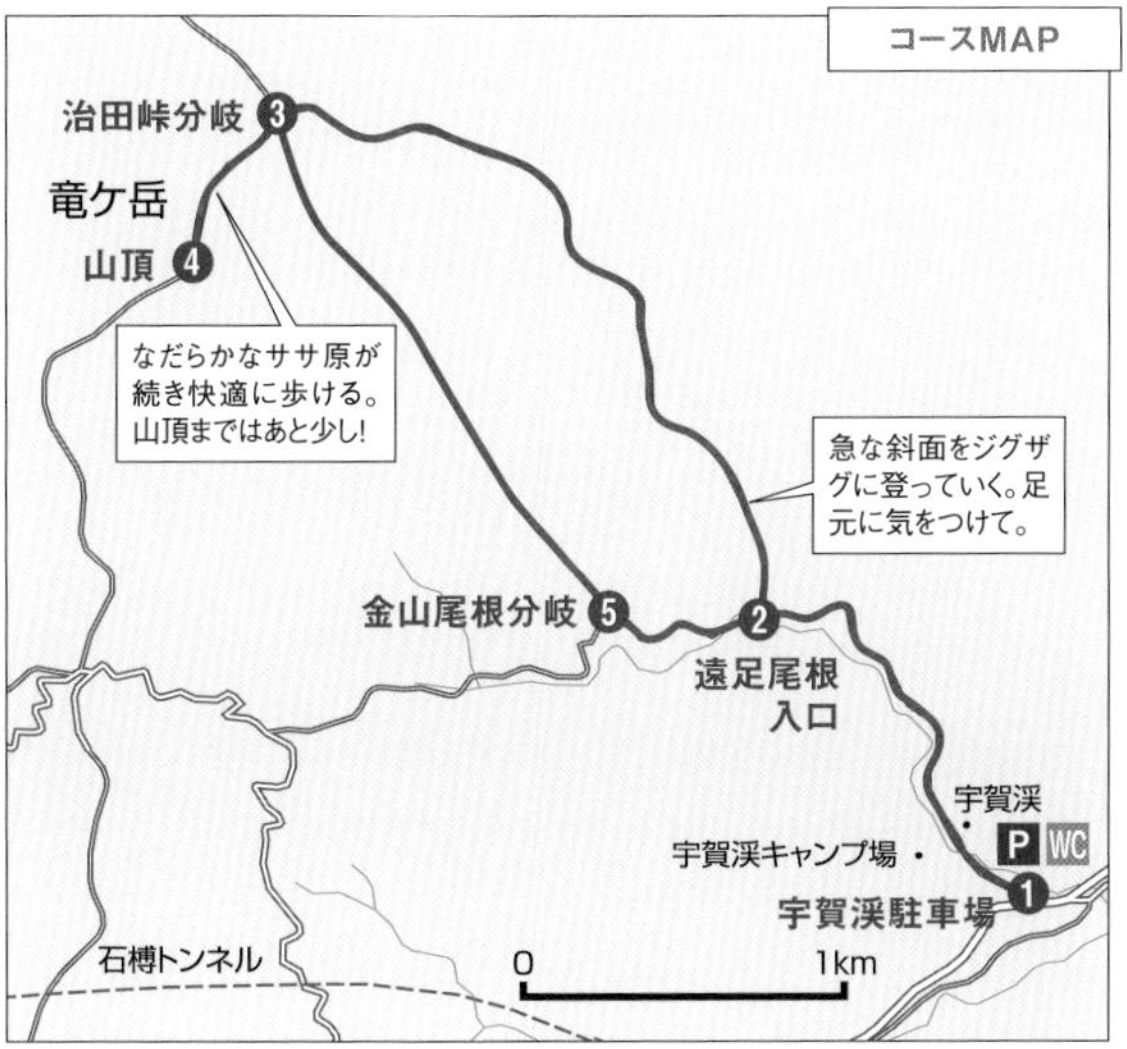
治田峠分岐 3
竜ケ岳
山頂 4
なだらかなササ原が
続き快適に歩ける。
山頂まではあと少し!
急な斜面をジグザ
グに登っていく。足
元に気をつけて。
金山尾根分岐 5
2
遠足尾根
入口
宇賀渓
P WC
宇賀渓キャンプ場
1
宇賀渓駐車場
石榑トンネル
0
1km

上_5月中旬から可憐な花をつけるシロヤシオの群生。青々と茂る笹原に咲く白い花々は、遠目には牧場にたわむれる羊の群れに例えられる。これを楽しみに訪れる人も多い　下_山容はなだらかで女性的に見えるが、登山口からしばらくは急斜面が続き、登山のアプローチもしっかり堪能できる

ポイントガイド

1 宇賀渓駐車場（250m）
↓ 25分
2 遠足尾根入口
↓ 140分
3 治田峠分岐
↓ 20分
4 山頂（1099m）
↓ 20分
3 治田峠分岐
↓ 110分
5 金山尾根分岐
↓ 35分
1 宇賀渓駐車場

山データ

【問い合わせ】宇賀渓観光協会
【TEL】0594-78-3737
【山の所在地】三重県いなべ市、滋賀県東近江市

【アクセス】東海環状自動車道大安ICから車で約15分
【駐車場】有（宇賀渓駐車場125台　500円／1日）
【トイレ】有（駐車場）

▲ ワンポイントアドバイス

多彩なコースの中でも遠足尾根コースは比較的歩きやすいが、滝周辺など湿度を帯びて滑りやすい岩場などもある。ハイキング気分ではなく登山仕様で挑もう

立ち寄りスポット

登山道にある長尾滝、五階滝、魚止滝などの滝巡りもおすすめだ。宇賀渓を流れる水は透明度が高く、滝から注がれる滝壺も澄んでいる。ピークハント以外にも楽しみは多い

四季の魅力

5月中旬～下旬にかけて白い花をつけるシロヤシオの群生。離れた場所からは群れをなす羊のように見え、竜ヶ岳のシンボルとなっている。また、秋には陽光を浴びて穂を揺らすススキが美しい

避難小屋・藤原山荘付近から見た藤原岳の全容。夏には木々の緑と青空が眩しい爽やかな登山が楽しめる

藤原岳《ふじわらだけ》

可憐な高山植物の芽吹きから、紅葉、樹氷まで、四季折々の自然を堪能

標高
1140m

体力度
▲▲▲△△

登山時期
通年（冬季は積雪も有）

歩行時間
往路3時間 復路2時間30分

歩行距離
往復約9km

標高差
約1000m

鈴鹿山脈北部に位置し、日本百名山、関西百名山のひとつに数えられる藤原岳。「中部の秋吉台」とも形容されるように、カルスト台地の山としても知られている。東斜面には石灰岩の採掘によってえぐりとられ、むき出しになった山肌が見える。また、フクジュソウやセツブンソウなどの高山植物の宝庫でもあり、花の百名山としても親しまれている。特に2月末から4月下旬にかけて、8〜9合目ではフクジュソウの黄色い花が咲き誇る。この時期はところどころに残雪もみられるため、しっかりとした装備での登山を心がけたい。❶西藤原駅または藤原岳登山口休憩所にある駐車場からスタートする大貝戸の表登山道と、鳴谷神社、聖宝寺を経由する裏登山道がある。二つのコースは❸8合目で合流し、頂上を目指す。どちらも整備されているが、初心者は大貝戸道を利用するのがおすすめ。❹山頂付近は石垣が組まれ、展望の丘になっている。石垣を登りきると隆起した岩に囲まれた天狗岩や御池岳、遠くには鈴鹿の山々や伊勢湾、木曽三川などが見渡せる。

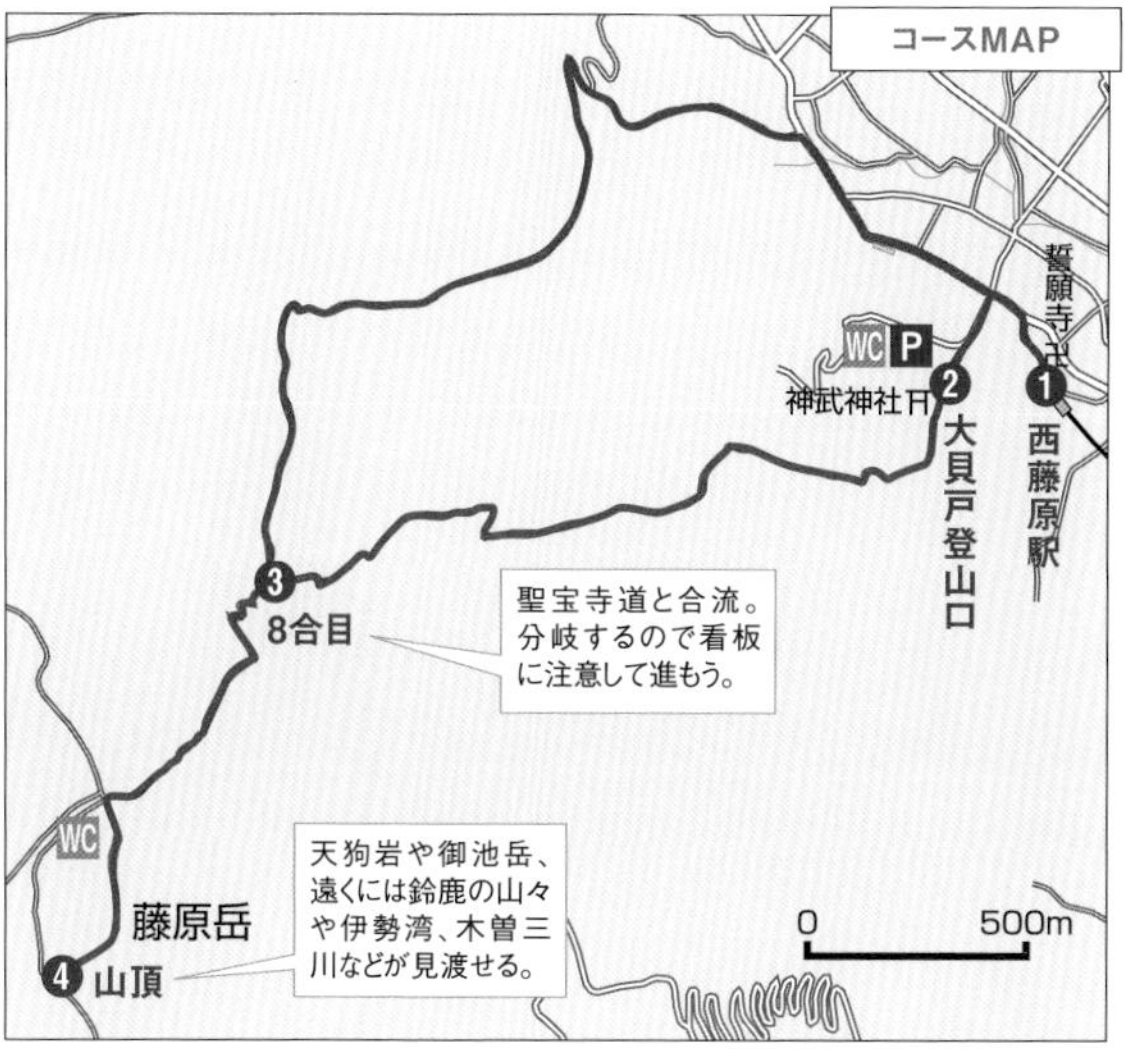
コースMAP
誓願寺
WC
P
神武神社
1
西藤原駅
2
大貝戸登山口
3
8合目
聖宝寺道と合流。分岐するので看板に注意して進もう。
WC
藤原岳
4
山頂
天狗岩や御池岳、遠くには鈴鹿の山々や伊勢湾、木曽三川などが見渡せる。
0
500m

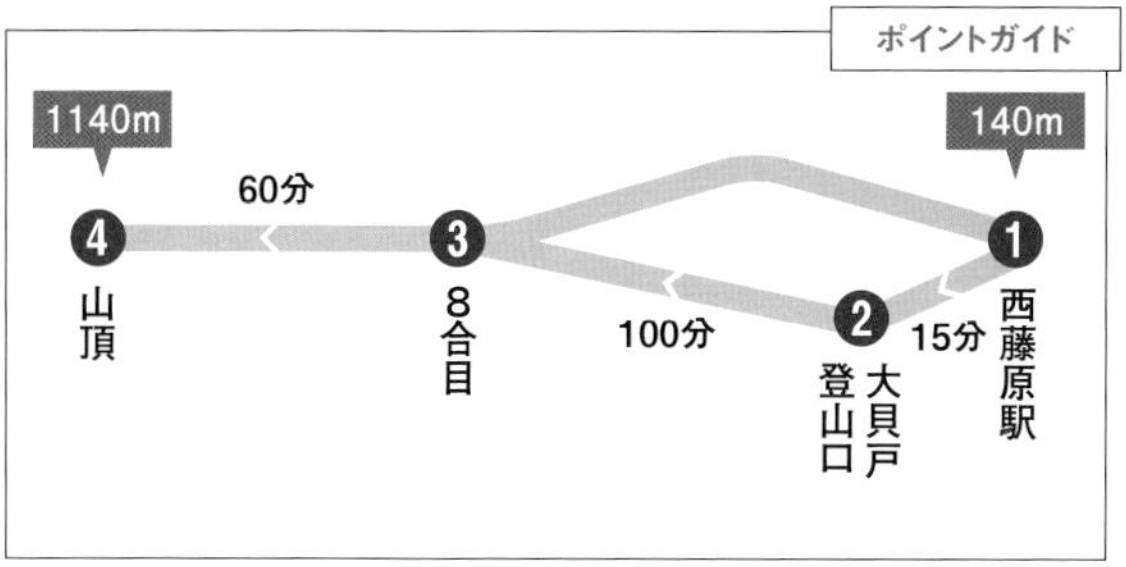
ポイントガイド
1140m
140m
60分
4
山頂
3
8合目
100分
2
大貝戸登山口
15分
1
西藤原駅

上_山頂の藤原岳展望台からは周囲の山々を見渡せる　下_冬の山頂付近には美しい樹氷の並木が現れる

山データ

【問い合わせ】いなべ市農林商工部商工観光課
【TEL】0594-86-7833
【山の所在地】三重県いなべ市、滋賀県東近江市

【アクセス】東海環状自動車道大安ICから車で約20分
【駐車場】有(25台)
【トイレ】有(登山口および避難小屋)

▲ ワンポイントアドバイス

登山道は整備されており歩きやすくはなっているものの、標高差が1000mほどあるため、体力が必要だ。また8合目から急登になってくるので、ペース配分は慎重に

立ち寄りスポット

藤原岳

避難小屋から20分ほどの場所にある標高1171mの「天狗岩」からは、鈴鹿山脈や琵琶湖などまで一望できる。体力に余裕があれば是非足をのばしてみたい

四季の魅力

花の百名山にも名を連ねる藤原岳。2月のセツブンソウ、3月のフクジュソウ、4月には山桜など、春の訪れよりも先に花の見頃が訪れる。特に黄色い可憐なフクジュソウが多く咲き誇ることで知られている

鈴鹿山脈の中央に位置する御在所岳山上からの眺め。富士見展望台からは正面に鎌ヶ岳を望むことができ、真下にはロープウェイも見ることができる

御在所岳

ございしょだけ

華やかにツツジが咲き誇る、巨岩奇岩が並び立つ鈴鹿の顔

標高
1212m

体力度	▲▲▲▲△
登山時期	通年（冬季は積雪も有）
歩行時間	約2時間20分（片道）
歩行距離	9.1km
標高差	662m

三重県菰野町と滋賀県東近江市にまたがる鈴鹿国定公園内に位置する御在所岳。鈴鹿セブンマウンテンのひとつにも数えられ、麓には御在所ロープウエイなども備える。変化に富んだ複数の登山ルートを持ち、なかにはロッククライミングスポットもあり、西日本でも特に人気の高い山の一つだ。主なコースは5ルート。特におすすめなのは中登山道で、次々に現れる巨岩奇岩や山頂からの展望は山登りの面白さを凝縮したルートになっている。❶中登山道口から入山、4合目あたりには巨大な花崗岩がふたつ折り重なってそそり立つ❷おばれ岩が現れる。さらに岩場を登ると5合目を過ぎた頃に見えてくるのがふたつの岩の間に四角い岩が挟まったインパクト抜群の❸地蔵岩だ。6合目からはクサリやはしごを使って登り、山頂を目指す。山頂付近は、三重県唯一のスキー場やレストラン、トイレがあるので昼食や休憩で立ち寄る人も多い。❹山頂は鈴鹿の山並を一望できる展望スポットだ。

コースMAP

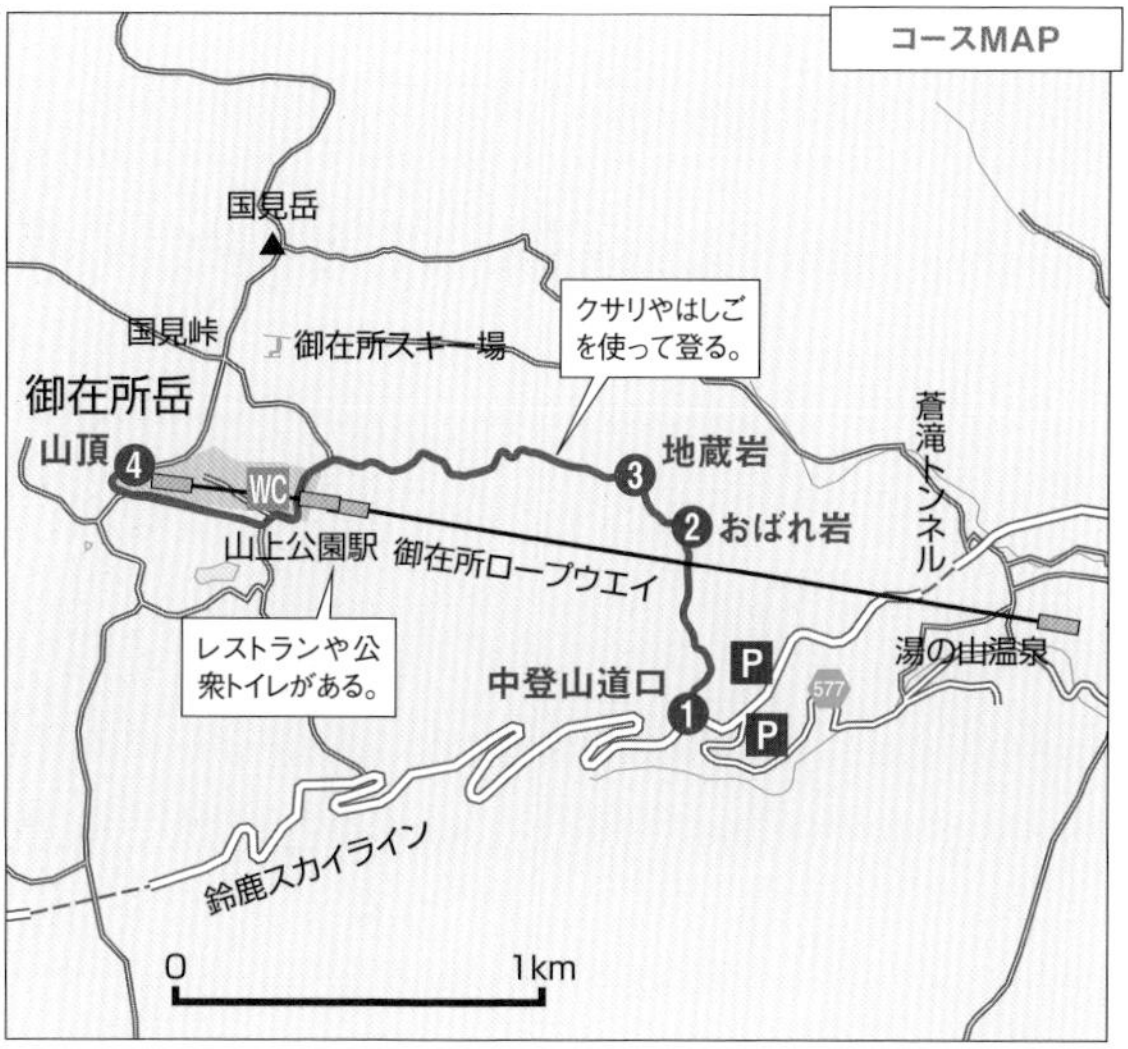
国見岳
国見峠
御在所スキー場
クサリやはしごを使って登る。
御在所岳
山頂
4
WC
3 地蔵岩
2 おばれ岩
蒼滝トンネル
山上公園駅
御在所ロープウエイ
レストランや公衆トイレがある。
湯の山温泉
P
中登山道口
1
P
577
鈴鹿スカイライン
0
1km

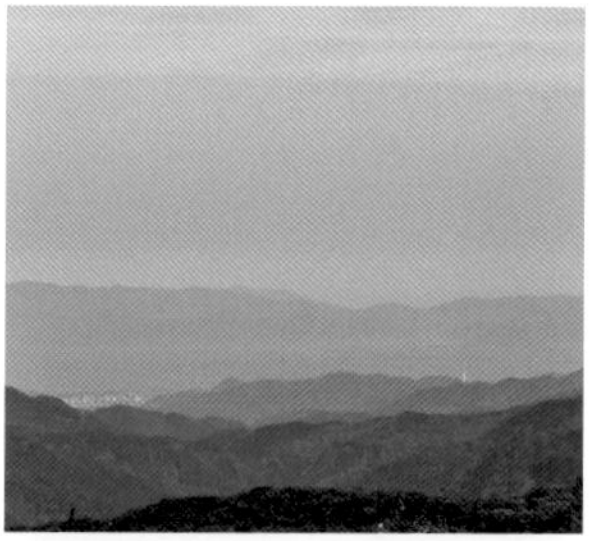

上_山頂付近に設置された展望スポット望湖台からは壮大な琵琶湖を望むことができる。山上公園には他にも晴れた日には富士山が望める富士見岩展望台、朝陽台広場、見晴台などの眺望スポットが点在している　下_標高約1,000m地点にそそり立つ白い鉄塔は御在所ロープウエイの支柱。ふもとからも確認できるという

ポイントガイド

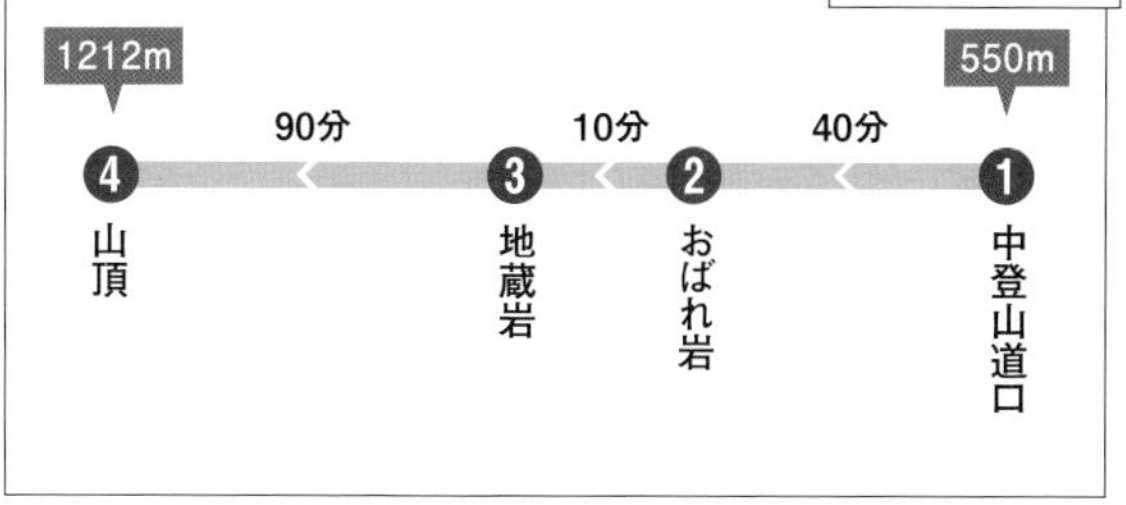
1212m
550m
90分
10分
40分
4 山頂
3 地蔵岩
2 おばれ岩
1 中登山道口

山データ

【問い合わせ】御在所ロープウエイ株式会社
【TEL】059-392-2261
【山の所在地】三重県菰野町、滋賀県東近江市

【アクセス】新名神菰野ICより約10分
【駐車場】有（ロープウエイ前に約300台。有料:1,000円）
【トイレ】有

▲ ワンポイントアドバイス

鈴鹿セブンマウンテンのなかでもひときわ体力、経験を要する山。体調や天候、時間によってはロープウェイを利用した下山も頭に入れておくと良いだろう

立ち寄りスポット

数々の巨岩奇岩がある御在所岳のなかでも、とりわけ目を引くのが「地蔵岩」。ふたつの岩に挟まるように乗った四角い岩は「絶対に落ちない」ことから合格祈願のスポットとしても人気が高い

✿ 四季の魅力

花崗岩で形成された御在所岳はツツジ科の植物の宝庫。御在所岳を代表するアカヤシオが咲き誇る4月中旬から、シロヤシオ、ベニドウダン、サラサドウダンなどが6月中旬までリレーする

芝に覆われた山頂。見晴らしの良い場所にベンチが設置されており、その脇に一等三角点「霊山」が立てられている

霊山《れいざん》

山頂までよく整備され初心者でも登りやすい、最澄ゆかりの山

標高
765.8m

体力度
▲▲△△△

登山時期
通年

歩行時間
約2時間

歩行距離
約6km

標高差
約660m

室生赤目青山国定公園内に位置し、その姿がインドの霊鷲山と似ていることから名付けられたといわれる。中腹には平安時代初期の弘仁年間（810〜824年）に嵯峨天皇の命を受け、最澄によって開かれた霊山寺が鎮座している。登山道入口中腹にある現存の❶霊山寺がスタート地点。山道はよく整備されており、複雑な分岐もないため登りやすい。❷六地堂の辺りから自然林や山野草が見られる。❸たいこ岩を越えて分岐点を左折したらもうすぐ9合目。

9合目を過ぎると見えてくる階段が頂上へと続いている。山頂付近には樹齢200年ほどという、三重県の指定天然記念物のイヌツゲ及びアセビの群生が見られる。芝に覆われた❹山頂からは西に南宮山、南には青山高原の眺望が広がる。展望を楽しめるよう設置されたベンチで一休みして帰り道に備えよう。窪地には石室が建っており、延宝3年（1675）作の青銅製・聖観音立像が安置されているのでこちらにもぜひ参拝を。

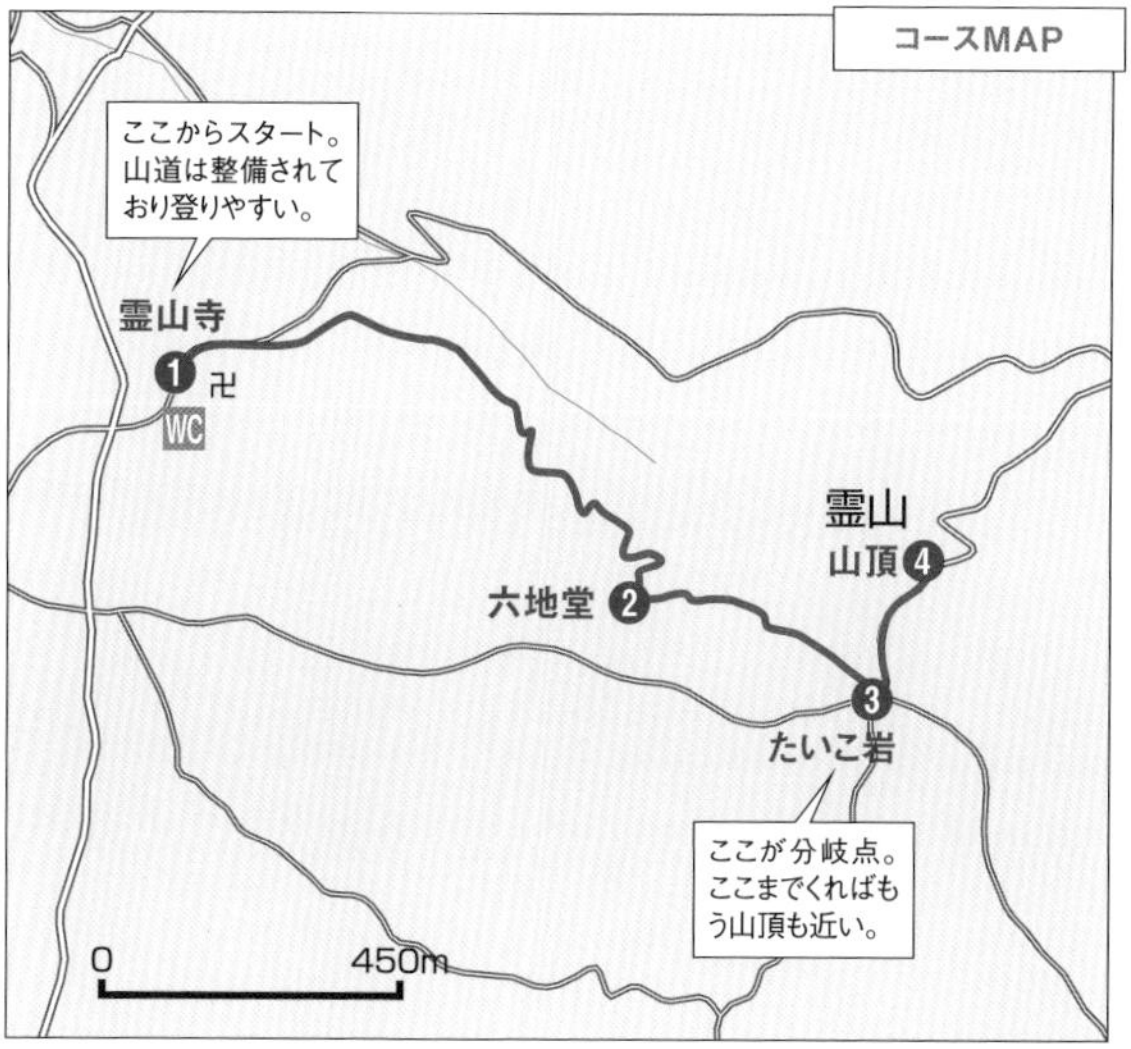
コースMAP
ここからスタート。
山道は整備されて
おり登りやすい。
霊山寺
WC
霊山
山頂
六地堂
たいこ岩
ここが分岐点。
ここまでくればも
う山頂も近い。
0
450m

上_山頂から南側を眺めると、布引山地に広がる青山高原に密集する風力発電の風車群やレーダードームがはるかに見える　下_芝に覆われた山頂にはかつての霊山寺跡が広がっている

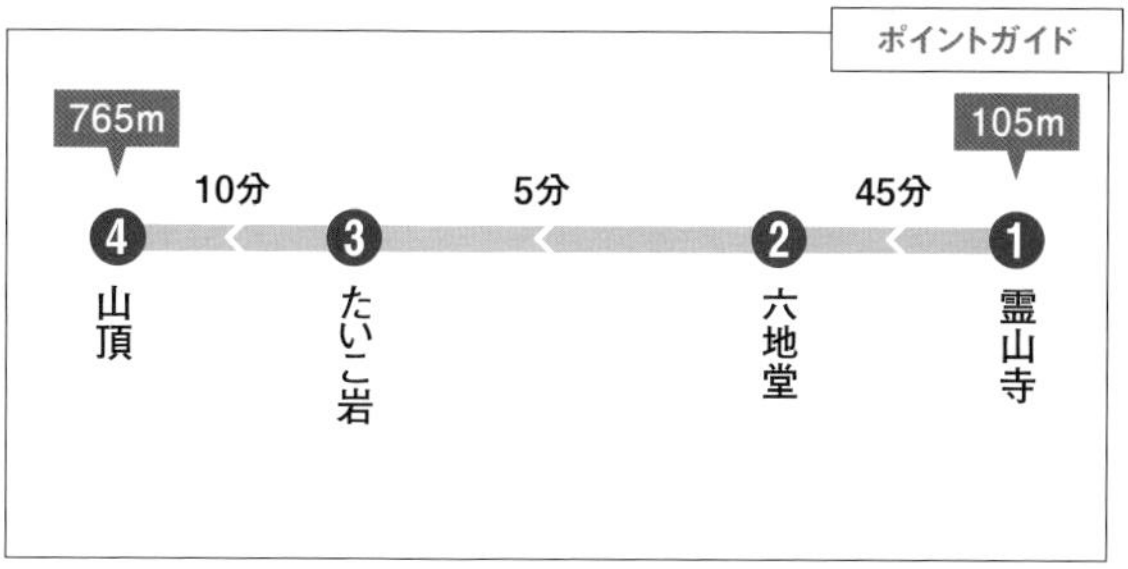
ポイントガイド
765m
105m
10分
5分
45分
4 山頂
3 たいこ岩
2 六地堂
1 霊山寺

三重

山データ

【問い合わせ】伊賀市役所観光戦略課　【TEL】0595-22-9670
【山の所在地】三重県伊賀市下柘殖

【アクセス】名阪国道上柘植ICより車で25分
【駐車場】有　【トイレ】有

▲ ワンポイントアドバイス

9合目より手前から東海自然歩道に合流する。左に登っていくと伊賀盆地を眺望することができるので、ぜひ足を止めて眺めてみよう

立ち寄りスポット

霊山寺の駐車場から本堂、奥の院へと続く参道には石仏群が散在。野山の風景に溶け込むように佇む数々の仏さまの姿は味わい深い。豊かな表情の石仏を眺めて回るのも、霊山登山の楽しみとなるだろう

✿ 四季の魅力

山頂付近にはアセビ、イヌツゲの群生地があり、初夏には白くて小さな花を楽しむことができる。中腹にある霊山寺には県指定の天然記念物「オハツキイチョウ」があり、秋には葉が色づき美しい姿を見せる

愛知県と静岡県の県境に位置する標高325mの山。登山口は駅から徒歩圏内とアクセスが良く、歩道や休憩ポイントもきちんと整備されている

神石山《かみいしやま》

浜名湖の絶景と東海のミニ尾瀬

標高
325m

体力度
▲▲▲△△

登山時期
通年

歩行時間
約5時間30分

歩行距離
13.4km

標高差
255m

静岡県と愛知県の県境に連なる、湖西連峰と呼ばれる山域。一番標高が高いのは標高400mの無名峰だが、主峰となるのは一等三角点の神石山である。神石山自然歩道コースもあるが、梅田親水公園駐車場から神石山を目指す湖西連峰ハイキングコースを紹介する。❶湖西連峰ハイキングコース梅田登山口は梅田親水公園駐車場奥にあり、道標が目印。すぐに嵩山展望台への分岐がある。浜名湖を眺めるなら展望台へ行き、折り返して仏岩方面へ向かう。❷仏岩には大岩、ベンチがあり、南方向の眺望が開ける。道標のとおりに神石山方面へ向かい鉄塔下を通ると尾根道になり、❸ラクダ岩に出る。その後、急な山肌を登り、大岩の脇を急登すると神石山自然歩道にぶつかるので右折する。❹山頂には標識と一等三角点、ベンチがあり、浜名湖が眺望できる。その後は葦毛湿原を目指し、二川TV中継所から❺葦毛湿原に降り、来た道を戻ったら、❻風越峠を越えて下山。❼JR二川駅から電車で新所原駅まで移動する。

コースMAP

鞍掛神社
0
1km
東陽中
日吉神社
WC
山頂 4
5 葦毛湿原
来た道を
戻る。
普門寺
3 ラクダ岩
岩崎広場
風越峠 6
二川TV
中継所
仏岩 2
湖西連峰ハイキングコース 1
梅田登山口
WC
法源寺
島病院
この駅から電
車で新所原駅
まで移動する。
谷川小
7
JR二川駅
新所原駅

上_二川駅北口から10分ほどの伊寶石神社　下_東山からは見晴らしの良い尾根づたいのルートがつづき、ツツジが美しく咲く葦毛湿原へもつながっている

ポイントガイド

7		6		5		4		3		2		1
						325m						70m
	40分		100分		80分		20分		20分		40分	
JR二川駅		風越峠		葦毛湿原		山頂		ラクダ岩		仏岩		湖西連峰ハイキングコース梅田登山口

山データ

【問い合わせ】
(一社)湖西・新居観光協会
TEL:053-596-9255
豊橋市観光振興課
TEL:0532-51-2430
【山の所在地】静岡県湖西市、愛知県豊橋市

【アクセス】(JR)東海道本線新所原駅下車、梅田登山口まで徒歩30分
車:東名高速道路・三ヶ日ICより登り口まで約25分
【駐車場】有(梅田登山口手前)
【トイレ】有

▲ ワンポイントアドバイス

登山道は広く、標識もあり、初心者も楽に歩けるのでハイカーが多い。いろいろなコースがあるので、迷わないように案内標識に注意する必要がある

立ち寄りスポット

二川宿は、東海道五十三次の33番目の宿場である。現在の愛知県豊橋市二川町と大岩町に位置し、旧宿場町の面影を残す。二川宿本陣資料館、商家『駒屋』、二川伏見稲荷など見どころは多い

四季の魅力

葦毛湿原は「東海のミニ尾瀬」とも呼ばれ、高山性植物のミカワバイケイソウをはじめ、湿性植物などが自生し四季折々の花を見ることができる。尾根筋のツバキの大木、イヌツゲの群生地も春は見頃である(→P40)

東屋とベンチ、イノシシのオブジェが迎える山頂。南に浜名湖を眺められる

尉ケ峰《じょうがみね》

初心者でも安心して挑戦できる、細江八景が見事な低山

標高	433m
体力度	▲▲△△△
登山時期	通年
歩行時間	片道約2時間（片道）
歩行距離	5.8km（片道）
標高差	340m

アップダウンが少なくほとんどが緩やかな坂道になっており、コースも整備されているので初心者でも登りやすい尉ケ峰。基本は木に囲まれたトレイルだが所々景色が広がる場所もあり、南アルプスや浜名湖方面、天気がよければ富士山が見えることもある。今回は王道の細江コースを案内。❶細江公園西の入口からなだらかな車道を登っていくと❷国民宿舎奥浜名湖があり、奥浜名自然歩道の細江コース入口から入る。「おもかる大師」とよばれる祠があり、そのおもかる石は願いが叶う時は軽くなり、叶わない場合は重くて持ち上げられないといわれている。❸二三月峠は標高２２２mの地点。展望台があり、奥浜名湖や浜松の市街地が望める。その先からは奥浜名自然歩道を進むが、崩落の影響で一部区間並走する林道へ迂回する。❹山頂にはあずま屋やベンチなどの休憩スポットがあり、イノシシの置き物が印象的。浜名湖や猪鼻湖、浜松市街などの大パノラマが望め、素晴らしい景観が広がる。

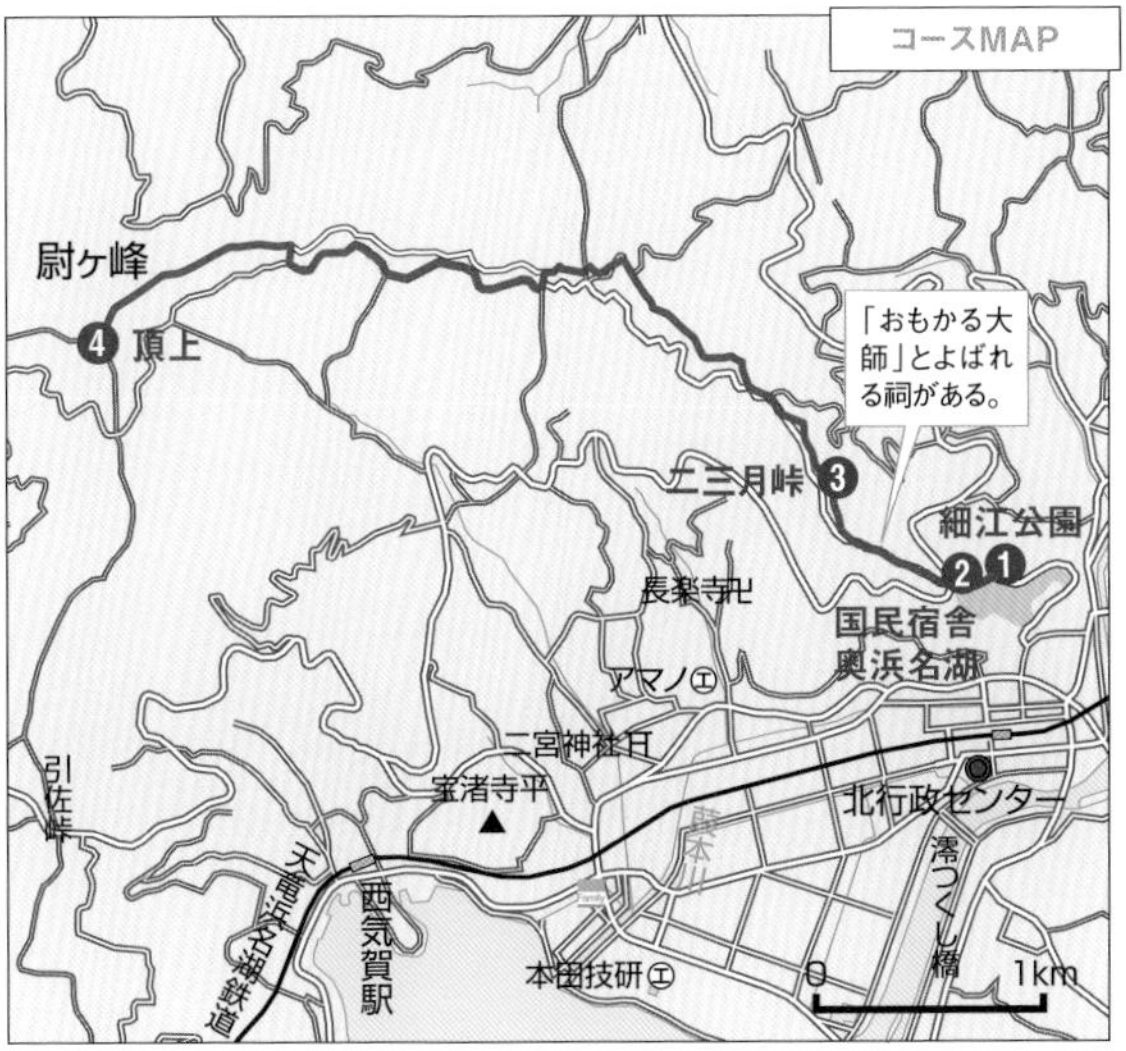
コースMAP
尉ヶ峰
4 頂上
「おもかる大師」とよばれる祠がある。
二三月峠 3
細江公園
2 1
長楽寺
国民宿舎
奥浜名湖
アマノ
二宮神社
宝渚寺平
北行政センター
引佐峠
天竜浜名湖鉄道
西気賀駅
本田技研
澪つくし橋
0
1km

上_江戸時代には御要害山と呼ばれた二三月峠展望台からも浜名湖を一望
下_願いが叶う時は軽く、叶わない時は重くて持ち上がらないという伝説が残る「おもかる大師」

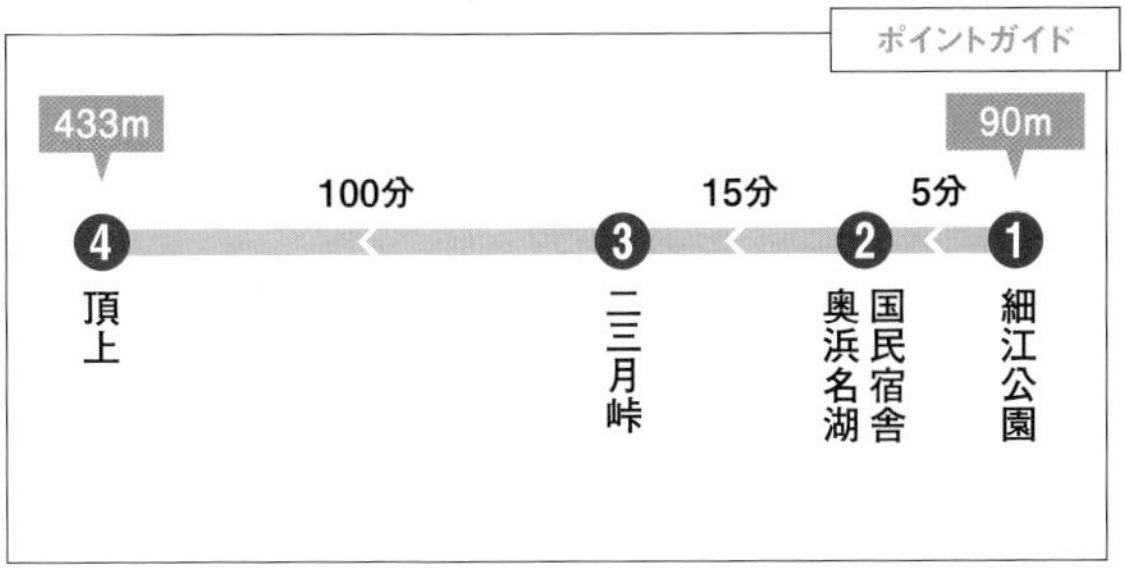
ポイントガイド
433m
90m
100分
15分
5分
4 頂上
3 二三月峠
2 国民宿舎奥浜名湖
1 細江公園

山データ

【問い合わせ】奥浜名湖観光協会
【TEL】053-522-4720
【山の所在地】静岡県浜松市浜名区

【アクセス】東名三ケ日ICから車で約14分、天竜浜名湖鉄道気賀駅より徒歩6分
【駐車場】有(引佐峠)
【トイレ】有(細江公園、国民宿舎)

ワンポイントアドバイス

全体的には緩やかな遊歩道が続く。途中分岐もあるが、いずれも歩きやすい。ただし佐久米コースで行く場合、山頂へ到着する前の「獅子落とし」とよばれる急坂は転倒に注意が必要。迂回路もあり

立ち寄りスポット

山登りを楽しんだあとは、「国民宿舎奥浜名湖」で日帰り入浴が可能。展望浴場になっているため、浜名湖を眺望しながら汗を流して帰るのもよい。※日帰り入浴(大人1名520円、営業時間11:00～20:00、火曜のみ15:00～20:00)

四季の魅力

シイノキやカシ類、アカマツ、クロマツ等の針葉樹、ツバキ等の常緑広葉樹が山を彩る。また、コナラ、クリ、ヒコサンヒメシャラ等の落葉広葉樹もあり、秋には色鮮やかなムラサキシキブなどが実をつける

創建は和銅2(西暦709)年と伝えられ、現在も古式の祭儀がそのまま行われる東海随一の霊山といわれている

秋葉山

あきはさん

由緒ある歴史の総本山を目指していく低山登山

標高
866m

体力度
▲▲△△△

登山時期
通年

歩行時間
約2時間20分(片道)

歩行距離
約9km(片道)

標高差
約800m

秋葉山は赤石山脈の南端に位置し、天竜奥三河国定公園の一角となっている。「火防(ひぶせ)の神」としても知られ、養老2年に行基の開創と伝えられている山岳修験道のメッカだ。登山は下社から約2時間で山頂まで行ける手軽さも魅力。❶秋葉山表参道駐車場から登山道入口前の表参道は九里橋と石畳を通って進んでいく。参道は東海自然歩道として整備されているため、比較的歩きやすい道のりだ。途中、常夜灯や安産の神様である子安地蔵尊などを通過。唯一の展望所に鉄塔があり、そこから富士山や京丸山、高塚山などを望むことができる。赤い仁王門があり、仁王像を通過していくと❷秋葉寺に到着する。かつてここに三尺坊という天狗がいたことから、本来の名前は三尺坊大権現といわれている。その後秋葉神社の神門を通過し、本宮へ進んでいく。❸山頂にある秋葉神社上社は総本山であり、金色の鳥居は幸福の鳥居として親しまれている。また、山頂からは平野部もよく見え、天竜川や太平洋などを望むことができる。下山は来た道を戻り、下社へ。

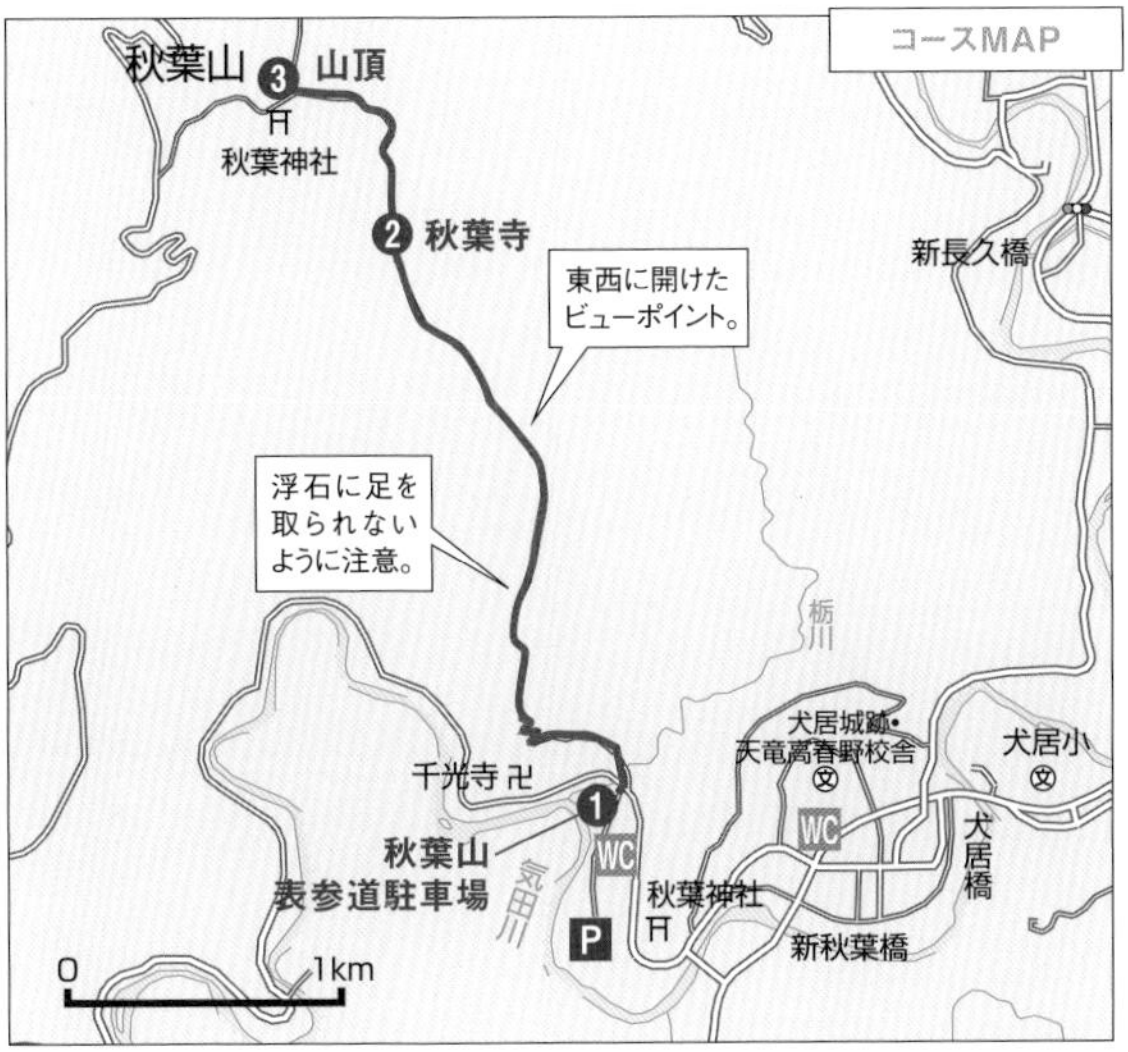
コースMAP
秋葉山
3 山頂
秋葉神社
2 秋葉寺
東西に開けたビューポイント。
新長久橋
浮石に足を取られないように注意。
栃川
犬居城跡・天竜高春野校舎
犬居小
千光寺
1
秋葉山表参道駐車場
気田川
WC
WC
犬居橋
秋葉神社
P
新秋葉橋
0
1km

上_黄金鳥居は、火難をはじめとする諸厄諸病の難を免れ、厄除や開運と神徳が授かるようにという意味が込められている　下_全国秋葉山の本山として多くの参拝客が訪れ、千古の杉や桧が生い茂る風情あふれる場所

ポイントガイド

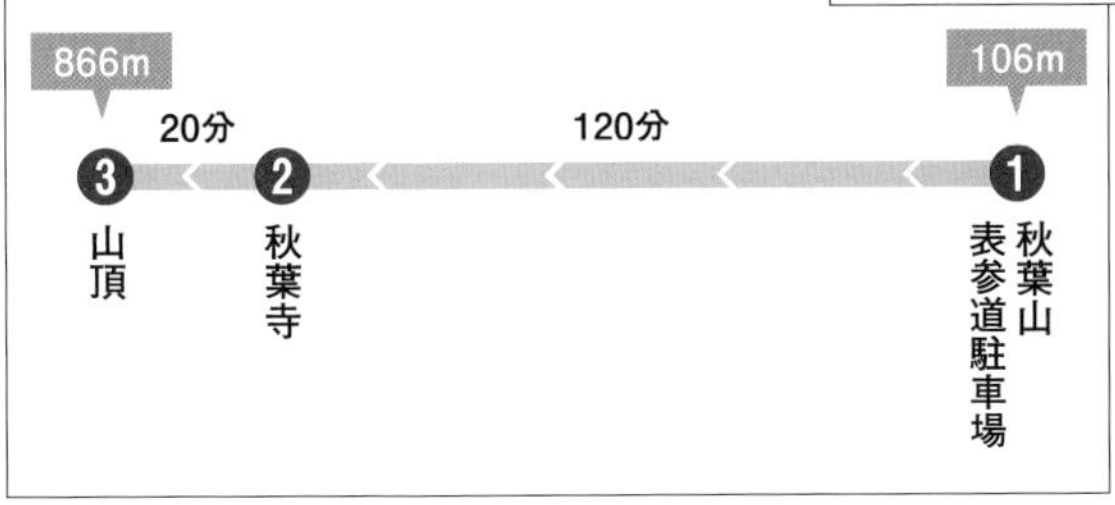
866m
106m
20分
120分
3 山頂
2 秋葉寺
1 秋葉山表参道駐車場

山データ

【問い合わせ】天竜区観光協会春野支部
【TEL】070-4410-0806
【山の所在地】静岡県浜松市天竜区春野町

【アクセス】新東名高速道路浜松・浜北ICより車で約30分
【駐車場】有
【トイレ】有（秋葉山表参道駐車場、秋葉寺）

▲ワンポイントアドバイス

秋葉神社下社前の駐車場からスタートする場合は、車道を進んでいく。林道に入る直前に急坂があるが、総合的には緩やかで歩きやすい。駐車場から秋葉寺まではトイレがないので注意を

立ち寄りスポット

秋葉神社及び秋葉寺では毎年恒例の「秋葉の火祭り」が開催され、12月15、16日になると全国から多くの観光客が集まる。タイミングが合えばぜひ参加してみよう

四季の魅力

山頂付近には、樹齢300～500年ともいわれている杉が生い茂り、秋は見事な紅葉で登山客を楽しませるなど、自然豊かな場所となっている

身延山地の山で、駿府城の鬼門の方向にあったことから徳川家康も崇拝したといわれている

竜爪山《りゅうそうざん》

古くから信仰を重んじる、静岡市の代表的な双耳峰

山頂は薬師岳（１０５１ｍ）と文珠岳（１０４１ｍ）に分かれる双耳峰。東側の中腹には穂積神社があり、信仰の山として古くから親しまれている。コースによってファミリー向けもあり、子どもからご年配の方まで登れる、静岡市の代表的な山として知られている。今回は数あるなかでも、一般的なコースを紹介する。市道を北上すると現れる鳥居が❶旧道登山口。さらに林道を約３００ｍ進むと現れるのが新道登山口。（旧道と新道は❷穂積神社手前で合流する。）旧道を進んでいき穂積神社を越えると、❸俵峰分岐道標に俵峰（俵沢）、薬師岳、穂積神社とあるので、薬師岳方面へ進む。この前後には鉄階段があり、きつめなので注意。❹薬師岳山頂は木々に囲まれているため眺望は望めず、狭いスペースではあるがベンチが置かれているため、休憩ができる。❺文珠岳山頂には１０４０・８４ｍの一等三角点（基準点名「竜爪山」）があり、こちらは眺望の山として知られるだけあり、南アルプスや富士山、伊豆半島などが望める。下山は来たルートを戻る。

標高	1051m
体力度	▲▲▲△△
登山時期	通年
歩行時間	約2時間20分（片道）
歩行距離	3.2km（片道）
標高差	695m

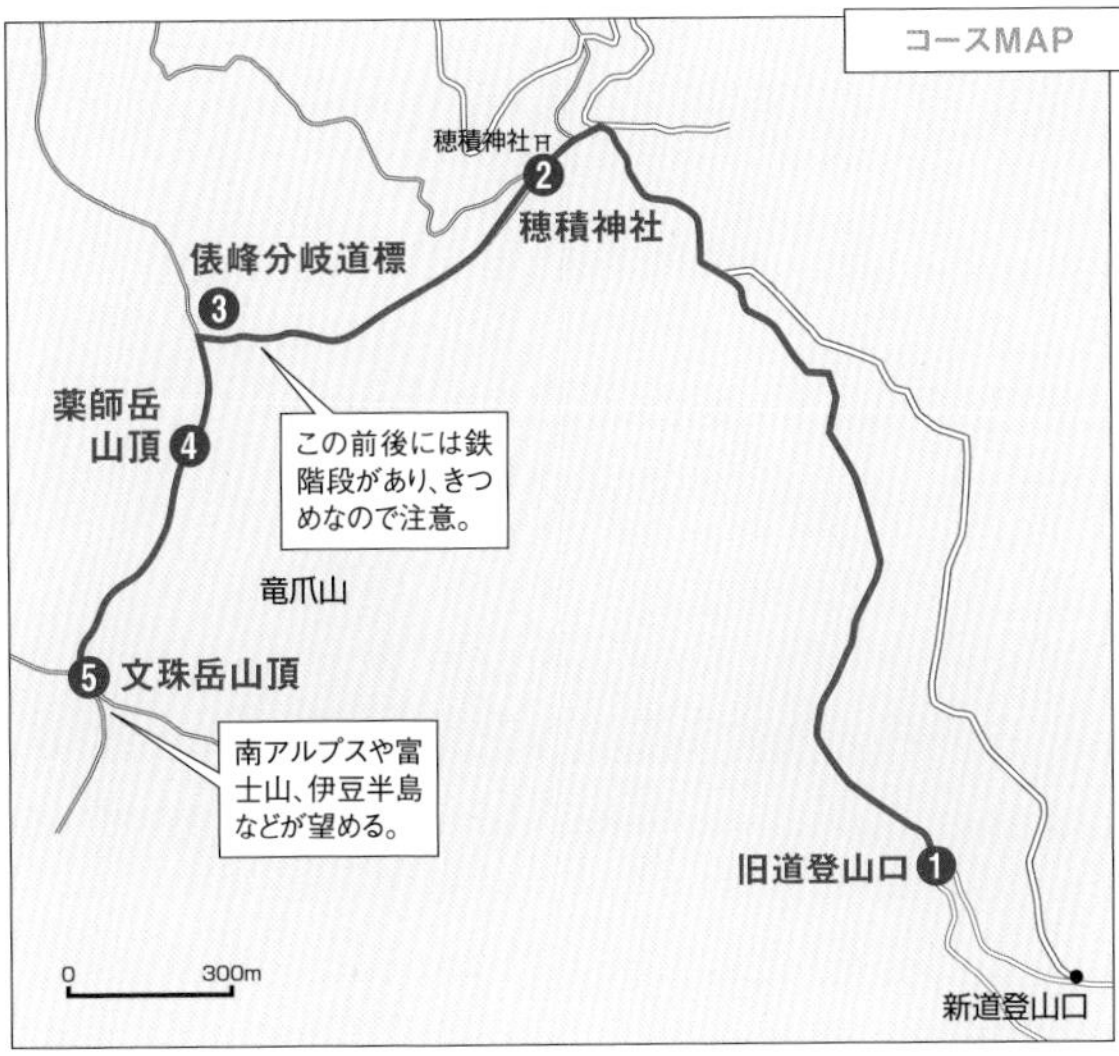
コースMAP
穂積神社
2 穂積神社
3 俵峰分岐道標
薬師岳山頂 4
この前後には鉄階段があり、きつめなので注意。
竜爪山
5 文殊岳山頂
南アルプスや富士山、伊豆半島などが望める。
旧道登山口 1
0 300m
新道登山口

上_文殊岳山頂には、その山の名の由来となった文殊菩薩が祀られている
下_俵峰分岐点の手前にある登山道から、富士山を望むことができる

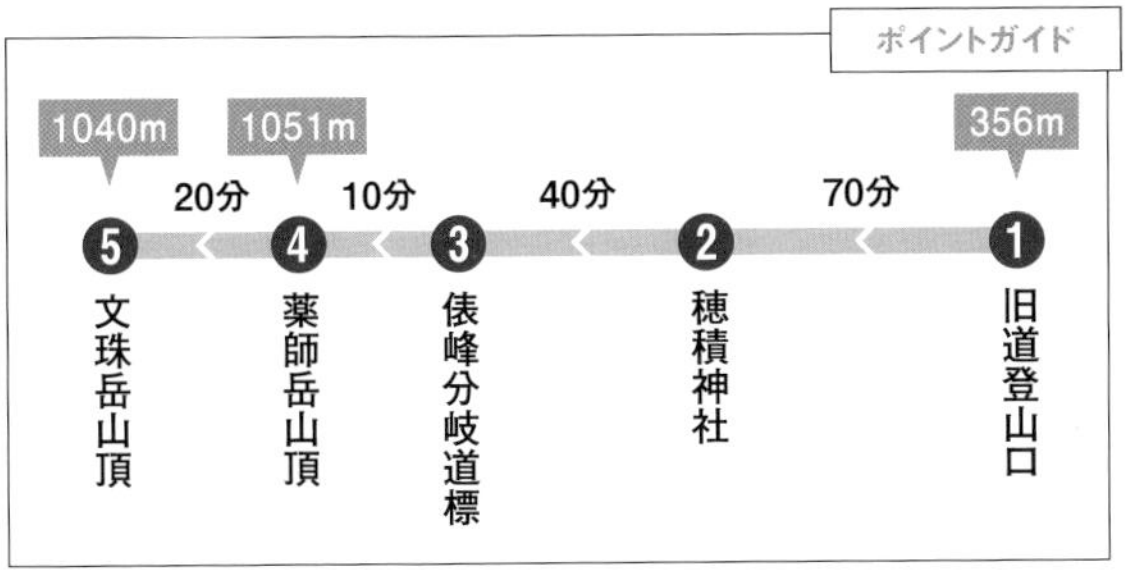
ポイントガイド
1040m
1051m
356m
5 文殊岳山頂
20分
4 薬師岳山頂
10分
3 俵峰分岐道標
40分
2 穂積神社
70分
1 旧道登山口

山データ

【問い合わせ】静岡市スポーツ振興課
【TEL】054-221-1071
【山の所在地】静岡県静岡市葵区

【アクセス】東名高速清水ICより車で約38分
【駐車場】有
【トイレ】有

文殊岳山頂広場
Monjudake Peak, Summit Plaza

▲ ワンポイントアドバイス

竜爪山の一般的なコースは10ルート以上あるため、初めての場合は予定のコースを歩くようにし、他のコースへ入らないようにしよう。手軽なルートとして旧道と新道2つのルートがあるため、行きと帰りでルートを変えてみるのもおすすめだ。

立ち寄りスポット

時間に余裕があれば、ぜひ立ち寄ってみたいのが「穂積神社」。戦前より「弾除け神社」として信奉されていたと伝えられ、信仰の山とよばれる山を参拝してから山頂を目指すことができる

✿ 四季の魅力

春はキランソウやユリワサビ、夏はコアジサイやクマイチゴ、希少なギンリョウソウ、秋にはコオニユリやタニジャコウソウなどの植物が楽しめる。また、7月に最盛期を迎えるオオキツネノカミソリの群落も鑑賞することができる

エメラルドグリーンの湖面が映える夢の吊り橋。長さ90m、高さ8m。橋上で願い事をすると叶うという言い伝えがある

寸又峡《すまたきょう》

エメラルドグリーンの湖面を渡るスリルと美しさに息をのむ!

標高
560m
体力度
▲▲△△△
登山時期
通年
歩行時間
2時間
歩行距離
6km
標高差
約75m

寸又峡は南アルプスの入口にあたる景勝地。近年は「夢のつり橋」がSNS等で話題になり、遠方から訪れる人も増えている。❶第3駐車場から郷愁を誘う寸又峡温泉街を歩いて約10分。小さな川を渡ると吊り橋の入場ゲートがある。ここからほぼフラットな舗装路(歩行者専用)を約20分進むと全長210mの天子トンネルがある。それを抜けるとすぐ右側下方に❷夢のつり橋が見えてくる。吊り橋へ降りていく階段は急なので足元に注意。観光シーズンは吊り橋の手前で順番待ちになることもあるが、橋上から眺める渓谷美は絶景だ。橋を渡り切ると高低差75m、304段の階段が現れる。それを登り切れば、このコースの最高地点❸尾崎坂展望台だ。復路はかつて鉄道橋だった❹飛龍橋を渡る。ここから天子トンネルまではなだらかな下りで歩きやすい。展望台からトンネルまでの歩行時間は約30分。再びトンネルを抜けて吊り橋の入場ゲートへ。町営の露天風呂、地場産品の土産屋などを巡りながらスタート地点へ戻る。

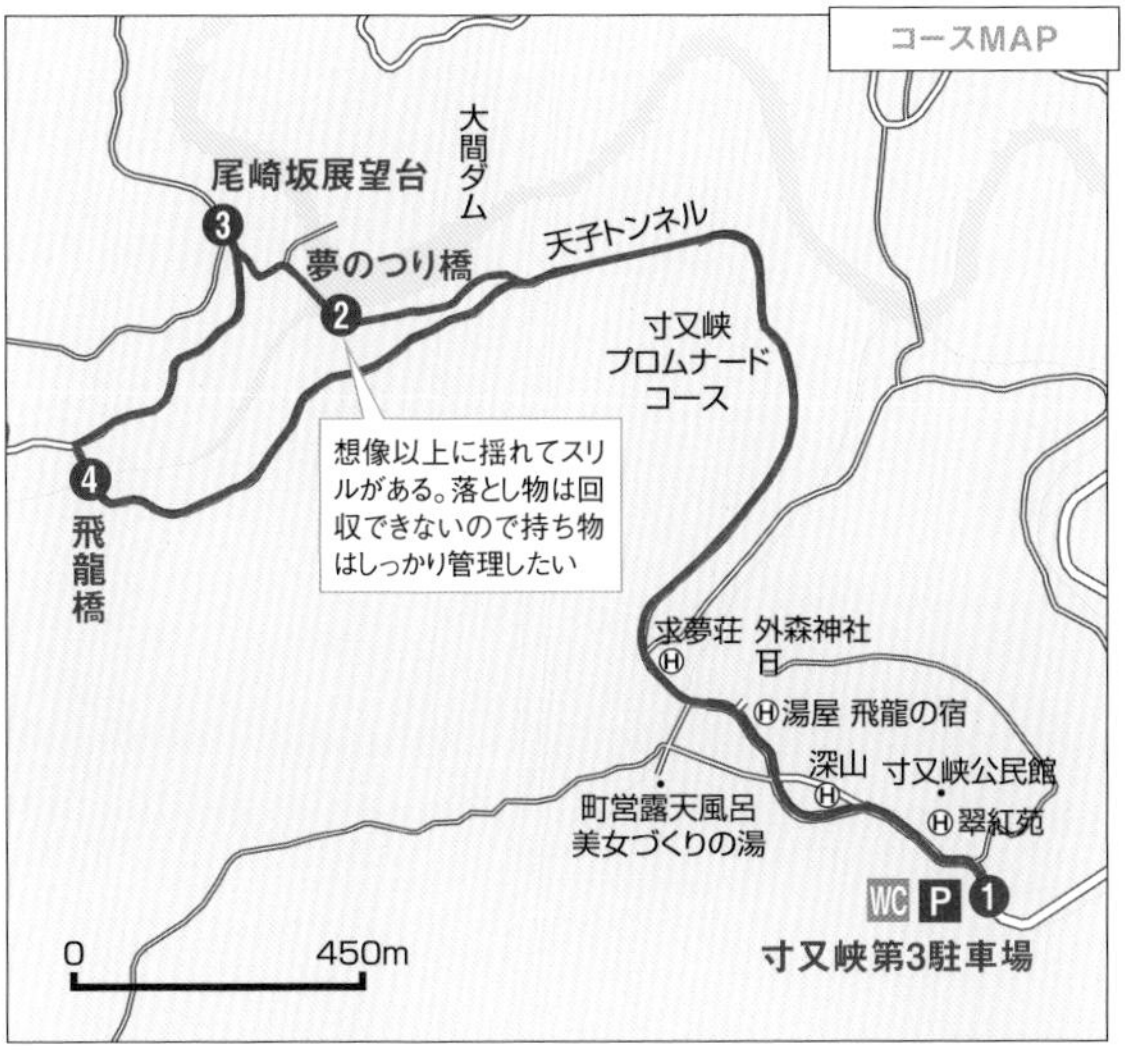
コースMAP
大間ダム
尾崎坂展望台
夢のつり橋
天子トンネル
寸又峡
プロムナード
コース
想像以上に揺れてスリルがある。落とし物は回収できないので持ち物はしっかり管理したい
飛龍橋
求夢荘
外森神社
湯屋 飛龍の宿
深山
寸又峡公民館
翠紅苑
町営露天風呂
美女づくりの湯
WC
P
寸又峡第3駐車場
0
450m

上_寸又峡第三駐車場。ここから外森山(標高671m)へ行くこともできる(外森山ハイキングコース)　下_尾崎坂展望台にあるトロッコ列車。かつてここに鉄道が走っていた証

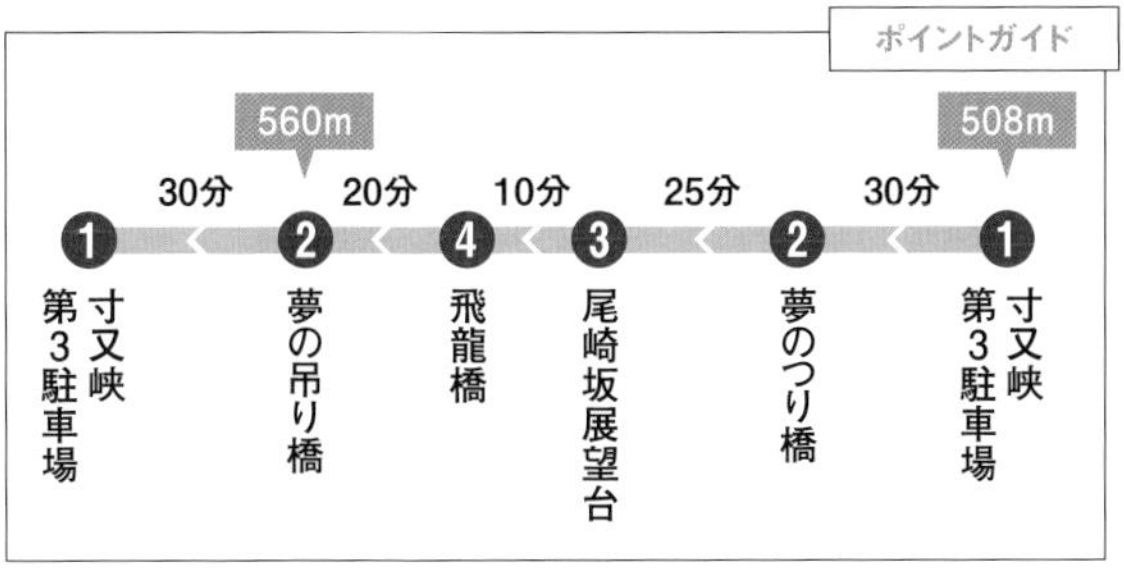
ポイントガイド
508m
1 寸又峡第3駐車場
30分
2 夢のつり橋
25分
3 尾崎坂展望台
10分
4 飛龍橋
20分
560m
2 夢の吊り橋
30分
1 寸又峡第3駐車場

静岡

山データ

【問い合わせ】川根本町まちづくり観光協会
【TEL】0547-59-2746
【山の所在地】静岡県榛原郡川根本町寸又峡

【アクセス】公共交通機関:大井川鐵道千頭駅から寸又峡温泉行バス40分
車:新東名島田金谷ICより大井川沿いに北上　約100分
【駐車場】有(800台)
【トイレ】有

ワンポイントアドバイス

一部区間の階段を除けば路面はほぼフラットな舗装路。だからスニーカーでも歩けるが、あたりに街灯はないので明るいうちに温泉街まで戻っておきたい。

立ち寄りスポット

町営露天風呂「美女づくりの湯」。ハイキング後の疲労回復はもちろん、肌もツルツルになる。週末のみ営業するカフェ「晴耕雨読」ではジェラートも楽しめる。(足湯もあり)

四季の魅力

コースのハイライト「夢のつり橋」では、夏季は青葉、秋は紅葉がエメラルドグリーンの湖面によく映える。

古くから山岳宗教の山として登られている中央アルプス主峰の山

木曽駒ヶ岳

きそこまがたけ

千畳敷カールが美しい中央アルプス最高峰の山

標高
2956m
体力度 ▲▲▲▲△
登山時期 **通年**
歩行時間 約**2**時間（片道）
歩行距離 約**2**km（片道）
標高差 **471**m

木曽駒ヶ岳は日本百名山の１つで、中央アルプスの最高峰の山。何といっても有名なのが氷河地形の千畳敷カール。その圧巻の景色に毎年数多くの客が集まり、価値ある登山を楽しめるとして人気の山だ。❶しらび平駅で駒ヶ岳ロープウェイに乗り、約７分で千畳敷駅に到着。標高２６１２ｍ、日本で一番標高が高い駅として知られ、その先には絶景が広がる。❷千畳敷駅を拠点に登山開始。駒ヶ岳方面に向けて標識通り遊歩道を進んでいく。撮影スポットは剣ヶ池方面から見る風景がおすすめ。❸八丁坂はコースの中で１番の難所といわれる❹乗越浄土は眺望が望める場所で、宝剣岳や近隣の山々の景色を楽しむことができる。ここから中岳までは緩やかな登りが続く。また、分岐は「巻き道」と「中岳山岳経由」とに分かれるが、初心者の場合巻き道はハードなため、中岳山頂を目指して進むこと。中岳から❺山頂まではすぐだが、一度下った後、木曽駒ヶ岳山頂目指して登る形となる。大きな石がゴロゴロ転がっているため、足元に注意して進む必要がある。下山は来た道を戻る。

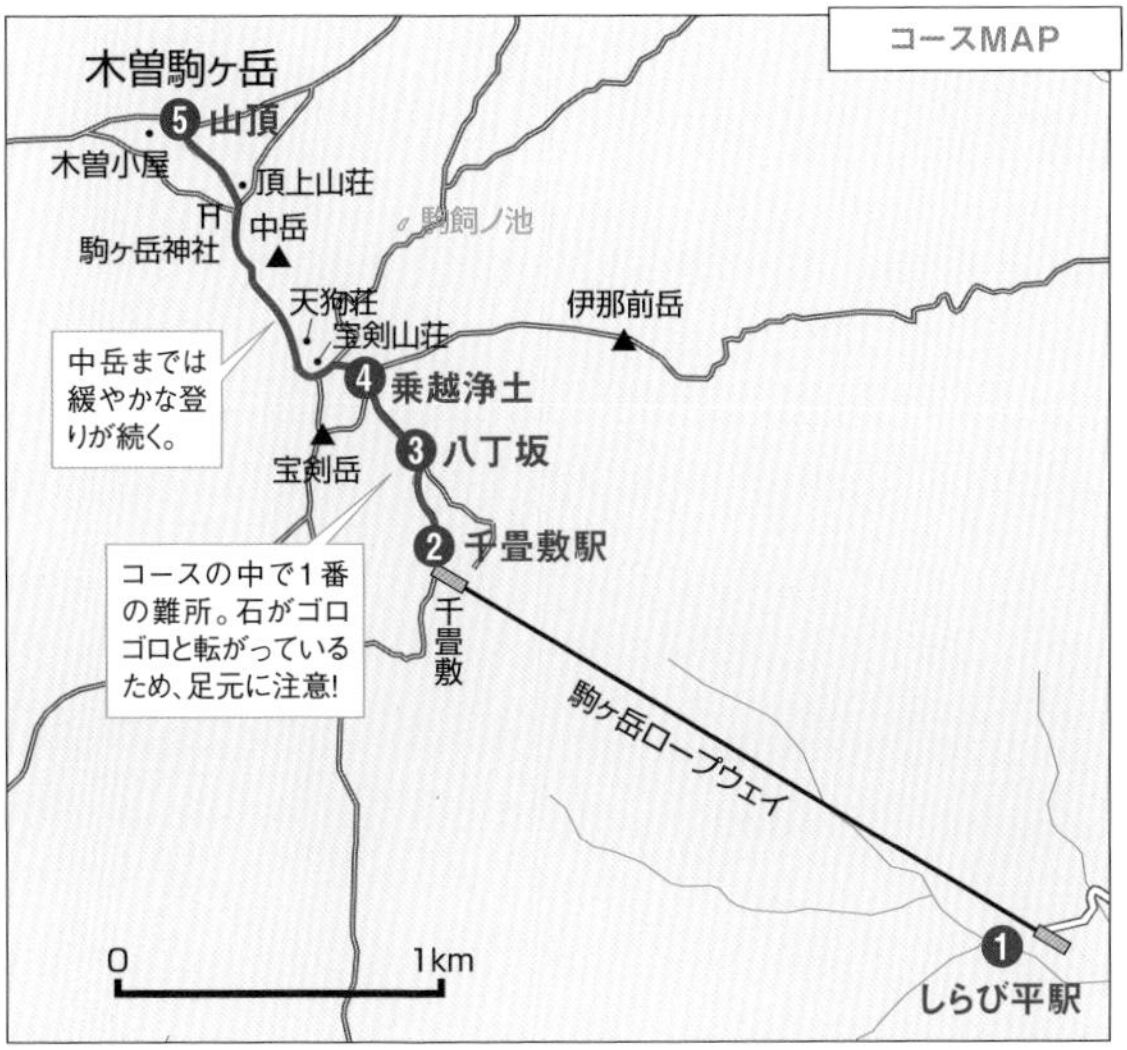
コースMAP
木曽駒ヶ岳
5 山頂
木曽小屋
頂上山荘
中岳
駒飼ノ池
駒ヶ岳神社
天狗荘
宝剣山荘
伊那前岳
中岳までは緩やかな登りが続く。
4 乗越浄土
宝剣岳
3 八丁坂
2 千畳敷駅
コースの中で1番の難所。石がゴロゴロと転がっているため、足元に注意!
千畳敷
駒ヶ岳ロープウェイ
0
1km
1 しらび平駅

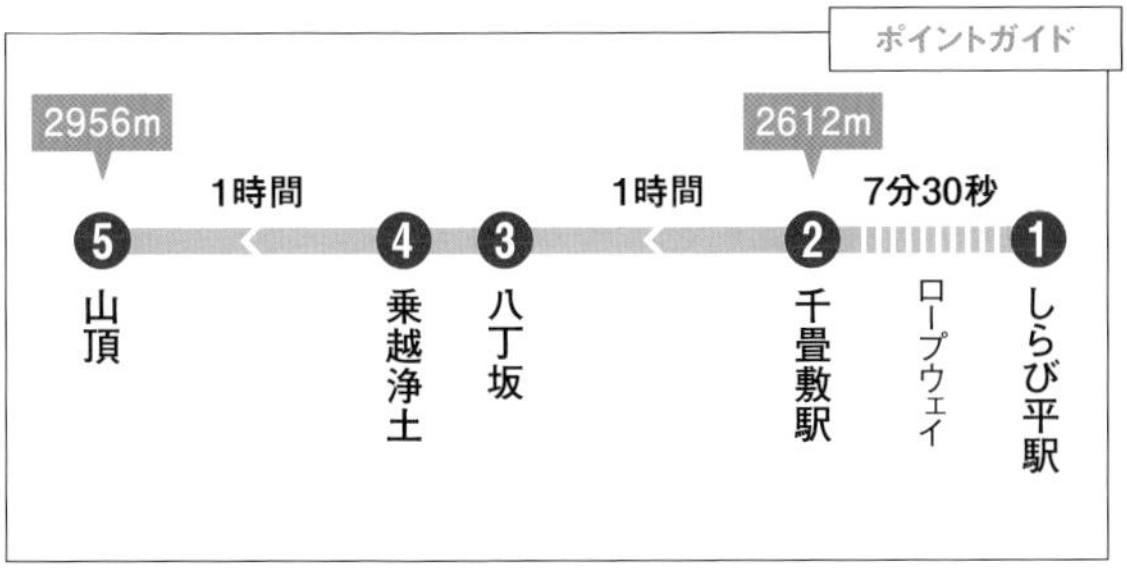
ポイントガイド
2956m
2612m
1時間
1時間
7分30秒
5 山頂
4 乗越浄土
3 八丁坂
2 千畳敷駅
ロープウェイ
1 しらび平駅

上_ロープウェイに乗ると約7分で標高2612mの世界へたどり着ける。写真は千畳敷駅より　下_圧巻の大パノラマと豊富な高山植物が楽しめる人気の山

山データ

【問い合わせ】駒ヶ根観光協会
【TEL】0265-81-7700
【山の所在地】長野県上伊那郡宮田村、長野県木曽郡木曽町、長野県木曽郡上松町

【アクセス】中央自動車道駒ヶ根ICから車で5分、菅の台バスセンターより路線バスで約30分、しらび平駅よりロープウェイで7分30秒
【駐車場】有
【トイレ】有

▲ ワンポイントアドバイス

体力と技術に自信がある場合は、木曽駒ヶ岳の南方面、宝剣岳に足を伸ばそう。ただし、このコースに関しては岩稜帯のため、ヘルメット着用が推奨されている。ほかにも百名山の縦走コースなどさまざまで、自分に合ったルートが選択できる

立ち寄りスポット

ホテル千畳敷にある2612 café & Restaurantでは、千畳敷カールを見ながら食事が可能。また中央アルプスの雪解け水を使って淹れている「2612オリジナルブレンドコーヒー」がおすすめ

四季の魅力

千畳敷カールはさまざまな高山植物が見られることで知られる。夏はアオノツガザクラやコイワカガミ、シナノキンバイ、チングルマなど。冬の千畳敷は強風によって雪面にできた波状の模様が見られ、ご来光を浴びた雪景色も圧巻だ

次々に飛び込んでくる壮大な景色が登山の疲れを癒してくれる

車山

くるまやま

さまざまなアクティビティが楽しめる日本百名山・霧ヶ峰最高峰

標高
1925m
体力度 ▲▲▲△△
登山時期 通年
歩行時間 約4時間
歩行距離 約13km
標高差 約450m

日本百名山として知られ、霧ヶ峰最高峰として人気の車山。草原が続くため、眺望を楽しみながら登山できることが魅力。多方向からのアクセスが可能だが、登山道の案内標識が充実しているため、基本的に迷うことは少なく、快適な登山が楽しめる。また、広大な敷地を誇る車山湿原や八島湿原は木道が整備されているので、歩きやすい山といえるだろう。

❶八島高原駐車場より湿原入口へ向かう。八島湿原は霧ヶ峰湿原植物群生として天然記念物に指定され「七島八島」と称されている。鎌ヶ池を通過したところにある❷奥霧小屋は現在閉鎖中だが、目印として使用するとよい。❸蝶々深山の標高は1836mで、車山湿原を眼下に見渡すことができる。まっすぐ進んでいくと分岐があるので、標識に沿って車山山頂を目指し進んでいく。❹山頂からは白樺湖や八ヶ岳連峰はもちろん、北・中央・南の各アルプスを望み、さらに山頂には車山気象レーダー観測所もある。下山は来た道を戻ってもよいが、車山肩方面へ下山することも可能。歩行時間はそこそこあるが、達成感の得られる山だ。

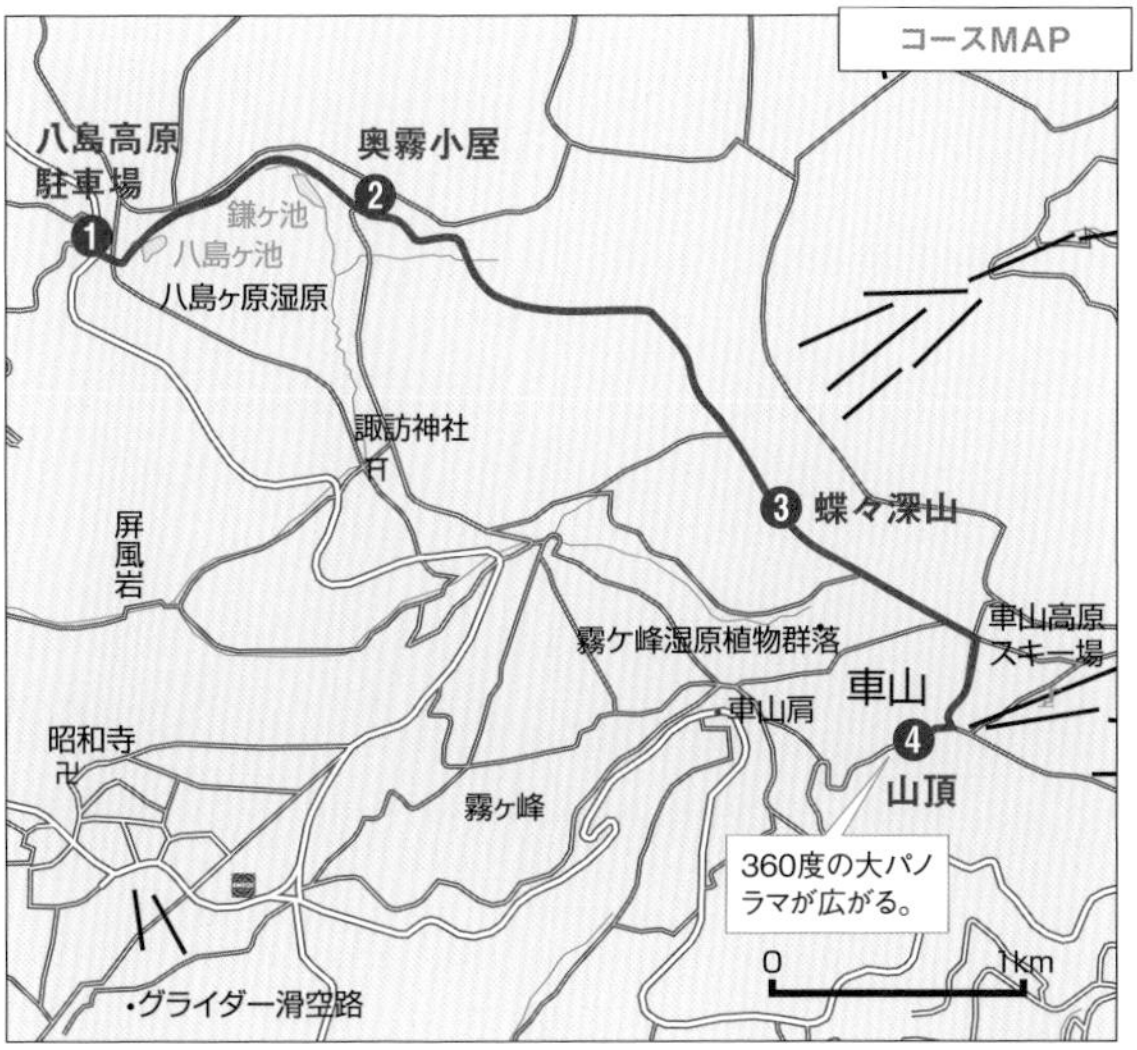
コースMAP
八島高原
駐車場
奥霧小屋
鎌ケ池
八島ヶ池
八島ヶ原湿原
諏訪神社
蝶々深山
屏風岩
車山高原
スキー場
霧ケ峰湿原植物群落
車山
車山肩
山頂
昭和寺
霧ケ峰
360度の大パノラマが広がる。
0
1km
・グライダー滑空路

上_山頂にある車山気象レーダー観測所は、年に1度内部公開が企画される
下_秋の八島湿原は風情豊かなもみじ色に染まり、訪れる人を楽しませてくれる

ポイントガイド

1925m　1475m

4 山頂 ← 30分 ← 3 蝶々深山 ← 60分 ← 2 奥霧小屋 ← 30分 ← 1 八島高原駐車場

山データ

【問い合わせ】車山高原
【TEL】0266-68-2626
【山の所在地】長野県茅野市、長野県諏訪市

【アクセス】中央自動車道諏訪ICから車で約40分・上信越自動車道佐久ICから車で約1時間
【駐車場】有
【トイレ】有（八島高原駐車場、車山肩駐車場、車山高原駐車場）

▲ ワンポイントアドバイス

車山肩から山頂までは約40分で到着するため、軽めに登山を楽しみたい場合は利用してみよう。また、八島高原駐車場から入って車山肩で出る片道コース（約3時間30分）を組むこともできる

立ち寄りスポット

さまざまなアクティビティが楽しめるが、なかでも人気なのが「雲海リフト」だ。車山高原にて11月まで開催され、雲海を見ることができる（期間・曜日限定）。近隣には温泉も多くあり、白樺湖方面や蓼科方面は施設が豊富。下山後に汗を流して帰ることができる

四季の魅力

さまざまな高山植物が見られる車山。湿原では初夏〜秋にかけて、レンゲツツジやニッコウキスゲなどが広範囲に渡って見られる。また、秋になるとマツムシソウやアキノキリンソウ、リンドウが山を彩る

木曽三岳のひとつといわれる南木曽岳は、山頂に祠を持つ信仰の山として知られている

南木曽岳《なぎそだけ》

低山ながらもアップダウンがある、トレーニングに最適な山

標高
1677m

体力度	▲▲▲▲△
登山時期	4月~12月
歩行時間	約4時間
歩行距離	約5.8km
標高差	約700m

木曽駒ヶ岳や御嶽山と並び、木曽の三岳のひとつとして数えられている南木曽岳。その姿は中央アルプスの象徴として、多くの登山客から親しまれている。また、南木曽岳は登りと下りの専用ルートが決まっているため、必然的に周回することになる。❶登山道入口に入るとヒノキなどの大木が生い茂るなか進み途中で左折。丸太の橋を渡った少し先に分岐があり、左の登山道と右の下山道があるため左の道を登っていく。❷山頂より少し左先に進むと展望台があり、御嶽山などを眺望することができる。山上から先はしばらく稜線を歩く形となり、絶景を見渡しながらその醍醐味を楽しむことができる。❸避難小屋は休憩スペースになっているので、お弁当を広げて食べることもできる。その後笹の原を下るが、少しきつめなので注意。下ると分岐がある。少しだけ足を伸ばして❹摩利支天展望台へ行くと、南木曽岳山頂はもちろん、素晴らしい眺望を楽しむことができる。帰りは来た道を戻って急勾配を下ると、登りとの分岐に合流するので、登山道入口へと進む。

コースMAP
南木曽岳
避難小屋
3
山頂
2
4
摩利支天
展望台
笹の原を下るが、少しきつめなので注意。
御嶽山などを眺望することができる。
登山道入口
1
・避難小屋
P
南木曽山麓蘭
キャンプ場

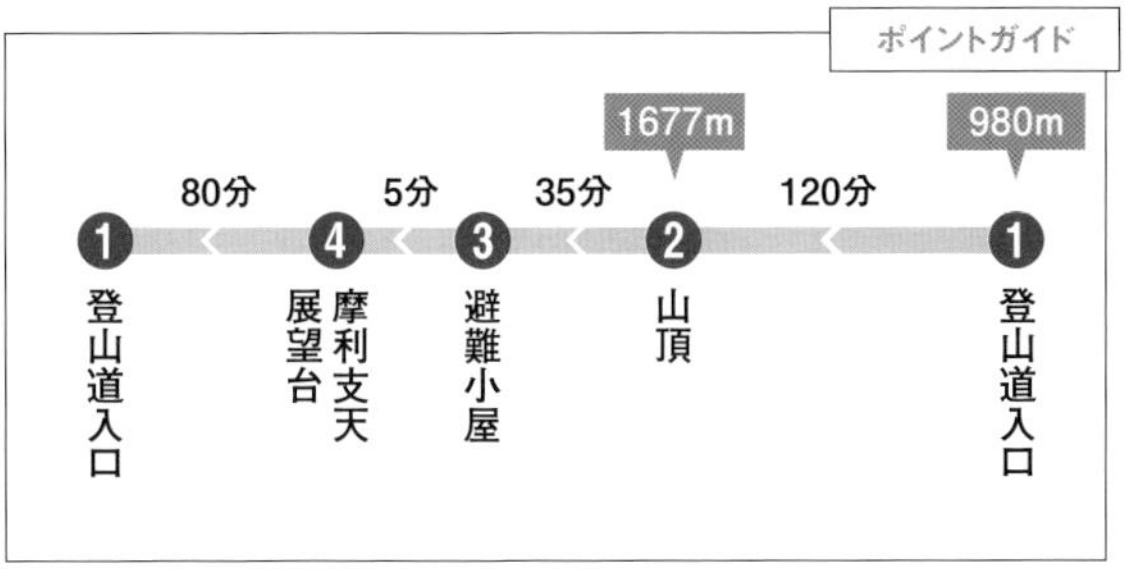
ポイントガイド
980m
1677m
1 登山道入口
120分
2 山頂
35分
3 避難小屋
5分
4 摩利支天展望台
80分
1 登山道入口

上_避難小屋付近から山頂までは木曽の五木で覆われ、この地域ならではの景観が楽しめる　下_山頂の祠の隣にある三角点から見える御岳山は絶景の一言。フォトスポットとしても最適だ

山データ

【問い合わせ】(一社)南木曽町観光協会
【TEL】0264-57-2727
【山の所在地】長野県南木曽町

【アクセス】中央道中津川ICまたは園原ICから車で約50分。長野道塩尻ICから車で約2時間
【駐車場】有
【トイレ】有

▲ ワンポイントアドバイス

登山道途中で、コウヤマキの天然林を通過し、少し進んでいくと巨岩がある。この岩場はくさり場となっており、登ることもできるが、足元に充分注意する必要がある

✿ 四季の魅力

江戸時代に運よく伐採から免れた木曽五木(ヒノキやコウヤマキなどの大木)が生い茂り、新緑の季節は清々しさを感じることができる。また、春～夏になるとシャクナゲやタケシマラン、ギンリョウソウ、バイカオウレン、イワカガミなどが顔を揃える

立ち寄りスポット

南木曽岳の登山道付近にある南木曽温泉は、アルカリ性で湯量も豊富。

山頂からの眺め。木々が少なく周囲を一望できる

霊仙山《りょうぜんざん》

360度の大パノラマ、石灰岩のカルスト地形の造形美が壮観

標高
1084m

体力度
▲▲▲▲△

登山時期
通年

歩行時間
片道約3時間20分
(榑ケ畑ルート)

歩行距離
8.2km

標高差
912m

滋賀県の鈴鹿山脈の西北に位置する標高1084mの山で、北側には伊吹山というロケーション。花の百名山として知られている。通年登山できるものの、冬場は危ないので春から秋にでかけよう。多数コースがあるが、土砂崩れや倒木で通行できないルートもあり、現在おすすめできるのは、スタンダードな榑ケ畑コースと中級者向きの柏原コースの2つ。ここでは定番の榑ケ畑コースを案内したい。時間がかかるのでスタート地点の❶醒井養鱒場には日が昇ったら早くに出発。駐車場から登山口までは40分~1時間林道を歩く。❷登山口から廃村の集落跡を抜けると山小屋があり、そこを過ぎると静かな森へ。❸汗拭き峠までは急な登り道。その先にある痩せ尾根のトンネルを過ぎると、広く歩きやすい登山道へ。森を抜けると視界が一気に開ける❹見晴台。石灰岩がゴロゴロ転がっているカレンフェルトの林立が見どころ。❺お虎ヶ池は天然のドリーネ(穴)に雨水がたまった池といわれており、神秘的で美しい。❻山頂付近は360度パノラマの広大な草原で、琵琶湖や鈴鹿の山並みを一望することができる。

コースMAP

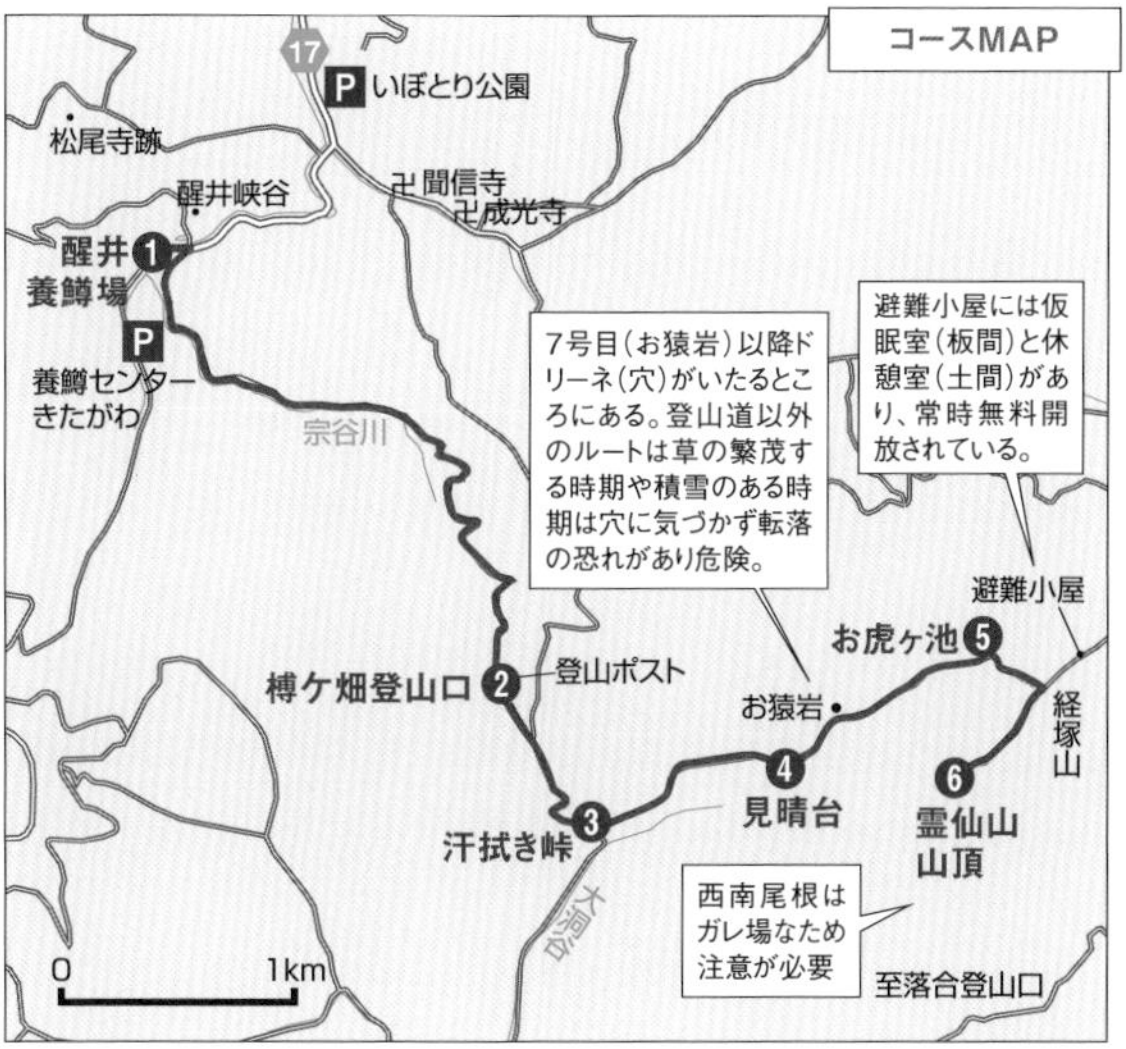
17
P いぼとり公園
松尾寺跡
醒井峡谷
卍 聞信寺
卍 成光寺
醒井養鱒場
P
養鱒センターきたがわ
宗谷川
7号目(お猿岩)以降ドリーネ(穴)がいたるところにある。登山道以外のルートは草の繁茂する時期や積雪のある時期は穴に気づかず転落の恐れがあり危険。
避難小屋には仮眠室(板間)と休憩室(土間)があり、常時無料開放されている。
避難小屋
お虎ヶ池
榑ケ畑登山口
登山ポスト
お猿岩
経塚山
見晴台
霊仙山山頂
汗拭き峠
大洞谷
西南尾根はガレ場なため注意が必要
0
1km
至落合登山口

上_大地が雨水などによって侵食されてできた地形カルスト台地が見られる　下_8合目あたりに位置するお虎が池。登山道沿いにあり、池のほとりに霊仙神社が鎮座している

ポイントガイド

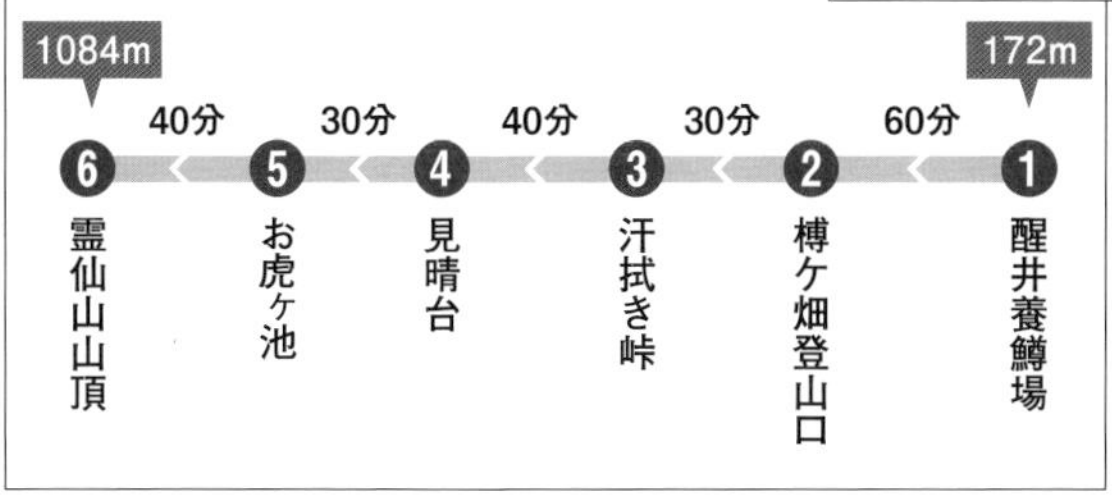
1084m
172m
6 霊仙山山頂
40分
5 お虎ヶ池
30分
4 見晴台
40分
3 汗拭き峠
30分
2 榑ケ畑登山口
60分
1 醒井養鱒場

山データ

【問い合わせ】米原市まち整備部シティセールス課
【TEL】0749-53-5140
【山の所在地】滋賀県米原市、滋賀県犬上郡多賀町

【アクセス】北陸自動車道　米原ICから醒井養鱒場まで車で10分
【駐車場】いぼとり公園駐車場(無料)、養鱒センターきたがわ(有料／要予約)
【トイレ】有(いぼとり公園前公衆トイレ(榑ケ畑ルート)＊山中には無し)

▲ ワンポイントアドバイス

携帯電話の電波が届かない地帯が多い。道迷いが多発中なので事前に登山道の確認と、登山届の提出を。YAMAP、コンパスでのweb登山届でも可。

立ち寄りスポット

「醒井養鱒場」は、明治11年に設立された日本でもっとも歴史のあるマス類の増養殖施設の一つ。敷地内には料理店・売店や鱒釣り池なども あって楽しめる。

四季の魅力

霊仙山といえばフクジュソウが有名。季節になると山頂近くに咲いている姿を堪能できる。

滋賀

山頂部に広がる大平原「テーブルランド」。カルスト地形特有の石灰岩が独特な光景を形成する

御池岳《おいけだけ》

石灰岩が織りなす独特な世界が幻想的な鈴鹿山脈最高峰

標高
1247m

体力度
▲▲▲△△

登山時期
通年（冬季は積雪も有）

歩行時間
約5時間30分

歩行距離
9.1km

標高差
697m

鈴鹿山脈の最高峰であり、東近江市八景、花の百名山にも選定されているのが御池岳。全山が石灰岩で形成され、雨水により侵食された摺鉢状の凹地や石灰岩が露出して石塔のような姿をなす（カレンフェルト）など、山頂一帯に独特のカルスト地形が広がっている。登山コースは複数あるが、今回紹介するのは、太郎坊宮で有名な東近江市の❶小又谷からスタートするコース。登ると❷T字尾根に。急な登りがあるが、その後は尾根が続くため歩きやすくなり、❸ボタンブチが見える。

そこから山頂手前に急な上り坂がある。❹御池岳山頂付近は「テーブルランド」と呼ばれるように広大な草原で、甲子園球場約60個分とも言われる広さ。山頂とほとんど同じ標高の❺奥の平を通過し、三角点のある❻土倉岳へ。そこから❼ノタノ坂を通り、スタート地点に戻ることができる。今回は紹介しなかったがコグルミ谷のルートを取ると、可憐な花をつけるニリンソウやカタクリなどが楽しめる。また登山の途中、シカの群れと遭遇することもあり豊かな自然が堪能できる。

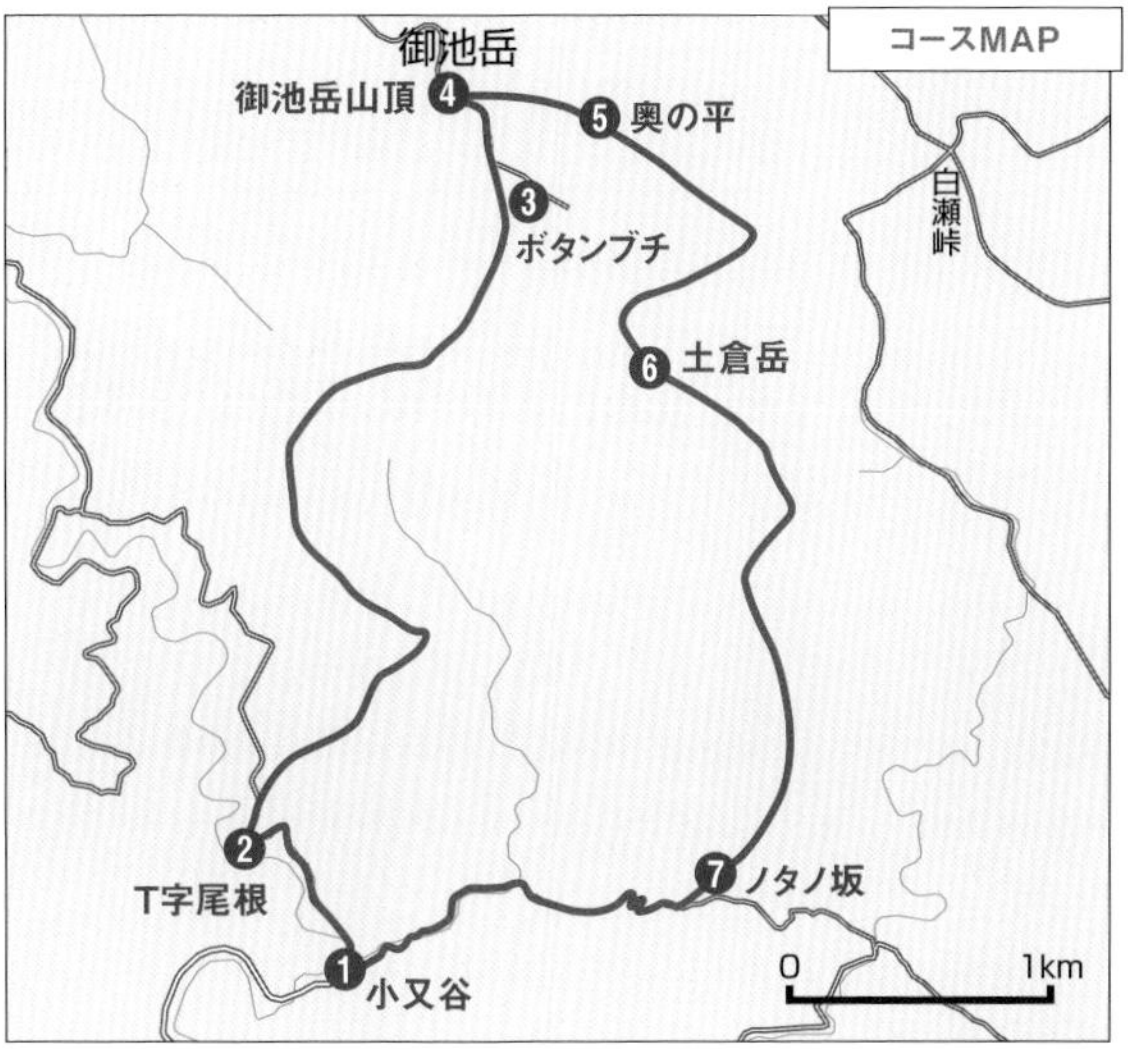
コースMAP
御池岳
御池岳山頂 4
5 奥の平
3 ボタンブチ
白瀬峠
6 土倉岳
2 T字尾根
7 ノタノ坂
1 小又谷
0
1km

上_ボタンブチは絶景ポイント。周囲をぐるりと見晴すことができる　下_T字尾根のブナの新緑。長く続く道のりで草花が励ましてくれる

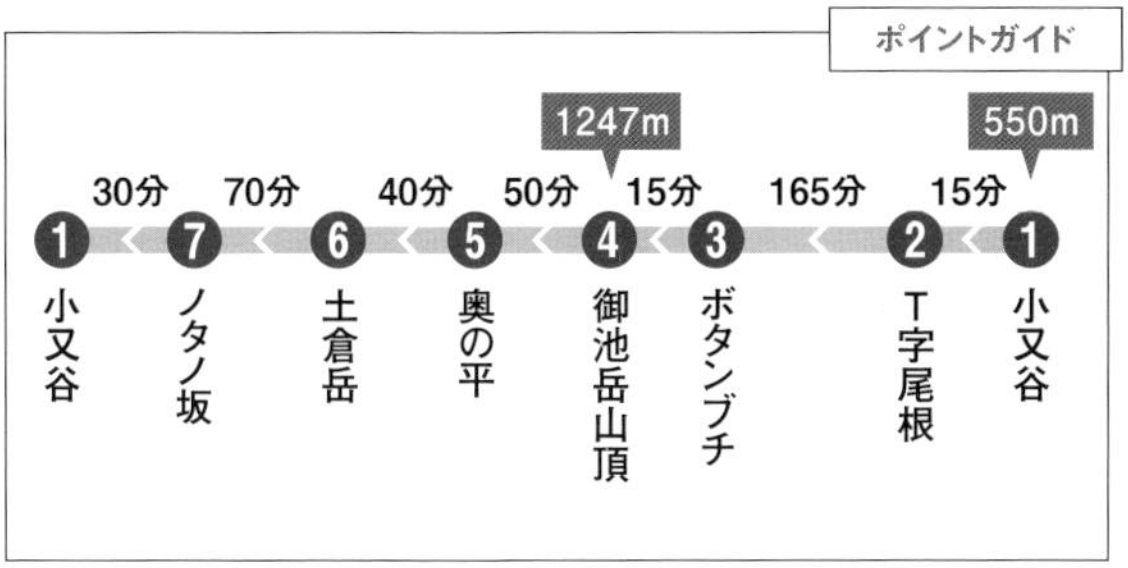
ポイントガイド
1247m
550m
1 小又谷
30分
7 ノタノ坂
70分
6 土倉岳
40分
5 奥の平
50分
4 御池岳山頂
15分
3 ボタンブチ
165分
2 T字尾根
15分
1 小又谷

山データ

【問い合わせ】東近江市役所環境部森と水政策課
【TEL】0748-24-5524
【山の所在地】滋賀県東近江市

【アクセス】東海環状自動車道大安ICから車で約40分
【駐車場】有(小又谷駐車場を利用)
【トイレ】有(小又谷駐車場にバイオトイレの設置あり。但し冬期は閉鎖)

▲ ワンポイントアドバイス

虫除けなどの対策は万全にしておこう

立ち寄りスポット

「道の駅奥永源寺 渓流の里」では、地場産品や新鮮な野菜などが買える。また鈴鹿10座についての案内もあるので立ち寄ろう

四季の魅力

春から秋は山野草や野生のシカなどとの遭遇も。登山に慣れた人であれば白く美しい世界が広がる冬の御池岳の風景もまた味わい深い。くれぐれも装備には気をつけよう

山の草花図鑑

トレッキングの楽しみといえば
可憐な草花を楽しむこと。
ここでは低山でよく見られる
花を紹介します。

シロバナマンサク

[白花万作]
マンサク科
4〜5月

別名をフォッサギラ・マヨールで、北米が原産。森林や沼地に生え、背丈は3mほどになる花木。

アマドコロ

[甘野老]
ユリ科
4〜5月

つぼみのような花が茎からぶら下がる。背丈は30cm以上になり、日本全国で広く見られる。

キバナシャクナゲ

[黄花石楠花]
ツツジ科
5〜6月

常緑低木で本州中部以北の高山に生える。薄い黄色の花を咲かせる。平地ではほぼ見られない。

イチリンソウ

[一輪草]
キンポウゲ科
4〜6月

似た種で2つ花をつける「二輪草」も。対比すると花は一輪で、葉が羽状で細かく割けている。

タチツボスミレ

[立壷菫]
スミレ科
3〜5月

10本程度の茎を伸ばして咲く。葉の形がガート型で、花は薄紫色。日本全土の低山で見られる。

ニッコウキスゲ

[日光黄菅]
ユリ科
7〜8月

背丈は大きく70cmほどになることも。高原や草地にも生え、一面に群生することがある。

ササユリ

[笹百合]
ユリ科
6〜7月

中部地方から九州にかけて分布するポピュラーなユリ。山や林で笹と混在していることが多い。

シラネアオイ

[白根葵]
キンポウゲ科
5〜6月

大きな2枚の葉の間から、すっと立ち上がるように紫色の花を咲かせる。人気の山野草の一つ。

ダイモンジソウ

[大文字草]
ユキノシタ科
7〜10月

夏山の湿った場所や岩陰で見られる小さな花。花の形が「大の字」に似ている。葉は丸っぽい。

バイケイソウ

[梅蕙草]
ユリ科
6〜8月

見た目は美しいが、新芽が山菜のウルイやギョウジャニンニクと似ており誤食による死亡例もある。

フタリシズカ

[二人静]
センリョウ科
5〜6月

大きなギザギザの葉が集まる付け根から、小さな花穂を数本つける。似た種で「一人静」もある。

タチフウロ

[立風露]
フウロソウ科
7〜9月

30〜70cmほどになる多年草で、花びらに濃いピンクの筋が入る。低山や高原で夏から初秋に咲く。

ツガザクラ

[栂桜]
ツツジ科

高山帯の岩地や湿った場所に生える常緑低木。薄いピンク色の花はうなだれたように下を向く。

トリカブト

[山鳥兜]
キンポウゲ科
8〜10月

トリカブトはヤマトリカブトなどの総称。強い毒を持つことで知られる。花の形が烏帽子に似ている。

ユキノシタ

[雪の下]
ユキノシタ科
5〜6月

ツワブキのような丸い筋の入った葉に、まるで妖精のような花びらをつける。岩陰などで見られる。

リンドウ

[竜胆]
リンドウ科
8〜10月

日本の秋の山野草の中でも人気の高い植物の一つ。明るい野山などでよく見られ、五角形の花が特徴。

ミスミソウ

[三角草]
キンポウゲ科
3〜4月

葉っぱが三角形に見えることから名付けられた。花びらの色は白から紫までさまざま。背丈は小さい。

ヤマブキソウ

[山吹草]
ケシ科
4〜5月

ヤマブキと似た色の花だが、種はまったく異なりケシ科。花びらは４枚で、湿った場所に群生する。

ユリワサビ

[百合山葵]
アブラナ科
3〜5月

ワサビの仲間で、沢沿いや湿った湿地に生える。ワサビのような香りはあるが食用にはならない。

［最低限、知っておきたい］

登山の心得・マナー

＼要チェック！／

登山前の準備

紙の地図の用意

地図は必ず登山用の地図を用意しよう。ルートや時間配分など、しっかり調べて自分の体力に応じて無理のない計画を。

登山届けの申請

基本的に山へ入る場合は登山届けを提出。登山口にポストがある場合もあるので必要事項を記入しポストへ。一人で行く場合は知人などに知らせておくと安心。

天候チェック

山の天気は変わりやすいので、情報収集は必須。天候の情報に関わらず雨具の準備は欠かさないで。靴は履き慣れたトレッキングシューズで行こう。当日の悪天候には登山中止の決断も必要！

交通アクセスを確認

登山シーズンは大変混み合う。早めに行動し、前泊するのか、公共の乗り物で日帰りできるか、車の場合は駐車場があるかを確認。行きあたりバッタリは危ない。

＼いざ登山！／

登山中のマナー

登り優先が基本

登山道には一人がギリギリで通れるほど狭い場所も。そんな時は、登りの登山者に道を譲る。とはいえ、危険な場所で回避不可能な場合はお互いに安全第一で臨機応変に対応しよう。

トイレの場所を確認

事前にトイレのある場所などをチェックしておこう。山頂までない場合や、登山口にしかない場合もあるので要注意！念のため携帯トイレを持ち物にプラスすれば安心。

水分・栄養補給

登山中は汗をたくさんかくもの。一気飲みに注意しながら、少しずつこまめに補給。また、スタミナ切れ解消にアメやチョコなど簡単に口に入れられるものを携帯しておくと良い。

動植物の生態系を守る

普段は見ることのできない自然に心奪われるが、植物や鉱石などの持ち帰りは厳禁！　また、持ち込んだ食べ物やゴミなどを山に残すのは生態系を崩す原因になるので絶対に禁止！

夏でも15時までには下山

山では15時を過ぎると暗くなり、気温も低くなるため、初心者のみならず上級者もこの時間を目安に行動、計画を立てるのが基本。予定をクリアできずとも、引き返すなどの対応をして安全に行動しよう。

東海山歩きガイド INDEX

Staff

編集・制作

(有)マイルスタッフ

TEL:054-248-4202

http://milestaff.co.jp

編集

斉藤 祐子

吉岡 啓雄

河田 良子

大橋 薫

取材・文

伊佐治 龍

近藤 明子

篠原 美帆

西岡 由佳

デザイン・DTP

山本弥生

小坂拓也

東海 ゆったり山歩き
自然を満喫できる厳選コースガイド

2024年 4月 5日　　第1版・第1刷発行

著　者　東海山歩き倶楽部（とうかいやまあるきくらぶ）

発行者　株式会社メイツユニバーサルコンテンツ

代表者　大羽 孝志

〒102-0093 東京都千代田区平河町一丁目 1-8

印　刷　株式会社厚徳社

ISBN978-4-7804-2889-6 C2026　Printed in Japan.

ご意見・ご感想はホームページから承っております。

ウェブサイト　https://www.mates-publishing.co.jp/

企画担当：千代 寧

※本書は 2019 年発行の『東海 山歩きガイド ゆったり楽しむ』を元に加筆・修正を行い、書名・装丁を変更して新たに発行したものです。